U0744125

国学经典导读

余　群　涂序南　费君清　主编

浙江工商大學出版社

ZHEJIANG GONGSHANG UNIVERSITY PRESS

·杭州·

图书在版编目(CIP)数据

国学经典导读 / 余群，涂序南，费君清主编. — 杭
州：浙江工商大学出版社，2020.6
ISBN 978-7-5178-3845-6

Ⅰ. ①国… Ⅱ. ①余… ②涂… ③费… Ⅲ. ①国学—
高等学校—教材 Ⅳ. ①Z126

中国版本图书馆 CIP 数据核字(2020)第 077279 号

国学经典导读

GUOXUE JINGDIAN DAODU

余　群　涂序南　费君清　主编

责任编辑	张晶晶	
封面设计	林朦朦	
责任印制	包建辉	
出版发行	浙江工商大学出版社	
	(杭州市教工路 198 号　邮政编码 310012)	
	(E-mail:zjgsupress@163.com)	
	(网址:http://www.zjgsupress.com)	
	电话:0571-88904980,88831806(传真)	
排　　版	杭州朝曦图文设计有限公司	
印　　刷	杭州宏雅印刷有限公司	
开　　本	710mm×1000mm　1/16	
印　　张	14.25	
字　　数	248 千	
版 印 次	2020 年 6 月第 1 版　2020 年 6 月第 1 次印刷	
书　　号	ISBN 978-7-5178-3845-6	
定　　价	68.00 元	

教育部 2019 年度省级一流本科专业建设点浙江越秀外国语学院汉语国际教育专业（教高厅函〔2019〕46 号）建设成果

浙江省高等教育"十三五"第二批教学改革研究项目"外语院校以中华优秀传统文化育人铸魂的教学改革与实践"（编号 jg20190507）研究成果

绍兴市 2019 年普通高校重点学科浙江越秀外国语学院中国语言文学学科（编号 SXSXK201903）建设成果

绍兴市 2019 年普通高校重点专业浙江越秀外国语学院汉语国际教育专业（编号 SXSZY201920）建设成果

绍兴市 2019 年高等教育教学改革课题"'双一流'背景下汉语国际教育专业'汉语＋'人才培养改革与实践研究"（编号 SXSJG201920）研究成果

浙江越秀外国语学院中国语言文学学科专业建设

丛书编委会

前　言

随着我国综合国力的快速提升,文化自信日益成为全国人民的共同心声、核心理念。因此,以优秀的传统文化为主体的国学受到越来越多的关注和重视,而"国学热"也顺势而起,吹遍了大江南北,并深入人心。

正是在这个国泰民安的伟大时代,为了更加深入地贯彻习近平新时代中国特色社会主义思想和党的十九大精神,构建中国特色社会主义文化强国,2017年1月,中国共产党中央委员会办公厅、中华人民共和国国务院办公厅印发了《关于实施中华优秀传统文化传承发展工程的意见》,大力促进传统文化的传承和发展。2018年10月,教育部、国家语委联合印发了《中华经典诵读工程实施方案》,进一步推动"中华经典诵读工程"的全面实施。

国学作为中国传统文化,承载着我们祖祖辈辈的勤劳、智慧、欢乐和憧憬,在世界不断变化、文化更加多元的今天,国学对凝聚人心,从而实现中华民族的伟大复兴,具有不可估量的作用和意义。对于大学生而言,国学的重要性也是不言而喻的。那就是,国学在大学生文化认同、行为指南、审美教育等方面都承担着非常重要的角色。国学可以增强他们的爱国主义精神,促使他们不忘初心,增强他们以民族复兴为己任的崇高使命感。

高校具有传承文化的功能,大学理所当然地要成为国学教学的重要场所。《国家"十一五"时期文化发展规划纲要》中就明确规定:"高等学校要创造条件,面向全体大学生开设中国语文课。"这体现了高校进行传统文化传播的责任感和传统文化教育的紧迫感。如今,各个高校都在积极响应党中央和教育部的号召,努力推进国学的教育、教学工作。国学也将逐渐成为每个大学生的必修或必选课程。因此,编写适应大学生的国学教材也就是迫在眉睫、顺理成章的事情了。

本教材主要以哲学思想性,而不单纯是以文学性作为选文标准,努力做到思想性与审美性的完美统一。当然,这种哲学思想,在不偏废其他学派思想的同时,主要集中于儒家思想。因为,我国古代意识形态的主流就是儒家思想。所以，儒家思想更能够集中地体现国学的精髓，以及其演变发展的历程。习近平总书记在"纪念孔子诞辰 2565 周年国际学术研讨会暨国际儒学联合会第五届会员大会"开幕式的讲话中指出："当代中国是历史中国的延续和发展，当代中国思想文化也是传统思想文化的传承和升华，要认识今天的中国、今天的中国人，就要深入了解中国的文化血脉，准确把握滋养中国人的文化土壤。"习近平总书记的讲话，让我们更加明确了前进的方向。作为大学生，更应当了解中国文化的血脉，把握中国文化的精髓，承担起民族振兴、再创辉煌的历史使命。

值得一提的是，全书所选文章是按照时代先后顺序排列的，但并没有按惯常的做法将所有文章按照朝代划归于不同的章节。先秦诸子百家，以及宋明理学是我国古代思想的高峰。如果按朝代划分章节，内容会出现明显的不均衡现象。为此，本书所有的篇章蝉联而下，形成一个完整的体系，这也不失为一种新的尝试。我们的愿望是从中找出思想的脉络，而不必被朝代所割裂。

为了丰富教材的内容，本书每篇作品都附注释、评点，在一些重要的篇章后面，还附有授课视频、网络链接，方便师生拓展相关的知识，提高学生的学习兴趣。

本书的编写者是教授国学的几位一线教师，他们了解学生的实际情况。这几位教师都是国学教学的课题组成员，该课题组是以浙江越秀外国语学院党委书记费君清教授为首的团队。课题组正在从事"以文化人，固本铸魂：外语院校中华传统文化育人的探索与实践"的研究。因此，教材的编写可以为本课题提供有力的教学与材料的支撑，这对于推动高校的国学教学工作，无疑具有一定的现实意义。

目　　录

周　易

在"十三经"中,《周易》是一部从内容到形式都比较特殊的著作。它的内容可分为符号和文字两个部分,符号即我们通常所说的"六十四卦",文字部分则由"经""传"组成。"经"指记录占卜情况的卦辞和爻辞。"传"指解释六十四卦的卦辞和爻辞的文章,有《彖辞》上、下,《系辞》上、下,《象辞》上、下,以及《文言》《说卦》《序卦》《杂卦》,共十篇,又称《十翼》。符号和卦辞、爻辞,是《周易》最基本的内容,"十翼"则是后人对卦辞、爻辞所做的发挥和阐述,有些解释并不能准确地体现卦辞和爻辞的原意,而具有比较明显的儒家思想倾向。

根据传统的说法,《周易》的作者与伏羲和周文王有关。《系辞》下篇提到,伏羲始作八卦,六十四卦的内容又与文王被商纣王囚禁的事件有关。当然,《周易》内容的具体完成,是一个较长的过程。从《周易》本身,《左传》《国语》等记述春秋时人们运用《周易》占筮的记载,以及马王堆出土的帛书《周易》等情况来看,《周易》的卦辞、爻辞,即经的部分,大约在西周中后期开始形成,其作者不是某一个人,到了春秋时期,《周易》基本上具备了今天所见的面目。

《十翼》的作者,一般认为是孔子。《史记》说,"文王演《易》",又说"孔子晚而喜《易》,序《彖》《象》《说卦》《文言》"。虽然具体情况未必如此,但是,现代学者普遍认为,《十翼》的内容是孔子弟子或其后学根据孔子的讲学而整理出来的,尽管不是出自一人之手,但属于孔子的学说则是无疑的。大致而言,《系辞》《文言》约作于战国中期,《彖辞》和《象辞》约作于战国的后期,《说卦》《序卦》和《杂卦》具体创作年代不明,但在西汉初年已有运用的实例,那么,其创作也当不晚于这一时期。

《周易》第一讲
（余群讲解）

《周易》第二讲（上）
（余群讲解）

《周易》第二讲（下）
（余群讲解）

《周易》第三讲
（余群讲解）

第一卦　乾(乾上乾下)

乾①，元亨②利贞③。

初九④：潜龙勿用⑤。

九二：见⑥龙在田⑦，利见大人⑧。

九三：君子⑨终日乾乾⑩，夕惕若厉⑪，无咎⑫。

九四：或跃在渊⑬，无咎。

九五：飞龙在天，利见大人。

---

①　乾：卦名，八卦之一，由三个阳爻组成，取象于天。八卦两两相叠而成六十四卦，《周易》六十四卦均有一卦名，各代表不同含义。乾为六十四卦之首，代表天和一切阳刚事物。

②　元亨：元，始也，大也。亨，通也。

③　利贞：有两种解释。一是说卜得此卦吉利，《说文解字》云："贞，卜问也，从卜贝。"《周易》所说"贞"皆指卜筮；二是指利于守正。

④　初九：爻题，即爻位指示。六十四卦每卦六爻，从下往上依次是初爻、二爻、三爻、四爻、五爻、上爻。用"九"表示阳爻，用"六"表示阴爻。"初九"即初爻是阳爻。

⑤　潜龙勿用：潜伏的龙不要有所作为。潜，伏潜。龙，古代传说的刚健动物。用，作为、行动。

⑥　见(xiàn)：同"现"，出现。下文的"见"与此同。

⑦　田：田野。

⑧　大人：卦辞和爻辞常用，其含义有二：一是指有道德有作为之人；二是指有道德并居高位的人。与"君子"义相近。

⑨　君子：才德出众之人，与"大人"义相近。

⑩　乾乾：长沙马王堆出土的汉帛本《周易》作"健健"，自强不息之义。

⑪　夕惕若厉：夕，晚上。惕，警惕、忧惧。若，语气词。惕若：警惕的样子。厉，危险

⑫　无咎：咎，过错。《周易》常用凶、咎、悔、吝作为断语，表示灾祸，但其程度不同。凶，凶险。咎，过错。吝，羞辱。悔，悔恨。

⑬　或跃在渊：或，不定之辞。此句式应为"或跃或在渊"，即或者飞跃，或者再返回深渊。

上九：亢①龙有悔。

用九②：见群龙无首③，吉。

《彖》曰：大哉乾元！万物资始，乃统天。云行雨施，品物流形。大明终始，六位时成，时乘六龙以御天。乾道变化，各正性命。保合大和乃利贞。首出庶物，万国咸宁。

《象》曰：天行健，君子以自强不息。

"潜龙勿用"，阳在下也。"见龙在田"，德施普也。终日乾乾，反复道也。"或跃在渊"，进无咎也。飞龙在天，大人造也。"亢龙有悔"，盈不可久也。用九，天德不可为首也。

《文言》④曰：元者，善之长也；亨者，嘉之会也；利者，义之和也；贞者，事之干也。君子体仁足以长人；嘉会足以合礼；利物足以和义；贞固足以干事。君子行此四德者，故曰："乾，元亨利贞。"

初九曰："潜龙勿用。"何谓也？子曰："龙德而隐者也。不易乎世，不成乎名；遁世无闷，不见是而无闷；乐则行之，忧则违之；确乎其不可拔，潜龙也。"

九二曰："见龙在田，利见大人。"何谓也？子曰："龙，德而正中者也。庸言之信，庸行之谨，闲邪存其诚，善世而不伐，德博而化。易曰：'见龙在田，利见大人'，君德也。"

九三曰："君子终日乾乾，夕惕若厉，无咎。"何谓也？子曰："君子进德修业。忠信，所以进德也。修辞立其诚，所以居业也。知至至之，可与言几也。知终终之，可与存义也。是故，居上位而不骄，在下位而不忧。故乾乾，因其时而惕，虽危而无咎矣。"

---

① 亢(kàng)：过，甚，极。

② 用九：六十四卦中唯有乾、坤两卦各有一用爻，乾称为"用九"，坤称"用六"。《帛书》作"迵(dòng)九""迵六"。在用四十九根蓍草卜筮时，其结果得出七、八、六、九这四个数中的一个。得六、九则表示有动爻，阴将变阳，阳将变阴；得七、八则不变。"用九""用六"是说坤卦可能变成乾卦，乾卦可能变成坤卦，表明了古人阴阳互化的哲学思想。

③ 无首：首，指头。无首，一说是没有首领，还有一说是没有边际，层出不穷。

④ 文言：对"文言"二字之义，先儒众说不一，主要有以下几点说法：一是乾坤为门户，以文说乾坤；二是依文而言其理；三是因卦爻辞为文王所作，故曰"文言"；四是文谓文饰，以乾坤德大，故特文饰以为"文言"；五是单就卦爻辞而推衍之，故曰"文言"；等等。

九四:"或跃在渊,无咎。"何谓也? 子曰:"上下无常,非为邪也。进退无恒,非离群也。君子进德修业,欲及时也,故无咎。"

九五曰:"飞龙在天,利见大人。"何谓也? 子曰:"同声相应,同气相求;水流湿,火就燥;云从龙,风从虎;圣人作而万物睹;本乎天者亲上,本乎地者亲下,则各从其类也。"

上九曰:"亢龙有悔。"何谓也? 子曰:"贵而无位,高而无民,贤人在下,位而无辅,是以动而有悔也。"

"潜龙勿用",下也。"见龙在田",时舍也。"终日乾乾",行事也。"或跃在渊",自试也。"飞龙在天",上治也。"亢龙有悔",穷之灾也。乾元"用九",天下治也。

"潜龙勿用",阳气潜藏。"见龙在田",天下文明。"终日乾乾",与时偕行。"或跃在渊",乾道乃革。"飞龙在天",乃位乎天德。"亢龙有悔",与时偕极。乾元用九,乃见天则。

乾"元"者,始而亨者也。"利贞"者,性情也。乾始能以美利利天下,不言所利。大矣哉! 大哉乾乎? 刚健中正,纯粹精也。六爻发挥,旁通情也。"时乘六龙",以御天也。"云行雨施",天下平也。君子以成德为行,日可见之行也。"潜"之为言也,隐而未见,行而未成,是以君子弗用也。

君子学以聚之,问以辩之,宽以居之,仁以行之。《易》曰:"见龙在田,利见大人。"君德也。

九三,重刚而不中,上不在天,下不在田。故乾乾,因其时而惕,虽危无咎矣。

九四,重刚而不中,上不在天,下不在田,中不在人,故或之。或之者,疑之也,故无咎。

夫大人者,与天地合其德,与日月合其明,与四时合其序,与鬼神合其吉凶。先天而天弗违,后天而奉天时。天且弗违,而况于人乎? 况于鬼神乎?

"亢"之为言也,知进而不知退,知存而不知亡,知得而不知丧。其唯圣人乎? 知进退存亡,而不失其正者,其为圣人乎?

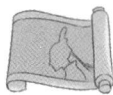

评说

乾卦是六十四卦之首,上乾下乾,六爻都是阳爻,象征天和一切阳刚事物。古人之所以用龙来说明乾卦的含义,阐明阳刚事物的本质及其发展变化的规律,究其原因，在于龙是阳刚之物，能够在天地之间自由地翱翔。卦辞"元亨，利贞"，是说此卦元始亨通，利于守正。

"初九：潜龙勿用。"一阳爻在下，宛若一条巨龙潜伏在万丈深渊，位卑力微，有志难伸，此时不会也不可能有什么作为，需要等待，时机成熟时再腾飞。

"九二：见龙在田，利见大人。"龙离开了伏藏的深渊，来到了田野上；田野虽然不是龙久居之地，但终究是向既定的目标前进了一步，阳刚渐显，初露头角，出现了有利于施展自己才华的机遇。以阳刚居下乾之中，刚健得中，有"大人"之象；但阳居阴位（初、三、五为阳位，二、四、六为阴位），尚有不遂意之处，只能说是"利见"。

"九三"居下乾之上，处上体和下体的边缘，属凶险之地。但以阳居阳尚得正，故诫之此时应该"终日乾乾"，自强不息；"夕惕若厉"，白天或夜晚都不可懈怠，必须保持警惕忧惧之心，只有这样做，才能"无咎"——虽有危险但可免除灾害。

到了"九四"就进入上乾，切近"九五"，在此位置向下看，是万丈深渊；往前看，仍是"路漫漫其修远兮"。阳居阴位，阳刚主进，阴柔主退，在这个特殊时期，或"跃"或"在渊"就要有所选择了。此时能进则进，能退则退，进退自如，故告知"无咎"。爻辞用了一个"跃"字，这是"飞"前的准备，有跃跃欲试之义，故其寓意还是说应该抓住机遇，锐意进取，因为再前进一步就是"柳暗花明又一村"了！

在卦中，"九五"是至尊之位，代表事物发展到了一个完美的阶段，一般都是吉祥的。乾卦的"九五"有更特殊的含义。六爻皆阳，唯"九五"独尊，刚健中正，犹有德之君即将出现。"飞龙在天，利见大人"，是说潜龙经过前面一番"修炼"，腾云驾雾，云行雨施，成为有德之君。"九二"的"大人"还在田上，而"九五"的"大人"已在天上，真是"天壤之别"！

"上九"是卦中最后一爻，表明本卦所说的事物已完成了一个发展阶段。事物发展到了极点，就要向相反的方向转化，是凶是吉得有个定论。"九五"的龙已得到了至尊之位，阳刚甚极，如果再不满足，贸然前进，离开了"宝座"，则上不着天，下不着地，贵而无位，高而无民，真成了"孤家寡人"，故说"亢龙有悔"。

"用九，见群龙无首，吉。"卦中有潜龙、田龙、亢龙、飞龙等，六爻皆是龙居之位，故称"群龙"，又称"六龙"。群龙出现，喻有德之人层出不穷，故吉利。"首"多解为"头领"，说"群龙无首"是群龙都不当首领或不以首领自居。其实此句的意思是：龙不断涌现，层出不穷，看不到边际，喻阳刚之气与宇宙永存，永不消亡。

乾，六十四卦之首，统领其余六十三卦，这反映了周人的哲学思想。《周礼·

大卜》："筮人掌三易,一曰《连山》,二曰《归藏》,三曰《周易》。"《连山》是夏朝的,《归藏》是商朝的,都已失传,唯《周易》流传于世。殷人尚母,故《归藏》以坤为首卦;周朝重父,故以乾为首卦,意在说明,阳气是宇宙万物之本。阳气的发展也是遵循一定的规律的,爻辞以龙为喻,潜龙—田龙—跃龙—飞龙—亢龙,由"潜"到"飞"经历了一个事物的发展阶段,达到了完美和谐的地步;而到"亢"时,则阳极变阴,物极必反。乾卦就是这样揭示了事物由萌生—发展—壮大—衰亡的变化过程,从而奠定了用哲理观点认识事物的基石。

《文言》作者将"元亨利贞"释为"四德",即"仁、义、礼、固(信)",使卜筮观念上升为一种道德思想,对后世影响很大。"元亨,利贞"就是说元始亨通,利于守正。在5000余字的《易经》中,"元"25个,"亨"49个,"利"119个,"贞"111个,共计304个字,约占卦、爻辞总数的6%,而且都在关键部位,这一点直接影响到后人对整个《易经》的正确理解!

虽说《易传》作者是用儒家思想来解《易经》的,却开创了用哲学观点解释《易经》的先河,也不乏探到了《易经》哲理真谛的内容。"终日乾乾,与时偕行"就道出了乾卦的真正含义。天体是按一定的规律运行的,一年四季,春夏秋冬;世间万物也随之变化,春花秋实,兴旺衰败,这是不可抗拒的自然法则。人要有一种自强不息的精神,一切行为都要符合自然和社会发展的规律,跟上时代发展的潮流。我们常说的"与时俱进",就是这个意思。

——彭晓辉

第二卦　坤(坤上坤下)

坤,元亨。利牝马之贞。① 君子有攸往,先迷后得主。② 利。西南得朋③,东北丧朋。安贞吉④。

---

① 坤:卦名。坤的卦象是六个阴爻,用来表示大地及阴柔的事物。本卦的内容与人在地上的生活有关。牝马:母马。《周易集解》:"干宝曰:'行天者莫若龙,行地者莫若马,故乾以龙繇,坤以马象也,坤,阴类,故称'利牝马之贞'矣。'"

② 攸:所。有攸往:有所往。主:主人,这里指接待旅客的房东。

③ 朋:朋贝。李镜池说:"朋,朋贝。货币起先用贝,贝十枚一串为朋。"

④ 安贞吉:安于守正则吉祥。

《彖》曰：至哉坤元，万物资生，乃顺承天。坤厚载物，德合无疆。含弘光大，品物咸亨。"牝马"地类，行地无疆，柔顺利贞。"君子"攸行，先迷失道，后顺得常。"西南得朋"，乃与类行；"东北丧朋"，乃终有庆。"安贞"之"吉"，应地无疆。

《象》曰：地势坤，君子以厚德载物。

初六：履霜，坚冰至。

《象》曰："履霜，坚冰"，阴始凝也。驯致其道，至坚冰也。

六二：直方大，不习无不利。①

《象》曰：六二之动，直以方也。"不习无不利"，地道光也。

六三：含章可贞。或从王事，无成有终。

《象》曰："含章可贞"，以时发也。"或从王事"，知光大也。②

六四：括囊③。无咎无誉。

《象》曰："括囊无咎"，慎不害也。

六五：黄裳。元吉。

《象》曰："黄裳④。元吉"，文在中也。

上六：龙战于野。其血玄黄⑤。

《象》曰："龙战于野"，其道穷也。

用六⑥：利永贞。

---

①　直方大：指地貌平直、方正、辽阔。习：熟悉。不习无不利：体认本心，即使不学习也无不利。王阳明曰："后世不知作圣之本是纯乎天理，却专去知识才能上求圣人，以为圣人无所不知，无所不能。我须是将圣人许多知识才能逐一理会得得，故不务去天理上着功大，徒蔽精竭力，从册子上钻研，名物上考索，形迹上比拟，知识愈广而人欲愈滋，才力愈多而天理愈蔽。"

②　含章：含有文章，指有文采。可贞：可以守正。王事：大事，指战争。战争和祭祀在古代都是最重要的事。所谓"国之大事，在祀与戎"。

③　括：收束、扎紧。囊：布口袋。

④　黄裳：黄色的裙或裤。周代的人以黄色的裙裤为吉利尊贵之物，因其是穿在里面的，外面还要加上罩衫。

⑤　玄黄：指流血的颜色。

⑥　用六：坤卦特有的爻名。"用六"表示坤卦的全阴爻将尽变为全阳爻。

《象》曰:"用六"永贞,以大终也。

《文言》曰:坤至柔而动也刚,至静而德方,后得主而有常,含万物而化光。坤道其顺乎! 承天而时行。

积善之家,必有余庆;积不善之家,必有余殃。臣弑其君,子弑其父,非一朝一夕之故,其所由来者渐矣! 由辩之不早辩也。《易》曰:"履霜,坚冰至。"盖言顺也。

直,其正也;方,其义也。君子敬以直内,义以方外,敬义立而德不孤。"直,方,大,不习无不利",则不疑其所行也。

阴虽有美,含之以从王事,弗敢成也。地道也,妻道也,臣道也。地道无成而代有终也。

天地变化,草木蕃;天地闭,贤人隐。《易》曰:"括囊,无咎,无誉。"盖言谨也。

君子黄中通理,正位居体,美在其中,而畅于四支,发于事业,美之至也。

阴疑于阳,必"战"。为其嫌于无阳也,故称龙焉。犹未离其类也,故称"血"焉。夫"玄黄"者,天地之杂也,天玄而地黄。

评说

乾为天,坤为地,乾为阳,坤为阴,《周易》将乾、坤两卦安排在六十四卦之首,含有天地阴阳互生万物之含义。但是,统观坤卦各爻辞的含义及其演变关系,我们还会发现,简单地将坤卦理解为只是一种阴卦并不恰当。坤卦亦如同乾卦一样,也是《周易》总论的一部分,也有概括《周易》含义的意思。从对坤卦的研究来看,它将显露出以下几个问题:第一个,就是坤卦如同乾卦,从"初爻"开始到"用爻"结束,反映了一个事物由始到末的发展演变的全过程。比如说坤卦的"初六,履霜,坚冰至",是讲一个事物开始之艰辛,它和乾卦的"初九,潜龙勿用"一样,乃是叙述一个事物的开始阶段;坤卦经历"六二"爻到"六五"爻的"黄裳"鼎盛时期,亦如同乾卦经历"九二"爻到"九五"爻的"飞龙在天"的鼎盛时期;坤卦到"上六"爻的"龙战于野"的物极必反时期和到"用六"爻的"利永贞"的再造时期,都和乾卦的"上九"爻"亢龙有悔"的物极必反时期和"用九"爻的"群龙无首,吉"的再造时期的内容安排完全相同。坤卦中显露的第二个问题是,此卦是否只能从阴性的角度来解释。有一种观点认为:《坤》卦除了其阴阳符号全为阴(— —)号,以及其卦辞中有"利牝马之贞"的阴的属性外,其他各爻辞的内容并不是全从阴柔一方面来论述坤卦的阴的属性的。一般的易学家们纯用阴性来解坤卦中各爻辞的含义显然是值得商榷的。比如说"六三"爻辞的"含章可贞。或从王事,无成有终",历来都将此爻解释为去辅佐君主建功立业,为"地道""妻道""臣道"之爻。实际上,此爻含义乃指直接从事王事帝业,它和讼卦中说的"或从王事,无成"为同一含义。又比如说"六四"爻的"括囊。无咎无誉",历来都解释为"扎紧袋口,不说不动,这样虽得不到称赞,但也免遭祸患",这种解释仍是站在"地道""臣道""妻道"的基础上注释爻义。实际上,此含义乃是指囊括四海之志的无咎无誉,它有如乾卦"九四"爻的"或跃在渊,无咎",皆指《周易》中的"大人"展露才华抱负一事。再比如说"上六"爻的"龙战于野。其血玄黄",历来都按"地道""阴道"将此爻解释为"阴气极盛,与阳气相战于郊外"。这实际上也是一种误解。阴阳交战,何来龙与龙相斗之有? 上述观点,可备一说。坤卦中显露出来的第三个问题如同乾卦,它除了用哲学观点来论述一个事物发展演变的全过程之外,在应用到具体问题上,它仍是围绕着政权的角逐进行论述的。如果说乾卦仅仅用"潜龙"到"飞龙"再到"亢龙"来比喻《周易》中的"君子""大人"的兴起衰落,而坤卦则用"或从王事"和"括囊"四海之志,吞并八荒之心,以及帝王的"黄裳"服饰来直接陈述《周易》中的"君子""大人"的举措始末。在这一点上,应该说坤卦比乾卦更加具体和直言不讳。我们在研究坤卦时,应特别注意这些问题,如不弄清这些,刚从《周易》的乾卦中得到一些启迪,便会在坤卦中又陷入扑朔迷离。

——圣海易峰

更多评论,请扫描　　更多讲解,请扫描

尚　书

　　《尚书》，就是上古之书，"尚"即"上"。《尚书》最早书名为《书》，汉代称为《尚书》。《尚书》是儒家"十三经"重要经典之一，是我国现存最早的记言体史书。此书不是出于一人之手，而是上古各朝史官的记录。后来，由孔子整理编订而成。《荀子·劝学篇》曰："《书》者，政事之纪也。"《史记·太史公自序》曰："《书》记先王之事，故长于政。"可见，《尚书》是关于上古时期的政治史料汇编。

　　从版本来看，《尚书》分《今文尚书》和《古文尚书》。西汉学者伏生口述的 28 篇《尚书》为《今文尚书》，而鲁恭王在拆除孔子故宅一段墙壁时所发现的另一部《尚书》，则被称为《古文尚书》。到了西晋永嘉年间，由于战乱，《今文尚书》和《古文尚书》全部都散失了。东晋初期，豫章内史梅赜给朝廷献上了一部《尚书》，共计 58 篇，包括《今文尚书》33 篇（其内容与伏生口述的 28 篇《今文尚书》相同），以及伪《古文尚书》25 篇。2018 年 11 月，清华大学发布战国竹简研究成果，认为《古文尚书》系后人伪作。《尚书》按朝代分为《虞书》《夏书》《商书》《周书》，按文体分为诰、训、谟、誓、命、典六种。

虞书·舜典

　　帝曰："夔！命汝典乐①，教胄②子。直而温，宽而栗③，刚而无④虐，简而无

---

　　① 乐：乐官。
　　② 胄（zhòu）子：未成年的人。
　　③ 栗：恭谨。
　　④ 无：不要。

傲。诗言志，歌永①言，声依咏，律和声。八音克谐，无相夺伦②，神人以和。"

夔曰："於③！予击石拊石④，百兽率舞。"

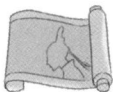

评说

舜帝对夔所说的这段关于诗歌和音乐作用的看法，后来被儒家当作"诗教"的经典言论，也成了历代官方所推崇的文艺观。特别是"诗言志"，成了后世重要的文学理论。

按《尚书·舜典》的观点，诗歌和音乐是人们内心想法和情感的表现；而情感表现的最高标准，就是和谐；和谐就是美，是优雅，可以感天地惊神鬼；和谐的诗歌和音乐被用来培育、陶冶人们的内在情操，培养性情高雅的君子。

简单地说，诗歌和音乐是重要的教育手段，而不是用来自我发泄或娱乐消遣的。之所以如此，是因为当时的诗歌和音乐与我们现在的诗歌和音乐并不是一回事。在春秋战国以前，礼乐文化盛行，诗歌和音乐是一体的，可以统称为诗乐，简称为"乐"。而"乐"与"礼"是相互为用的。所谓"乐无礼不举，礼无乐不行"，就是这个意思。正因为乐是礼的体现，所以，"乐"与"声"和"音"并不是相同的概念。"声"是一种响声，"音"则是"声"之旋律化，而"乐"，则是德之音，即雅音。显然，乐作为一种高雅的音乐，必然容易培养品德高尚的君子。而现在有些音乐，抒发的往往不是情感，而是个人的情绪、欲望。指望这种音乐来造就高雅人才，可谓勉为其难了。

——三余草堂

----

① 永：同"咏"，意思是吟唱。
② 夺：失去。伦：次序，这里指和谐。
③ 於(wū)：是啊，好吧。
④ 拊(fǔ)：轻轻敲击。石：石磬，古代的一种乐器。

虞书·益稷

帝曰："来，禹！汝亦昌言。"禹拜曰："都！帝，予何言？予思日孜孜。"皋陶曰："吁！如何？"禹曰："洪水滔天，浩浩怀山襄陵^①，下民昏垫^②。予乘四载^③，随山刊木^④，暨益奏庶鲜食^⑤。予决九川，距四海^⑥，浚^⑦畎浍距川。暨稷^⑧播奏庶艰食^⑨，鲜食，懋迁有无化居^⑩，蒸民乃粒^⑪，万邦作乂^⑫。"皋陶曰："俞！师^⑬汝昌言。"

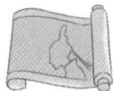

评说

大禹治水，功高盖世。大禹疏通了九州的河流，使大水流进四海，还疏通了田间小沟，使田里的水都流进了大河。他和后稷一起播种粮食，为民众提供谷物和肉食。还发展了贸易，互通有无，使百姓安定下来，而各个诸侯国，也开始得到治理。大禹的事迹流传至今，显然和他艰苦卓绝的斗争意志、充满智慧的高尚德行是分不开的。大禹那种"三过家门而不入"的舍己奉公精神，为后世的人们树立了崇高的榜样。大禹治水的事迹激励一代又一代仁人志士，时刻牢记为民造福、为民除害的使命。如今，大禹已成为中华民族自强不息、舍己奉公的精神象征。

---

① 怀：包围。襄：淹没。
② 昏垫：意思是沉陷。
③ 四载：四种交通工具，指车、船、橇、轿。
④ 刊：砍削，这里指砍削树木做路标。
⑤ 暨：及，和。益：人名，伯益。奏：进。鲜食：刚杀了的鸟兽。
⑥ 决：疏通。距：到达。
⑦ 浚：疏通。
⑧ 稷：人名，后稷。传说他教人们播种庄稼。
⑨ 艰食：根生的粮食，指谷类。
⑩ 懋：通"贸"，懋迁的意思就是贸易。化居：化，同"货"，迁移囤积的货物。
⑪ 粒：米食。
⑫ 作：开始。乂：治理。
⑬ 师：通"斯"，意思是这里。

商书·盘庚上①

王若曰:"格汝众,予告汝训汝,猷黜乃心②,无傲从康③。古我先王亦惟图任旧人共政④。王播告之,修⑤不匿厥指⑥,王用丕钦⑦;罔有逸言⑧,民用丕变。今汝聒聒⑨,起信险肤⑩,予弗知乃所讼⑪。

"非予自荒⑫兹德,惟汝含⑬德,不惕⑭予一人。予若观火,予亦拙谋作⑮乃逸⑯。若网在纲⑰,有条而不紊⑱。若农服⑲田力穑⑳,乃亦有秋。汝克黜乃心㉑,

---

①　盘庚是汤的第十世孙,商朝的第二十位君王。他为避免水患,复兴殷商,率领臣民把国都从奄(今山东曲阜)迁往殷(今河南安阳)。此举遭到了来自各方的反对,盘庚极力申说迁都的好处,前后三次告喻臣民,终于完成了迁都。《盘庚》(分上、中、下三篇)记述了这次迁徙的经过。上篇记述盘庚迁殷之前告诫群臣的话,中篇是盘庚告诫殷民的话,下篇是迁都后盘庚告诫群臣的话。历代学者大都认为《盘庚》三篇是商朝的作品,具有很高的史料价值。

②　猷:为了。黜:除去。心:指私心。

③　从:纵,放纵。康:安逸。

④　惟:想。任:任用。旧人:指世代做官的人。共政:共同管理政事。

⑤　王:指先王。播告:公布命令。修:施行。

⑥　匿:隐瞒。指:旨,意旨。

⑦　丕:大。钦:敬重。

⑧　逸:过失,错误。

⑨　聒(guō)聒:拒绝别人的好意而自以为是。

⑩　信:伸,伸说。险:邪恶。肤:浮夸。

⑪　讼:争辩。

⑫　荒:废弃。

⑬　含:怀着,藏着。

⑭　惕:施,给予。

⑮　谋作:谋略。

⑯　乃:则。逸:过错。

⑰　纲:网的总绳。

⑱　紊:乱。

⑲　服:从事。

⑳　力穑:努力收获庄稼。

㉑　黜乃心:去掉你们的私心。

施实德①于民，至于婚②友，丕乃③敢大言，汝有积德。乃不畏戎毒于远迩④，惰农自安，不昏⑤作劳，不服田亩，越其⑥罔有黍稷。

"汝不和吉言于百姓⑦，惟汝自生毒⑧，乃败祸奸宄⑨，以自灾于厥身。乃既先⑩恶于民，乃奉其恫⑪，汝悔身何及？相时憸⑫民，犹胥顾于箴言，其发有逸口⑬，矧予制乃短长之命⑭？汝曷弗告朕而胥动以浮言，恐沉于众⑮？若火之燎于原，不可向迩，其犹可扑灭。则惟汝众自作弗靖⑯，非予有咎。"

![评说]

在这里，盘庚对他的臣僚们进行了规劝。盘庚责备他们不恪守先王的旧规矩，态度傲慢，贪图享受舒适，还以谣言蛊惑民心。

盘庚用先王和旧时制度来规劝这些臣僚，并勉励他们以身作则，施德于民。

更多讲解，请扫描

① 实德：实惠的德行。
② 婚：指有姻亲关系的亲戚。
③ 丕乃：于是。
④ 乃：如果。戎：大。毒：毒害
⑤ 昏：努力。
⑥ 越其：于是就。
⑦ 和：宣布。吉言：好话。
⑧ 惟：是。毒：祸根。
⑨ 败：败露。奸宄(guǐ)：违法作乱的人或事。
⑩ 先：引导。
⑪ 奉：承受。恫(dòng)：痛苦。
⑫ 相：看。时：这。憸(xiān)：散，小。
⑬ 发：说出。逸口：从口中说出错话。
⑭ 矧(shěn)：况且。制：操纵，掌握。
⑮ 恐：恐吓。沉：煽动。
⑯ 靖：善。

道 德 经

　　《道德经》是春秋时期老子①（又称老聃、李耳）的著作，又称《道德真经》《老子》《五千言》《老子五千文》。它是我国古代先秦诸子中的一部重要著作，集中地体现了老庄哲学思想。受《周易》一书分上下经的影响，《道德经》分上下两篇，原文上篇《德经》、下篇《道经》，不分章，后改为《道经》37 章在前，第 38 章之后为《德经》，两者合并为 81 章。《道德经》全书以宇宙生成论、人生论及政治论三者为主体结构，形成了一个统一的整体。该书的内容以"道德"为纲领，论述修身、治国、用兵、养生之道，而多以政治为指归，乃所谓"内圣外王"之学，文意深奥，包涵广博，被誉为"万经之王"。

　　《道德经》作为"智慧"之书，是我国历史上最伟大的名著之一，对传统哲学、科学、政治、宗教等产生了深刻影响。据联合国教科文组织统计，《道德经》是除了《圣经》以外被译成外国文字发行量最大的文化名著。

　　《道德经》的版本较多，主要有以下几种：战国楚简《老子》、汉代马王堆出土的帛书《老子》、北京大学竹简《老子》，以及三国时期王弼所注的《道德经》。

《道德经》第一讲　　　　　《道德经》第二讲
（余群讲解）　　　　　　　（余群讲解）

---

　　①　老子：姓李，名耳，字聃，一字伯阳，或曰谥伯阳。春秋末期人，生卒年不详，出生于陈（后入楚）国苦县（古县名）。中国古代思想家、哲学家、文学家和史学家，道家学派创始人和主要代表人物。与庄子并称老庄。老子的思想主要体现在《道德经》一书里。《道德经》和《易经》《论语》被认为是对中国人影响最深远的三部思想巨著。全书的思想结构是：道是德的"体"，德是道的"用"。

第一章

道可道①,非常②道;名可名③,非常名。无名天地之始,有名万物之母④。故常无欲,以观其妙⑤;常有欲,以观其徼⑥。此两者同出而异名,同谓⑦之玄,玄⑧之又玄,众妙之门⑨。

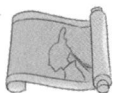

评说

这一章是《道德经》全书的纲领。老子在这里提出了世界的本源就是"道"。而"道"是无法言说、无法指称的。因为,如果能够言说和指称的"道",就不是那个慣常的道,也不是那个永恒的道。道本身又是"有"与"无"的统一。"无",是万物的开始。"有",是万物的根本。我们可以通过这个"无",来了解世界的微妙,也可以通过"有",来观察世界的显明。"无"与"有",虽然名称不同,但它们都来自"道",所以显得非常玄妙。我们要理解各种玄妙,就应当有一个法门,而这个法门就是:从"无"的玄妙,再进入"有"的玄妙。

从"无"到"有"的过程,就是道运行的过程。对于这个"道",后世有各种解释,可谓见仁见智。有人从哲学的本体,有人从历史的角度,有人从文学的本质,还有人从美学的原理等方面来进行阐释。

再者,对于"道"的内涵,各家的观点也并不一致。有的认为它是一种物质性的东西,是构成宇宙万物的元素;有的认为它是一种精神性的东西,同时也是产

---

① 第一个"道"是名词,指的是宇宙的本原和实质,引申为原理、原则、真理、规律等。第二个"道"是动词,是解说、表述的意思,犹言"说得出"。

② 常:一般的,普通的。

③ 第一个"名"是名词,指"道"的形态。第二个"名"是动词,说明的意思。

④ 母:母体,根源。

⑤ 妙:微妙的意思。

⑥ 徼(jiào):边际、边界。引申为端倪的意思。

⑦ 谓:称谓。此为"指称"。

⑧ 玄:玄妙深远的道理。

⑨ 门:一切奥妙变化的总门径,此用来比喻宇宙万物的唯一原"道"的门径。

生宇宙万物的源泉。当然，虽然见解不同，但也存在着一些一致的地方。那就是，学者们普遍认为，"道"是运动变化的，而非僵化静止的；而且宇宙万物包括自然界、人类社会和人的思维等一切运动，都是遵循"道"的规律而发展变化的。而且，"道"具有普遍性、主宰性，它无处不在，无时不是世界的关键。总之，在这一章里，老子说"道"产生了天地万物，但它不可以用语言来说明，而是非常深邃奥妙的，并不是可以轻而易举就能领会的，这需要一个从"无"到"有"的循序渐进的过程。

第二章

天下皆知美之为美，斯恶已①；皆知善之为善，斯②不善已。故有无相③生，难易相成，长短相较④，高下相倾⑤，音声⑥相和，先后相随。是以圣人处无为之事⑦，行不言之教，万物作⑧焉而不辞，生而不有，为而不恃⑨，功成而弗居。夫唯弗居，是以不去。

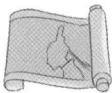

评说

本章内容分两层。第一层集中鲜明地体现了老子朴素的辩证法思想。他通过日常的社会现象与自然现象，阐述了世间万物的存在都具有相互依存、相互联系、相互作用的关系，论说了对立统一的规律，确认了对立统一永恒的、普遍的法则。

① 恶已：恶，丑。已，通"矣"。
② 斯：这。
③ 相：互相。
④ 较：此处指在比较、对照中显现出来。
⑤ 倾：充实，补充，依存。
⑥ 音声：汉代郑玄为《礼记·乐记》作注时说，合奏出的乐音叫作"音"，单一发出的音响叫作"声"。
⑦ 圣人处无为之事：圣人，古时人所推崇的最高层次的典范人物。处：担当，担任。无为：顺应自然，不加干涉，不必管束，任凭人们去干事。
⑧ 作：兴起，发生，创造。
⑨ 恃：指个人的志向、意志、倾向。

在前一层意思的基础上,展开第二层意思:处于矛盾对立的客观世界,人们应当如何对待呢?老子提出了"无为"的观点。此处所讲的"无为"不是随心所欲,而是要以辩证法的原则指导人们的社会生活,帮助人们寻找顺应自然、遵循事物客观发展的规律。他以圣人为例,教导人们要有所作为,但不是强作妄为。学术界有人认为第一章是全书的总纲,也有人认为前两章是全书的引言,全书的宗旨都在其中了。

无论学术界在"道"的属性方面的争论多么激烈,学者们都一致认为老子的辩证法思想是其核心的哲学思想。老子认识到,宇宙间的事物都处在变化运动之中,事物从产生到消亡,都是有始有终、经常变化的,宇宙间没有永恒不变的东西。老子在本章里指出,事物都有自身的对立面,都是以对立的方面为自己存在的前提,没有"有"也就没有"无",没有"长"也就没有"短";反之亦然。这就是我国古典哲学中所谓的"相反相成"。本章所用"相生、相成、相形、相倾、相和、相随"等,是指相互比较而存在,相互依靠而生成,只是不同的对立概念使用了不同的动词。

在第三句中首次出现"无为"一词。无为不是无所作为,而是要按照自然界的"无为"的规律办事。老子非常重视矛盾的对立和转化,他的这一见解,恰好是朴素辩证法思想的具体运用。他幻想着有所谓"圣人"能够依照客观规律,以"无为"的方式去化解矛盾,促进自然的改造和社会的发展。在这里,老子并非夸大了人的主动性,而是主张发挥人的创造性,像"圣人"那样,用"无为"的手段达到"有为"的目的。显然,在老子哲学中,有发挥主观能动性,去贡献自己的力量,去成就大众事业的积极进取的因素。

朴素的辩证法,是老子哲学中最有价值的部分。在我国的哲学史上,还从来没有谁像他那样深刻和系统地揭示出了事物对立统一的规律。老子认为,事物的发展和变化,都是在矛盾对立的状态中产生的。对立着的双方互相依存,互相联结,并能向其相反的方向转化。而这种变化,他认为是自然的根本性质,"反者,道之动也"(第四十章)。老子的辩证法是基于对自然和社会综合的概括,其目的在于找到一种合理的社会生活的政治制度的模式。他所提出的一系列的对立面,在人类社会生活中随处可见,如善恶、美丑、是非、强弱、成败、祸福等,都蕴含着丰富的辩证法原理。譬如说,如果人们没有对美好事物的认定和追求,也就不会产生对丑恶现象的否定;当我们还沉浸在幸福或成功的喜悦中时,一定要当心失败或悲苦可能会随时到来,所以要未雨绸缪,防患于未然。

有个哲学家说过:人们讲得最多的,却往往是他最不了解的,人们对部分事物和表面现象的关注，常常会忽视整体的、隐藏在深层次的、最本质的东西。宋代大诗人苏东坡在《题西林壁》一诗中写道："不识庐山真面目，只缘身在此山中。"这表达了他对事物全体与部分、宏观与微观、现象与本质等诸种关系的领悟，这富于启迪性的人生哲理，与老子的辩证法有异曲同工之妙。如果我们站在历史的高度上，会发现人类文明的进步是在真理与谬误、美与丑、进步与落后等矛盾斗争中前进的。而辩证法的丰富内涵就包含在全部人类文明史中。

老子的朴素辩证法，对我国传统文化的影响是极其深远的。传统文学艺术中有不少体现辩证思维的范畴，就与之有明显的渊源关系。例如"有"与"无"，出自老庄哲学，"有无相生"体现了事物对立统一的辩证关系，实际也体现了艺术创作的辩证关系。后世的作家、艺术家，他们逐步从老庄哲学中引申出了这样一种思想：通过"有声""有色"的艺术，进入"无声""无色"的艺术深层境界，这才是至美的境界。"虚"与"实"的概念也随之应运而生，而"虚实相生"理论也成为中国古代艺术美学中独具特色的理论。

同样地，"奇"与"正"这对范畴涉及艺术创作中整齐与变化相统一的创造、表现方法，为中国古代作家、艺术家所常用。"正"指正常、正规、正统、整齐、均衡，"奇"指反常、怪异、创新、参差、变化，二者在艺术创造中是"多样统一"规律的具体表现。在创作者们看来，"奇"与"正"意味着事物与事物、内容与形式之间既对称、均衡、整齐，又参差、矛盾、变化，彼此相反相成、相互为用，可谓正中见奇，奇中有正，奇正相生，于是产生和谐的、新颖的艺术美。倘若寻根究源，"奇"与"正"作为对立的哲学范畴，正始见于《老子》第五十八章："正复为奇。"而将这对范畴移用于文学理论中，则始于刘勰的《文心雕龙》。

不容置疑，在我国哲学辩证法发展史上，老子的学说及其影响完全值得大书特书一笔。

——灿磊

《道德经》第三讲
（余群讲解）

更多讲解，请扫描

第七章

天长地久。① 天地所以能长且久者,以其不自生②,故能长生。是以圣人后其身而身先③,外其身④而身存。非以其无私邪⑤?故能成其私。

评说

本章也是由天道推论人道,反映了老子以退为进的思想主张。老子认为:天地由于"无私"而长存永在,人间"圣人"由于退身忘私而成就理想。如大禹为人民治水,八年在外,三过家门而不入,人民才拥戴他为天子。

老子用朴素辩证法的观点,说明利他("退其身""外其身")和利己("身先""身存")是统一的,利他往往能转化为利己,老子想以此说服人们都来利他,这种谦退无私的精神,有其积极的意义。

这一章是继第五章之后,再一次歌颂天地。天地是客观存在的自然,是"道"所产生并依"道"的规律运行而生存,从而真正地体现道的。老子赞美天地,同时以天道推及人道,希望人道效法天道。在老子的观念中,所谓人道,即以天道为依归,也就是天道在具体问题上的具体运用。这一点,是老子书中经常阐述的观点,在本章里,他就表达了这种观点。接下来,老子以"圣人"来说明人道的问题。圣人是处于最高理想地位的统治者,对他而言,人道既要用于为政治世,又要用于修身养性,而且要切实效法天地的无私无为。对天地来说,"以其不自生,故能长生"。对圣人来说,"非以其无私邪?故能成其私"。这其中包含有辩证法的因素,不自生故能长生;不自私故能成其私,说明对立着的双方可以互相转化。通俗地讲,老子所赞美的圣人能谦居人后,能置身度外。他不是对什么事情都插手

---

① 天长地久:长、久,均指时间长久。
② 以其不自生:因为它不为自己生存。以:因为。
③ 身:自身,自己。以下三个"身"字同。先:居先,占据了前位,此处是高居人上的意思。
④ 外其身:外,是方位名词作动词用,使动用法,这里是置之度外的意思。
⑤ 邪(yé):通"耶",助词,表示疑问的语气。

的,而是从旁边把事情看清了再帮一把,这样反而站得住脚。这种思想,就是为人处世的一种智慧,以不争而争,以无为而为。其实,在《道德经》书中,许多观点都可以视为一种处世智慧。值得我们后人认真地学习和借鉴。

——葛洪大道

更多讲解,请扫描

第十六章

致虚极,守静笃①;万物并作②,吾以观复③。夫物芸芸④,各复归其根。归根⑤曰静,是谓复命⑥。复命曰常⑦,知常曰明⑧,不知常,妄作,凶。知常容⑨,容乃公,公乃王⑩,王乃天⑪,天乃道,道乃久。没身不殆。

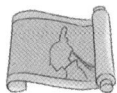

评说

在本章里,老子特别强调致虚守静的功夫。他主张人们应当用虚寂沉静、含

---

① 致虚极,守静笃:虚和静是形容人空明宁静的心境,但由于外界的干扰、诱惑,人的私欲开始活动,所以心灵闭塞不安。因此,必须注意"致虚"和"守静",以恢复心灵的清明。极、笃,意为极度、顶点。

② 作:生长,发展,活动。

③ 复:循环往复。

④ 芸芸:茂盛,纷杂,繁多。

⑤ 归根:根指道,归根即复归于道。

⑥ 复命:复归本性,重新孕育新的生命。

⑦ 常:指万物运动变化的永恒规律,即守常不变的规则。

⑧ 明:明白,了解。

⑨ 容:宽容,包容。

⑩ 王:周到,周遍。

⑪ 天:指自然的天,或为自然界的代称。

藏内收的心境,去面对宇宙万物的运动变化。在他看来,万事万物的发展变化都有其自身的规律,从生长到死亡,再生长到再死亡,生生不息,循环往复以至无穷。老子希望人们能够了解、认识这个规律,并且把它运用到社会生活之中。在这里,他提出"归根""复命"的概念,主张回归到一切存在的根源,这里是完全虚静的状态,这是一切存在的本性。

　　以往人们研究老子,总是用"清静无为""恬淡寡欲"这几句话概括老子的人生态度。但从总体上看,老子比较重视清静无为,但这主要是就治国治世而言的政治用语,不完全指修身的问题。这一章并不是专讲人生,而是主要讲认识世界,当然也包括认识人生。但无论是认识人生社会,还是认识客观世界,其基本态度是"致虚""清静""归根"和"复命"。先说"致虚"。虚无是道的本体,但运用起来却是无穷无尽的。"致虚极"是要人们排除物欲的诱惑,回归虚静的本性,这样才能认识"道",而不是为争权夺利而忘了"道"。"致虚"必"守静",因为"虚"是本体,而"静"则在于运用。"静"与"动"是一对矛盾体,在这个矛盾体中,老子着重于"静"而不是"动",但不否定"动"的作用。再说"归根"。在老子看来,对立是过程,是相对的;统一是归宿,是绝对的。这就是归根的哲学含义。当然,老子哲学带有循环论的色彩。这其实就是《周易》思想的一种体现。任继愈说:"老子主张要虚心,静观万物发展和变化,他认为万物的变化是循环往复的。变来变去,又回到它原来的出发点(归根),等于不变,所以叫作静。既然静是万物变化的总原则,所以是常(不变),为了遵循这一'静'的原则,就不要轻举妄动,变革不如保守安全。把这一原则应用到生活、政治各方面,他认为消极无为,可以不遭危险。"(任继愈《老子新译》)任先生的这种解说有一定道理,但未必是完全正确的。因为,循环论,未必就是消极的。循环论是中国哲学的一种观念,是从天体的运动而体悟出来的一种理论。

——含章博远

更多讲解,请扫描

第三十八章

　　上德不德①,是以有德;下德不失德②,是以无德③。上德无为而无以为④,下德无为而有以为⑤。上仁为之而无以为,上义为之而有以为,上礼为之而莫之应,则攘臂而扔之⑥。故失道而后德,失德而后仁,失仁而后义,失义而后礼。夫礼者,忠信之薄⑦而乱之首⑧。前识者⑨,道之华⑩而愚之始。是以大丈夫处其厚⑪,不居其薄⑫;处其实,不居其华。故去彼取此。

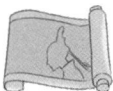

评说

　　这一章是《德经》的开头。

　　在这一章中,老子认为,道、德、仁,这三者都可以达到一种无形无相的境界。而义、礼,这二者却达不到无形无相的境界。道、德、仁,只有达到了"无"的境界,即以无为的方式,才是淳厚的状态。否则,如果以一种有为的方式来表达,则是一种虚华的体现。真正的圣人,是选择无为无谓,而不是用虚假浮华的态度来处理世事。

　　道、德、仁,都可以是虚无的,也可以是有为的。当它们是虚无之时,三者相互贯通,彼此是一体的。而当它们是有为的时候,则呈现一种不断衰落的状态。

---

　　① 上德不德:不德,不表现为形式上的"德"。此句意为,具备上德的人,顺应自然,不表现为形式上的德。

　　② 下德不失德:下德的人恪守形式上的"德",不失德即形式上不离开德。

　　③ 无德:无法体现真正的德。

　　④ 上德无为而无以为:以,心,故意。无以为,即无心作为。此句意为:上德之人顺应自然而无心作为。

　　⑤ 下德无为而有以为:此句与上句相对应,即下德之人顺应自然而有意作为。

　　⑥ 攘臂而扔之:攘臂,伸出手臂。扔,意为强力牵引。

　　⑦ 薄:不足,衰薄。

　　⑧ 首:开始,开端。

　　⑨ 前识者:先知先觉者,有先见之明者。

　　⑩ 华:虚华。

　　⑪ 处其厚:立身敦厚、朴实。

　　⑫ 薄:指礼之衰薄。

失去了道，就会有德；失去了德，就会有仁。这样，德和仁，就变成外在的现象。既然如此，那么此德此仁，就可能充满了人为和虚假。这种虚假，如果进一步发展，就会变成义，甚至是礼。礼与义，都是人为的规范，可以约束自己，也可以约束别人，当然，也可以用来推行自己的主张。

老子希望，人道要像天道一样，以无为而有为。因为，天地不仁，以万物为刍狗；圣人不仁，以百姓为刍狗。这种一切顺其自然的态度，虽然是不仁，也无所谓恩惠，但这种不仁，没有夹杂任何人为的虚假和造作，对芸芸众生没有造成任何的干扰和影响。而没有干扰和影响，就可以让百姓更加逍遥自在地生活，彼此互不干涉，各自都能够甘其食、美其服、安其居、乐其俗。所以，这种不仁，能够使万物各遂其性、各安其位，也能够让百姓安居乐业、其乐融融。也就是说，摒弃"薄"和"华"，抛弃外在的小恩小惠、假仁假义，自然而然，就能够恢复"厚"和"实"，实现天下的大治。这样，也就真正地体现了圣人的大恩大德、大仁大义。

第七十八章

天下莫柔弱于水，而攻坚强者莫之能胜，以其无以易之①。弱之胜强，柔之胜刚，天下莫不知，莫能行。是以圣人云："受国之垢②，是谓社稷主；受国不祥③，是为天下王。"正言若反④。

评说

这一章有三个方面值得关注。一是，水是天下之至柔，却具有无与伦比的攻坚的力量。二是，柔弱可以胜过刚强。三是，正言若反，任何事物都具有对立面。

老子通过对日常生活的观察，取象于普通的事物，但通过这些普通的事物，说明了深刻的道理。滴水可以穿透坚硬的石头。因为，柔弱的水能够通过长期

---

① 无以易之：易，替代、取代。意为没有什么能够代替它。
② 受国之垢：垢，屈辱。意为承担全国的屈辱。
③ 受国不祥：不祥，灾难，祸害。意为承担全国的祸难。
④ 正言若反：正面的话好像反话一样。

的冲击,产生令人无法想象的力量,所以,柔弱的表象下,可能蕴含着坚强的本质。

水柔中带刚,以此类推,任何柔弱的事物,都可以产生巨大的能量。这就是阴阳互补的道理。世人都可以见到这些现象,也都可以理解其中的道理。但并不一定能够付诸行动,这实在是一件令人匪夷所思的事情。

正是因为水至柔却具有无比强大的力量,所以,为人也应当像水一样。以柔克刚,以下取上。水不仅因为柔弱而包含了攻坚克难的力量,而且因为柔弱具有顺流处下的品格,以及包容万物的胸襟。水处下,而又不争,所以显得谦卑、低调。水又能够包容各种事物,无论干净与否,它都能够容纳,默默无言,忍辱负重,所以又显得大度、宽厚。而所有这些美德,都是为人君者所应当具备的品格。如果能够具备这些优点,则毫无疑问地可以为社稷主、天下王了。

另外,老子所说的"正言若反",也进一步体现了他一贯的思想,那就是对立统一的辩证法。这种辩证法在其全书中有多处体现。例如,大音希声、大象无形、大器晚成,还有高下相倾、前后相随、美丑相对等。这说明任何对立的、排斥的一面,在一定条件下,可以转化到相对的另一面。而且,这些对立面,本身就统一于一个事物上。这种辩证性非常普遍,只要善于利用,就可以达到无为而无不为的成效。

——伍春晓

第八十一章

信言①不美,美言不信;善者②不辩③,辩者不善;知者不博④,博者不知。圣人不积⑤,既以为人,己愈有⑥;既以与人,己愈多。天之道,利而不害⑦。圣人之

---

① 信言:真实可信的话。
② 善者:言语行为善良的人。
③ 辩:巧辩、能说会道。
④ 博:广博、渊博。
⑤ 圣人不积:有道的人不自私,没有占有的欲望。
⑥ 既以为人,己愈有:把自己的一切用来帮助别人,自己反而更富有。
⑦ 利而不害:使万物得到好处而不伤害万物。

道①,为而不争。

评说

　　本章是《道德经》的最后一章,是全书的总结。在这里,既有作者对人生的感悟,也有关于治世的观点。为人,就应当诚信,治世就应当无为。这里所说的"信",就是"真",与"美"和"善",构成了三位一体的关系。而真、善、美是为人处世的关键。这就是说,人生的最高境界就是真、善、美的统一,而善是其中的核心和根本。

　　本章中,作者还提出了六对范畴:信与美、善与辩、知与博、积与有、利与害、为与争。这些关系,体现了老子对于真与假、美与信、善与真、知与博、为人与为己、利人与利己、有为与无争之间的辩证关系。当然,老子希望世人都讲诚信、向美善,成为一个生活上的智者。这些智者,如果能够"为人""与人",普利众生,就是圣人。圣人之道,通过"为人"而使自己愈富有,通过"与人"而使自己获得更多。换言之,只有不争、谦让、利人,才能使整个天下都达到一个圣明的境界。可见,老子通过上述这些辩证关系,是想让世人懂得一个道理:要从真、善、美之中,汲取营养成分,以"信言""善行""真知"作为人生的信念来要求自己,提高自身的道德水平。当然,这些内容,也可以成为人们道德评判的标准,从而对他人做出恰如其分的判断。如果能够依据这些标准,就可以贯通天道和人道,从而真正地达到"人法地,地法天,天法道,道法自然"的境界。而达到这个境界,则人人都可以保身,可以全生,可以养亲,可以尽年,享受幸福而快乐的生活。

《道德经》
（涂序南讲解）

精美赏析,请扫描

――――――――――

　　① 圣人之道:圣人的行为准则。

论　语

　　《论语》是孔子①及其弟子言论的汇编，由孔子门生及其再传弟子集录整理而成，它是研究孔子及儒家思想的主要资料。《论语》作为儒家重要的经典，被列为"十三经"之一。南宋时朱熹将《论语》与《孟子》《大学》《中庸》合为四书。

《论语》讲座
（余群讲解）

---

　　① 孔子（前551—前479），子姓，孔氏，名丘，字仲尼，春秋末期鲁国陬邑（今山东曲阜）人，祖籍宋国栗邑（今河南夏邑），中国古代思想家、教育家，儒家学派创始人。孔子开创了私人讲学的风气，倡导仁义礼智信。他曾带领部分弟子周游列国前后达十四年，晚年修订《诗》《书》《礼》《乐》《易》《春秋》六经。相传孔子曾问礼于老子，有弟子三千，其中贤人七十二。孔子去世后，其弟子及其再传弟子把孔子及其弟子的言行语录和思想记录下来，整理编成儒家经典《论语》。孔子在古代被尊奉为"天纵之圣""天之木铎"，是当时社会上最博学的人之一，被后世统治者尊为孔圣人、至圣、至圣先师、大成至圣文宣王先师、万世师表。他的思想对中国和世界都有深远的影响，其人被列为"世界十大文化名人"之首。随着孔子影响力的扩大，祭祀孔子的"祭孔大典"成了一个极其盛大的典礼。

论语·学而

子①曰："学而时②习③之，不亦说④乎？有朋⑤自远方来，不亦乐乎？人不知⑥而不愠⑦，不亦君子⑧乎？"

评说

"偶有佳句仰天笑，欣见故人击地歌。"这一对联，显然是受《论语》第一章前两句的影响而来。前一句是说，以读书为乐、为灵感的涌现而兴高采烈。后一句是说，有朋友来了而无比欢欣鼓舞。我们现在的歌曲《远方的朋友请你留下来》也是这种观点。这一对联恰好反映了我们人类普遍的心声，那就是，读书和交友是我们最大的乐趣。孔子认为，人生在世，读书、交友和自省是最为重要的事情，所以在开篇第一句话就谈到了这些内容。所谓"人不知而不愠，不亦君子乎"，即是说"君子病无能焉，不病人之不己知也"（《论语·宪问》）。可见，孔子非常重视自身的修养，其关键则是要反躬自问，而不是动不动就怪别人不理解自己。这对

---

① 子：《论语》中"子曰"的"子"都是指孔子。

② 时："时"字在周秦时候作副词用，等于《孟子·梁惠王上》"斧斤以时入山林"的"以时"，"在一定的时候"或者"在适当的时候"的意思。王肃的《论语注》正是这样解释的。朱熹的《论语集注》把它解为"时常"，是用后代的词义解释古书。

③ 习：一般人把"习"解为"温习"，但在古书中，它还有"实习""演习"的意义，如《礼记·射义》的"习礼乐""习射"。《史记·孔子世家》："孔子去曹适宋，与弟子习礼大树下。"这一"习"字，更是演习的意思。孔子所讲的功课，一般都和当时的社会生活和政治生活密切结合。像礼（包括各种仪节）、乐（音乐）、射（射箭）、御（驾车）这些，尤其非演习、实习不可。所以这"习"字释为"实习"更好。

④ 说：通"悦"，高兴、愉快的意思。

⑤ 有朋：古本有作"友朋"的。旧注说："同门曰朋。"宋翔凤《朴学斋札记》说，这里的"朋"字即指"弟子"。

⑥ 人不知：这一句，"知"下没有宾语，人家不知道什么呢？当时因为有说话的实际环境，不需要说出便可以了解，所以未说明。这却给后人留下一个谜。有人说，这一句是接上一句说的，从远方来的朋友向我求教，我告诉他，他还不懂，我却不怨恨。这样，"人不知"的意思就是"人家不知道我所讲述的"。这种说法比较牵强。这一句和宪问篇的"君子病无能焉，不病人之不己知也"的精神相同。

⑦ 愠（yùn）：怨恨。

⑧ 君子：《论语》的"君子"，有时指"有德者"，有时指"有位者"，这里是指"有德者"。

于那些只会怨天尤人的人来说,是很好的教育和启迪。总之,这一章是全书的核心所在。而"学"更是重中之重。

刘宗周《论语学案》曰:"'学'字是孔门第一义。'时习'一章,是二十篇第一义。孔子一生精神,开万古宫墙户牖,实尽于此。'学'之为言'效'也,汉儒曰'觉',非也。学所以求觉也。觉者,心之体也。心体本觉,有物焉蔽之,气质之为病也。学以复性而已矣。有方焉,仰以观乎天,俯以察乎地,中以尽乎人,无往而非学也。学则觉矣,时时学则时时觉矣。时习而说,说其所觉也;朋来而乐,乐其与天下同归于觉也;人不知而不愠,不隔其为天下之觉也。故学以独觉为真,以同觉为大,以无往而不隔其所觉为至。此君子之学也。说乐不愠,即是仁体。孔门学以求仁,即于此逗出。"

论语·学而

有子①曰:"其为人也孝弟②,而好犯③上者,鲜④矣!不好犯上,而好作乱者,未之有也⑤。君子务本,本立而道生。孝弟也者,其为仁之本⑥与⑦!"

---

①　有子:孔子学生,姓有,名若,比孔子小十三岁,一说小三十三岁,以小三十三岁之说较可信。《论语》记载孔子的学生一般称字,独曾参和有若称"子"(另外,冉有和闵子骞偶一称子,又当别论),因此很多人认为《论语》就是由他们二人的学生所纂述的。但是有若称子,可能是由于他在孔子死后曾一度为孔门弟子所尊重(这一史实可参阅《礼记·檀弓上》《孟子·滕文公上》和《史记·仲尼弟子列传》)。至于《左传》哀公八年说的有若是一个"国士",则未必是他被尊称为"子"的原因。

②　孝弟(tì):孝,古代社会所认为的子女对待父母的正确态度;弟,同"悌",弟弟对待兄长的正确态度。古时也把"孝悌"作为维持社会制度、社会秩序的一种基本道德要求。

③　犯:抵触,违反,冒犯。

④　鲜(xiǎn):音显,少。《论语》的"鲜"都是如此用法。

⑤　未之有也:"未有之也"的倒装形式。古代句法有一条这样的规律:否定句中宾语若是指代词,这指代词的宾语一般放在动词前。

⑥　孝弟也者,其为仁之本:"仁"是孔子推崇的最高道德。也有人说,这"仁"字就是"人"字,古书"仁""人"两字本有很多是写混了的(宋人陈善的《扪虱新语》开始如此说,后人赞同者很多)。这里是说"孝悌是做人的根本"。这一说虽然也讲得通,但不能和"本立而道生"一句相呼应,未必符合有子的原意。《管子·戒篇》说:"孝弟者,仁之祖也。"也是这个意思。

⑦　与:通"欤",句末语气词,《论语》的"欤"字都写作"与"。

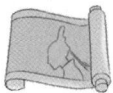

评说

　　我们国人一直非常重视孝道。所谓"万恶淫为首,百善孝为先",就是这种思想的具体体现。另外,我们古人还强调弟弟要敬爱兄长,这其中也有对年长者的敬爱之意。所以,孔融让梨的佳话会流传久远。孝顺父母、敬爱兄长,这是为人之本,也是仁道之本。如今随着西方文化的渗透,我们国人的伦理价值观念也发生了巨大的变化。传统的孝道思想受到了严重的冲击,使社会老龄化的问题变得更加棘手,所以重提孝道可谓当务之急。

论语·颜渊

　　颜渊问仁。子曰:"克己复礼为仁①。一日克己复礼,天下归仁②焉。为仁由己,而由人乎哉?"

　　颜渊曰:"请问其目。"子曰:"非礼勿视,非礼勿听,非礼勿言,非礼勿动。"

　　颜渊曰:"回虽不敏,请事斯语矣。"

评说

　　在孔子来看,"克己复礼"是达到仁之境界的方法。历代学者都认为,这是孔门传授的"切要之言",是一种紧要的、切实的修养方法,然而对于"克己复礼"的含义却有不同的阐释。这里的"克"字,在古代汉语中有"克制"的意思,也有"战胜"的意思。宋代学者朱熹认为"克己"的真正含义就是战胜自我的私欲,在这里,"礼"不仅仅是具体的礼节,而且还泛指天理,"复礼"就是应当遵循天理,这就把"克己复礼"的内涵大大扩展了。朱熹指出,"仁"就是人内心的完美道德境界,其实也无非天理,所以能战胜自己的私欲而复归于天理,自然就达到了仁的境

---

　　① 克己复礼为仁:《左传》昭公十二年说:"仲尼曰:'古也有志:克己复礼,仁也。'""克己复为仁"是孔子对前人的话赋予了新的含义。

　　② 归仁:"称仁"的意思,此义见毛奇龄《论语稽求篇》。朱熹《集注》谓"归,犹与也",也是此意。

界。朱熹以及其他理学家的阐释,把"克己复礼"上升为某种普遍的哲理。

值得注意的是,孔子在这里强调的学习礼,不仅仅是指要依礼而行,更重要的,是随时警惕自己不要去做失礼的事:"非礼勿视,非礼勿听,非礼勿言,非礼勿动。"要做到这"四勿",就必须"克己",也就是要随时注意约束自己,克服种种不良习性和私心,这其实也正是今天我们常说的"战胜自我"。

当然,孔子强调随时注意不失礼,不是希望弟子都变得循规蹈矩、谨小慎微。孔子认为:礼的本质是仁爱。如果人们都能够依礼行事、非礼不行,那么他们就会在不知不觉之间提升自己的人格,从而成为一个"仁者"。也就是说,克己复礼是"为仁"。这其实并不是什么高深的理论,却只有在实践中才能真正体会和领悟,所以颜回对孔子说:我虽然不大聪明,但会依照先生说的去做。

孔子能够在晚年提出一生所追求的恢复周礼的主张,是因为孔子心中的仁道并不依附于周礼而存在,而是在其基础上发展而来的。孔子认为,自己推行周礼是因为人们在使用礼仪时仅仅徒有其表而已,而不是把周礼放置在所有行为规范之上,并内化为自己的行为准则。

孔子以遵循社会行为准则为人生目标,对形成中国人特有的人生观、价值观起到了重要作用。那种以献身社会为荣的信念,使很多传统的中国人在为家庭、亲友和社会献出自己的劳动、财富甚至生命的时候,不是体会到了痛苦,而是感到了自豪。从这方面讲,这种人生观、价值观对传统中国人在困境中保持身心平衡有着积极的意义。

——李海玲

更多讲解,请扫描

论语·雍也

子贡曰:"如有博施①于民而能济众,何如? 可谓仁乎?"子曰:"何事于仁,必也圣乎! 尧舜②其犹病诸! 夫③仁者,己欲立而立人,己欲达而达人。能近取譬,可谓仁之方也已。"

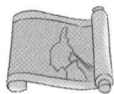

评说

仁爱之人,应该不断地提升自己,让自己具备帮助他人的能力,并且乐于帮助需要帮助的人。所谓"己欲立而立人,己欲达而达人",是最具代表性的儒家思想之一。如果能够做到"乐于助人",也就做到了"仁"。

同样体现"仁"的思想的,在儒家经典《孟子·尽心上》里还有这样的一句话:"穷则独善其身,达则兼善天下。""穷",不是普遍认为没有钱就是穷,这里的穷是指仕途不顺利、不通达。"达",通达、腾达。这就是说,人生仕途困顿之时,应当独善其身;而人生得意之际,就应当兼善天下、博施济众。显然,"达则兼善天下"与"己欲达而达人"是同一个意思,都是在阐述儒家的"仁",以天下为己任,努力提升自己的硬实力,乐于助人,乐善好施。

两千多年来,仁、义、礼、智、信作为儒家提倡的道德准则,其中最重要的一个"仁"字,体现了儒家济世的雄心壮志。我们每个人都应该变得强大,不仅是因为强大可以保护自己,更重要的是强大可以更好地帮助他人。我们的祖国已经繁荣昌盛、国泰民安,但祖国的强大也不仅仅是为了保护自己,更是为了早日实现中华民族的伟大复兴,更好地维护世界和平。我们应该时刻谨记:己欲立而立人,己欲达而达人。自己先站稳,才能搀扶起需要帮助的人,自己腾达,才能帮助更多的人。

——孟凡喜

---

① 施:旧读去声。
② 尧舜:传说中的上古两位帝王,也是孔子心目中的榜样。
③ 夫(fú):文言中的提挈词。

更多讲解，请扫描

论语·泰伯

子曰："兴于《诗》，立于礼，成于乐①。"

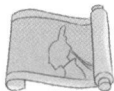

评说

孔子说"兴于《诗》，立于礼，成于乐"，这三句话简括地说出了孔子的文化理想、社会政策和教育程序。中国古代的社会文化与教育是把诗书礼乐当根基的。在这种思想观念下，教育的工具、门径和方法主要就是艺术文学。艺术的作用深刻而普遍，它能以感情动人，潜移默化地培养社会民众的性格品德，尤以诗和乐能直接打动人心，陶冶人的性灵人格。而礼却在群体生活的和谐与节律中，使人养成文质彬彬的动作、整齐划一的步调，以及专心致志的意志。中国人由天地的动静、四时的节律、昼夜的来复、生长老死的绵延，感到宇宙是生生不息而具条理的。这"生生而条理"就是天地运行的大道。这种最高度的把握生命和最深度的体验生命的精神境界，具体地贯注到社会实际生活里，使生活庄重而有情致，成就了诗书礼乐的文化。

礼和乐是中国古代社会的两大柱石。"礼"构成社会生活里的秩序条理。"乐"涵润着群体内心的和谐与团结力。然而礼乐的最后根据，在于形而上的天地境界。《礼记》上说："礼者，天地之序也；乐者，天地之和也。"

人生中的礼乐承载着形而上的光辉，使现实的人生蕴含有深一层的美妙和

---

① 成于乐：孔子所谓"乐"的内容和本质都离不开"礼"，因此常常"礼乐"连言。他本人也很懂音乐，因此把音乐作为他教学工作的最后阶段。

价值。礼乐使生活上最实用的、最物质的衣食住行及日用品,升华为高雅流丽的艺术领域。而它们艺术上的形体之美、式样之美、花纹之美、色泽之美、铭文之美,集合了画家、书法家、雕塑家的设计,由冶铸家的技巧,最终在圆满的器形上,表现出民族的宇宙意识(天地境界)、生命情调,以至政治的权威、社会的亲和力。在中国文化里,从最低层的物质器皿,穿过礼乐生活,直达天地境界,是一片混然无间、灵肉不二的大和谐、大合奏。

中国人由农业进于文化,对大自然是"不隔"的,是父子亲和的关系,没有奴役自然的态度。中国人运用器具,不只是用来控制自然以图生存,更希望能在每件用品里面,表出对自然的敬爱,把从大自然里领悟到的和谐、秩序,通过音乐、诗,表现在具体而微的器皿上,如一个鼎要能表象天地人。

这是中国人的文化意识,也是中国艺术境界的最后根据。孔子是替中国社会奠定了"礼"的生活的。然而,孔子更进一步求礼之本。礼之本在仁,在于音乐的精神。理想的人格,应该是一个"音乐的灵魂"。

中国人的个人人格、社会组织,以及日用器皿,都希望能在美的形式中,作为形而上的宇宙秩序与宇宙生命的表征。社会生活的真精神在于亲爱精诚的团结,最能发扬和激励团结精神的是音乐! 音乐使我们步调整齐、意志集中,团结的行动有力而美妙。中国人感到宇宙全体是大生命的流行,其根本就是节奏与和谐。人类社会生活里的礼和乐,反映着天地的节奏与和谐。

但西方文艺自希腊以来所富有的悲剧精神,在中国艺术里,却得不到充分的发挥,且往往被拒绝。人性由剧烈的内心矛盾才能掘发出的深度,往往被浓挚的和谐愿望所淹没。固然,中国人心灵里并不缺乏雍穆和平的大海似的幽深,然而,由心灵的冒险,不怕悲剧,以窥探宇宙人生的危岩雪岭,发而为莎士比亚的悲剧、贝多芬的乐曲,这却是西洋人波澜壮阔的造诣!

——宗白华

左　传

《左传》全称《春秋左氏传》，儒家"十三经"之一。《左传》既是古代汉族史学名著，也是文学名著。《左传》是中国第一部叙事详细的编年体著作，相传是春秋末年鲁国史官左丘明①根据鲁国国史《春秋》编成，记叙范围起自鲁隐公元年（前722），迄于鲁哀公二十七年（前468）。

子产不毁乡校

郑人游于乡校②，以论执政③。然明④谓子产曰："毁乡校，何如⑤？"子产曰："何为⑥？夫人朝夕退而游焉⑦，以议执政之善否⑧。其所善者，吾则行之；其所恶

---

① 左丘明（约前502—约前422）：姓丘，名明，因其父任左史官，故称左丘明。春秋末期鲁国都君庄（今山东省肥城市石横镇东衡鱼村）人。春秋末期史学家、文学家、思想家、军事家。与孔子同时或者比孔子年龄略长些。曾任鲁国史官，为解释《春秋》而作《左传》（又称《左氏春秋》），又作《国语》，作《国语》时已双目失明。两书记录了不少西周、春秋的重要史事，保存了具有很高价值的原始资料。由于史料翔实，文笔生动，引起了古今中外学者的爱好和研讨。被誉为"文宗史圣""经臣史祖"，孔子、司马迁均尊左丘明为"君子"。历代帝王多有敕封：唐封经师；宋封瑕丘伯和中都伯；明封先儒和先贤。山东肥城建有丘明中学以纪念左丘明。左丘明是中国传统史学的创始人。史学界推左丘明为中国史学的开山鼻祖。被誉为"百家文字之宗、万世古文之祖"。

② 乡校：地方上的学校，它既是学习场所，又是游乐、议政的场所。在古代，除了"乡校"一词，还有庠、私塾、书院等用来表示学校的词语。

③ 执政：指掌握政权的人。

④ 然明：郑国大夫，姓鬷（zōng），名蔑，字然明。

⑤ 何如：如何，等于说怎么样。

⑥ 何为：为什么？表示不同意的诘问。

⑦ 夫：句首语气词，引起议论。退而游焉：退，工作完毕后回来。游，闲逛。焉，句末语气词，无意义。

⑧ 善否（pǐ）：好和不好。

者,吾则改之。是吾师也,若之何毁之? 我闻为忠善以损怨①,不闻作威以防怨②。岂不遽③止? 然犹防川④:大决所犯,伤人必多,吾不克救也;不如小决使道⑤。不如吾闻而药之⑥也。"然明曰:"蔑也今而后知吾子之信可事也⑦。小人实不才⑧。若果行此,其⑨郑国实赖之,岂唯二三⑩臣?"

仲尼闻是语也⑪,曰:"以是观之,人谓子产不仁,吾不信也。"

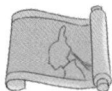

评说

子产是春秋时代著名的宰相级人物之一。作为执掌郑国国务大权的大夫,他以自己独特的执政风格将国事治理得井然有序,因此享誉一时。本篇文字,记载了子产政治活动中的一个侧面,颇能反映其理国治民的手段与态度。

郑国人常聚集在乡间的学校里,议论国政。因此就有人向子产建议,是否毁了这些学校,以免生事。子产却不以为然,他认为,对这些议论不必多虑,议论所赞赏的,就去办;议论所憎恶的,就改正。这恰似生活中的老师一样,时时引导我们。为什么要毁掉呢?

随后,子产说出了一番颇为精彩的治国之道:只听说用做好事来消减怨恨,却未听说能用高压来阻止怨恨的。不是不能及时堵住,但这就像筑堤防水一样,一旦大水决堤,必有大伤害,要想补救也来不及了,倒不如预先以小小的决口来疏导。也就是说,不如听取这些民间的议论,并以此作为良药。

子产的确是悟透了治国与治民的个中奥秘,后世治国者多有借鉴。

——崔林波

① 忠善:尽力做善事。损:减少。
② 作威:摆出威风。防:堵住。
③ 遽(jù):立即,马上。
④ 防:堵塞。川:河流。
⑤ 道:通"导",疏通,引导。
⑥ 药之:以之为药,用它做治病的药。药:名词作意动词,以……为药,当作(治病)良药。之:指郑人的议论。
⑦ 今而后:从今以后。信:确实,实在。可事:可以成事。
⑧ 小人:自己的谦称。不才:没有才能。
⑨ 其:语气词。
⑩ 二三:复数,这些,这几位。
⑪ 仲尼:孔子的字。是:指代词,这。下文"以是观之"的"是"同此。

更多讲解,请扫描

国　语

　　《国语》是我国最早的国别史,作者相传为春秋末年鲁国的左丘明。司马迁《史记·报任安书》曰:"左丘失明,厥有《国语》。"班固《汉书·艺文志》曰:"《国语》二十一篇,左丘明著。"《国语》与《左传》和《战国策》一起,并列为先秦时期三大历史名著,其在我国文化史上的意义是不言而喻的。《国语》以记言为主,成书于战国初期。全书共21卷,7万余字,按周、鲁、齐、晋、郑、楚、吴、越八国,分别记载了自西周穆王征犬戎(约前967)至战国初年赵、魏、韩三家灭智氏(前453)之间许多人物的言行和史事。所记时间的跨度大约为515年。

　　与《左传》相比,《国语》记事时间要早246年。如果说《左传》长于记事,而《国语》则长于记言。

邵公谏厉王弭谤①

　　厉王虐,国人谤王②。邵公告曰:"民不堪命矣③!"王怒,得卫巫④,使监谤者,以告⑤,则杀之。国人莫敢言,道路以目⑥。

---

　　① 本篇选自《国语·周语》。邵(shào)公:邵穆公,名虎,西周宗室邵康公之孙,周王的卿士。厉王(前878—前842):名胡,周夷王之子。历史上著名的暴君。谤:指责别人的过错。

　　② 国人:当时对居住在国都的自由民的通称。谤王:指责厉王。

　　③ 命:指暴虐的政令。

　　④ 卫巫:卫地(今河南淇县一带)的巫者。自称通神灵,有谤必知。巫:古代以降神事鬼为职业者。

　　⑤ 以告:把谤者报告给厉王。

　　⑥ 道路以目:路上相遇,只是以眼神示意,不敢交谈。

　　王喜，告邵公曰："吾能弭①谤矣，乃不敢言②。"邵公曰："是障之也③。防民之口，甚于防川。④ 川壅而溃，伤人必多，民亦如之。⑤ 是故为川者决之使导，为民者宣之使言。⑥ 故天子听政⑦，使公卿至于列士献诗⑧，瞽献曲⑨，史献书⑩，师箴⑪，瞍赋⑫，矇诵⑬，百工⑭谏，庶人传语⑮，近臣尽规⑯，亲戚补察⑰，瞽、史⑱教诲，耆、艾修之⑲，而后王斟酌焉⑳，是以事行而不悖。㉑ 民之有口也，犹土之有山川也，财用于是乎出；㉒犹其原隰之有衍沃也，衣食于是乎生。㉓ 口之宣言也，善败

---

① 弭(mǐ)：停止，消除。

② 乃：副词，竟，终于。

③ 是障之也：这只是用暴力堵住人民的口，指并不能使谤言真正消除。障：堵住。

④ 防民之口，甚于防川：堵住人民的口(不许说话，所引起的灾难)，比堵塞河流(所造成的危害)还要来得厉害。防：防止。

⑤ 川壅而溃，伤人必多。民亦如之：河流被堵塞，一旦决堤泛滥，伤人必然很多，人民的情况也同样如此。壅(yōng)：堵塞。溃：水决堤泛滥。

⑥ 为川者决之使导，为民者宣之使言：治河要排除淤塞使水流通畅，治民要疏导他们敢于说话。为：治理。决：排除，疏浚。导：通畅。宣：疏通。

⑦ 听政：治理政事。

⑧ 公：指三公。卿：一称"卿士"，西周王朝的执政官。列士：指上士、中士、下士，当时最低级的贵族阶层。旧传周王朝公、卿、大夫、士各级贵族对政治有所讽谏，用献诗的方式来表达，所献之诗，可能就是采自民间的风谣之类。

⑨ 瞽(gǔ)：古指无目盲人，这里指盲乐官，又称太师。

⑩ 史献书：史官献书(作为治国的借鉴)。

⑪ 师箴(zhēn)：指少师献箴纠正天子过失。少师，次于太师的乐官。箴：一种寓有劝诫意义的文体，与后世格言相近。此处用为动词，即进箴言规劝。

⑫ 瞍(sǒu)赋：瞍朗诵公、卿、列士所献的诗给天子听。瞍：眼中无眸子的人。赋：即今所谓朗诵。

⑬ 矇(méng)：眼中有眸子而不能见物的人。矇主弦歌、讽诵。

⑭ 百工：指为天子服役的各种手工艺者。一说即"百官"。

⑮ 庶人传语：平民百姓对政事的意见只能经由官吏间接地传达。

⑯ 近臣尽规：亲近天子的仆从尽情规谏。

⑰ 亲戚：古时对父子、兄弟也称亲戚，这里指与天子同宗的大臣。补察：弥补天子的过失，审察天子的施政。

⑱ 史：太史公，掌阴阳、天时、礼法等书。

⑲ 耆(qí)：六十岁者。艾：五十岁者。这里泛指年老有德的人。修：修饰整理。之：指瞽、史的教诲以及各方面的劝谏内容。

⑳ 而后王斟酌焉：然后由天子考虑取舍，付之行动。斟：取。酌：行。

㉑ 是以事行而不悖：因此天子的一切行事不致与情理相违背。悖(bèi)：逆，悖理。

㉒ 民之有口也，犹土之有山川也，财用于是乎出：人民有口，如同土地上有山川，财物、器用由这里生产出来。意思是说，山川是宣地气而出财用的，人的口也是表心声而论成败的。犹：如同。

㉓ 犹其原隰(xí)之有衍沃也，衣食于是乎生：如同土地之有原(地宽平)、隰(地下湿)、衍(地低平)、沃(地肥沃可灌溉)，人们的衣食资源才由此产生。

于是乎兴。① 行善而备败，其所以阜财用、衣食者也。② 夫民虑之于心而宣之于口，成而行之，胡可壅也?③ 若壅其口，其与能几何④?"

王不听，于是国莫敢出言，三年，乃流王于彘。⑤

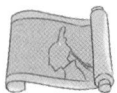

评说

本文是《国语》名篇，选自《周语》，记述了周厉王暴虐无道而遭流放的事情。周厉王是西周的一个暴君，他任用谀臣荣夷公搞所谓的"专利"政策，专事搜括，甚至霸占了老百姓赖以生存的山林川泽，激起了民众的愤怒；又以暴力压制舆论，鼓励告密。老百姓一度敢怒不敢言。于是邵公劝谏厉王，阐明"防民之口，甚于防川"的道理。但厉王还是坚持用恐怖手段对付人民。在忍无可忍的情况下，人民终于举行了武装起义，这就是著名的"国人暴动"，是我国历史上有记载的最早的奴隶与平民的大起义。厉王被放逐到了彘地，朝政遂由邵公与周公共同主持，史称"共和行政"。

本文通过对周厉王暴虐无道、弭谤拒谏而被人民流放一事的记叙，说明了统治者必须倾听人民的呼声，注意人民利益的道理。不让人民讲话，一意孤行的做法是不利于政权的巩固的。所谓"水能载舟，亦能覆舟"，决不可无视人民的力量。

本文在写作上也颇具特色。首先是叙事简明、语言精练。全文虽仅二百六十三字，又以记言为主体，却能将事情的前因后果一一交代清楚。叙事上作者运用两条线索展开，一条是厉王的"虐""怒""弗听"；一条是人民的"谤王""道路以目"和"莫敢出言"。两条线索的交织便形成了矛盾的两个方面，简洁明快地讲清了事情的发生、发展，以及矛盾斗争的最后结果："流王于彘。"

其次是记言层次井然、逻辑严密。邵公的进谏是文章的重点，写得言简意赅而又层层推进。一番谏言，既有道理，又有办法，更有忠告；还多次运用比喻，从

---

① 口之宣言也，善败于是乎兴：从人民的口头议论中，国家政事的好坏都可反映出来。兴：起，发。

② 行善而备败，其所以阜财用、衣食者也：人民认为好的就加以推行，认为坏的就注意防范，这才能丰富人民的财物、器用和衣食。阜：厚，增多。

③ 夫民虑之于心而宣之于口，成而行之，胡可壅也：人民心里想什么就会从口中说出来，一旦考虑成熟，自然会发于言语之间，怎么能加以堵塞呢？成：成熟。行：这里有"自然流露"的含意。胡：何，怎么。

④ 与：作"助"讲。赞成、支持你的能有几个人呢？

⑤ 三年：过了三年，指公元前842年。邵公谏厉王止谤的事当在公元前845年。流：放逐。彘(zhì)：地名，在今山西省霍县境内。

正反两方面阐述主旨,具有不可辩驳的逻辑力量。

最后是比喻贴切形象,增强了文章的说服力。文章多次设譬,有从消极方面设譬的,如把百姓之口比作河水的"防民之口,甚于防川";更有从积极方面设譬的,如治民如治水,为民者当"宣之使言"。而后一个譬喻又是前一个譬喻的继续与深入,明主不应消极地"防"而应积极地"宣",这就与邵公的说理紧紧地融为一体了,从而大大地增强了文章的说服力。

轻松一问,请扫描

墨　子

兼爱,指同时爱不同的人或事物。它是春秋战国之际墨子①提倡的一种伦理学说。他针对儒家"爱有等差"的说法,主张爱无差别等级,不分厚薄亲疏。《墨子》中有《兼爱》上、中、下三篇,阐述其主张。《荀子·成相》亦有:"尧让贤,以为民,泛利兼爱,德施均。"三国时期魏国嵇康《与山巨源绝交书》则曰:"仲尼兼爱,不羞执鞭。"

兼爱上

圣人以治天下为事者也,必知乱之所自起,焉②能治之;不知乱之所自起,则不能治。譬之如医之攻③人之疾者然:必知疾之所自起,焉能攻之;不知疾之所自起,则弗能攻。治乱者何独不然④:必知乱之所自起,焉能治之;不知乱之所自起,则弗能治。圣人以治天下为事者也,不可不察乱之所自起。当⑤察乱何自起?

---

①　墨子(生卒年不详):名翟(dí),春秋末期战国初期宋国人,一说鲁阳人,一说滕国人。墨子是宋国贵族目夷的后代,生前担任宋国大夫。他是墨家学派的创始人,也是战国时期著名的思想家、教育家、科学家、军事家。墨子是中国历史上唯一一个农民出身的哲学家,墨子创立了墨家学说,墨家在先秦时期影响很大,与儒家并称"显学"。他提出了"兼爱""非攻""尚贤""尚同""天志""非命""非乐""节用"等观点,以兼爱为核心,以节用、尚贤为支点。墨子在战国时期创立了包含几何学、物理学、光学的一整套科学理论。墨子死后,墨家分为相里氏之墨、相夫氏之墨、邓陵氏之墨三个学派。其弟子根据墨子生平事迹,收集其语录,完成了《墨子》一书并传世。

②　焉:作"乃"解,才,下同。

③　攻:治。

④　治乱者:治理社会纷乱的人。何独不然:哪能例外,而不是这样呢?

⑤　当:借作"尝",作尝试解。

起不相爱。臣子之不孝君父，所谓乱也。子自爱，不爱父，故亏①父而自利。弟自爱，不爱兄，故亏兄而自利。臣自爱，不爱君，故亏君而自利。此所谓乱也。虽父之不慈子，兄之不慈弟，君之不慈臣，此亦天下之所谓乱也。父自爱也，不爱子，故亏子而自利。兄自爱也，不爱弟，故亏弟而自利。君自爱也，不爱臣，故亏臣而自利。是何也？皆起不相爱。虽至天下之为盗贼②者亦然。盗爱其室，不爱异室，故窃异室以利其室。贼爱其身，不爱人③，故贼④人以利其身。此何也？皆起不相爱。虽至大夫之相乱家，诸侯之相攻国者亦然。大夫各爱其家，不爱异家，故乱异家以利其家。诸侯各爱其国，不爱异国，故攻异国以利其国。天下之乱物⑤，具此⑥而已矣。察此何自起？皆起不相爱。若使天下兼相爱，爱人若爱其身，犹有不孝者乎？视父兄与君若其身，恶施不孝⑦？犹有不慈者乎？视弟子与臣若其身⑧，恶施不慈？故不孝不慈亡⑨有。犹有盗贼乎？故⑩视人之室若其室，谁窃？视人身若其身，谁贼？故盗贼亡有。犹有大夫之相乱家、诸侯之相攻国者乎？视人家若其家，谁乱？视人国若其国，谁攻？故大夫之相乱家、诸侯之相攻国者亡有。若使天下兼相爱，国与国不相攻，家与家不相乱，盗贼无有，君臣父子皆能孝慈。若此，则天下治。

故圣人以治天下为事者，恶得不禁恶而劝爱⑪。故天下兼相爱则治，交相恶则乱。故子墨子⑫曰："不可以不劝爱人者，此也。"

评说

《兼爱》有上、中、下三篇，均阐述"天下兼相爱则治"的道理。兼爱是墨家学

---

① 亏：损害。

② 盗：小偷。贼：强盗。古义"贼"比"盗"的性质更严重。

③ 人：他人之身。

④ 贼：此处"贼"作动词用，残害、杀害。

⑤ 乱物：犹乱事。

⑥ 具此：俱尽于此。具：同"俱"。

⑦ 恶（wū）：作"何"解，怎么，如何。下同。这句意思说，怎会做出不孝的事呢？

⑧ 弟子：弟弟、儿子。

⑨ 亡：同"无"。下同。这句说，没有不孝不慈的人。

⑩ 故：孙诒让《墨子闲诂》说，"故"字疑衍。孙说甚是。

⑪ 本句前一"恶"字作"何"解，后一"恶（wù）"字作"仇恨"解。意思说，怎么能不禁止相互仇恨而劝导相互爱护呢？

⑫ 子墨子：上一"子"字，是弟子尊其师的称谓，犹言夫子。可证这篇为墨子弟子或后学者所记录。

派最有代表性的理论之一。墨子的"兼爱",主张爱无差等(即对一切人同样地爱),其本质是要求人们爱人爱己,彼此之间不要存在血缘与等级差别的观念,与儒家的"仁"和"推恩"思想(即爱是由近及远,由亲及疏的)相对立。墨子认为,不相爱是当时社会混乱最大的根源,只有通过"兼相爱,交相利"才能达到社会安定的状态。墨子以兼爱为其社会伦理思想的核心,认为当时社会动乱的原因就在于人们不能兼爱。墨子尚贤、尚同、节用、节葬、非攻等主张均以兼爱为出发点,他希望通过提倡兼爱解决社会矛盾。这种理论具有反抗贵族等级观念的进步意义,但同时也带有强烈的理想主义色彩,是离开阶级内容的抽象的爱,在阶级社会里是不可能实行的。

这篇文章体现了《墨子》文章语言质朴,逻辑性强的特点。

——刘丹桂

孟　子

　　《滕文公上》是儒家经典《孟子》中的一篇。《滕文公》分上、下两篇,创作于公元前372年—前289年,属于先秦散文。作品通过孟子①和其他人交谈的语录来讲明道理,形象生动。

　　《尽心》上、下两篇都出自《孟子》一书,讲述了儒家思想,激励人奋发向上、有所作为。

滕文公上

一

　　滕文公为世子②,将之楚,过宋而见孟子。孟子道性善,言必称尧、舜。

　　世子自楚反,复见孟子。孟子曰:"世子疑吾言乎?夫道一而已矣③。成覸④谓齐景公曰:'彼,丈夫也;我,丈夫也,吾何畏彼哉?'颜渊曰:'舜,何人也?予,何人也?有为者亦若是。'公明仪⑤曰:'文王,我师也;周公岂欺我哉?'今滕,绝长

---

　　①　孟子(约前372—前289):姬姓,孟氏,名轲,字子舆,战国时期邹国(今山东济宁邹城)人。战国时期著名哲学家、思想家、政治家、教育家,儒家学派的代表人物之一,地位仅次于孔子,与孔子并称"孔孟",被尊称为"亚圣",宣扬"仁政",最早提出"民贵君轻"的思想。韩愈《原道》将孟子列为先秦儒家继承孔子"道统"的人物。《孟子》一书,属语录体散文集,是孟子的言论汇编,由孟子及其弟子共同编写完成,倡导"以仁为本"。

　　②　世子:即太子,"世"和"太",古音相同,古书常通用。

　　③　夫道一而已矣:天下的真理就这么一个。

　　④　成覸(xián):齐之勇臣。王夫之《孟子稗疏》云:"其言'吾何畏彼'者,以角力言耳,孟子借引以喻人之自强。"

　　⑤　公明仪:曾见于《礼记·檀弓》与《祭义》,郑玄《祭义注》云:"公明仪,曾子弟子。"

补短^①，将五十里也，犹可以为善国。《书》曰：'若药不瞑眩，厥疾不瘳。'^②"

二

滕定公^③薨，世子谓然友^④曰："昔者孟子尝与我言于宋，于心终不忘。今也不幸至于大故^⑤，吾欲使子问于孟子，然后行事。"

然友之邹^⑥，问于孟子。

孟子曰："不亦善乎！亲丧，固所自尽也。^⑦ 曾子曰：'生，事之以礼；死，葬之以礼，祭之以礼，可谓孝矣。'诸侯之礼，吾未之学也^⑧。虽然，吾尝闻之矣。三年之丧，齐疏之服^⑨，飦粥之食^⑩，自天子达于庶人，三代共之。"

然友反命，定为三年之丧。父兄百官皆不欲，曰："吾宗国^⑪鲁先君莫之行，吾先君亦莫之行也，至于子之身而反之，不可。且志曰：'丧祭从先祖。'"曰："吾有所受之也^⑫。"

谓然友曰："吾他日^⑬未尝学问，好驰马试剑。今也父兄百官不我足也，恐其^⑭不能尽于大事，子为我问孟子。"然友复之邹问孟子。

孟子曰："然。不可以他求者也。孔子曰：'君薨，听于冢宰^⑮。歠粥，面深

---

① 绝长补短：《墨子·非命篇》云："古者汤封于亳，绝长继短，地方百里。"《战国策·楚策》："今楚国虽小，绝长续短，犹以数千里。"可见"绝长补短"为当时计算土地面积时之常用语。

② 瞑眩：赵岐《孟子注》云："瞑眩，药攻人疾，先使瞑眩愦乱，乃得瘳愈也。"瘳（chōu）：病愈。

③ 滕定公：文公之父。

④ 然友：赵岐《孟子注》云："世子之傅也。"

⑤ 大故：赵岐《孟子注》云："谓大丧也。"

⑥ 之邹：去邹国。张守节《史记正义》云："今邹县去徐州滕县四十余里，盖往反不过大半日，故可问而后行事。"

⑦ 亲丧，固所自尽也：《论语·子张篇》："曾子曰，吾闻诸夫子：人未有自致者也，必也亲丧乎！"此孟子所本。"自致"即"自尽"，朱熹《孟子集注》云："致，尽其极也。盖人之真情所不能自已者。"

⑧ 吾未之学也：否定副词用在主谓间，且宾语是代词时，宾语前置。

⑨ 齐（zī）疏之服：《仪礼·丧服》云："疏衰裳齐。"疏：犹粗也。凡服上曰衰，下曰裳。齐：缉（衣服缝边）也。

⑩ 飦（zhān）粥之食：飦同"饘"。《礼记·檀弓》孔颖达疏云："厚曰饘，稀曰粥。"

⑪ 宗国：周朝重宗法，鲁、滕诸国的始封祖都是周文王的儿子，而周公封鲁，于行辈为较长，因之其余姬姓诸国都以鲁为宗国。

⑫ 吾有所受之也：赵岐《孟子注》云："曰丧祭之事，各从其先祖之法，言我转有所承受之，不可于己身独改更也。"

⑬ 他日：过去。

⑭ 其：世子自指之词。赵岐《孟子注》以为指父兄百官，亦通。

⑮ 冢宰：《集解》引孔氏云："冢宰，天官卿，佐王治者也。三年丧毕，然后王自听政也。"

墨①，即位而哭，百官有司莫敢不哀，先之也。'上有好者，下必有甚焉者矣。君子之德，风也；小人之德，草也。草尚之风②，必偃。是在世子。"

然友反命。世子曰："然。是诚在我。"

五月居庐，未有命戒。百官族人可，谓曰知③。及至葬，四方来观之，颜色之戚，哭泣之哀，吊者大悦。

三

滕文公问为国。

孟子曰："民事不可缓也。《诗》云：'昼尔于茅，宵尔索绹；亟其乘屋，其始播百谷。'④民之为道也，有恒产者有恒心，无恒产者无恒心。苟无恒心，放辟邪侈⑤，无不为已。及陷乎罪，然后从而刑之，是罔民⑥也。焉有仁人在位罔民而可为也？是故贤君必恭俭礼下，取于民有制。阳虎⑦曰：'为富不仁矣，为仁不富矣。'夏后氏五十而贡，殷人七十而助，周人百亩⑧而彻，其实皆什一也。彻者，彻⑨也。助者，藉也。龙子⑩曰：'治地莫善于助，莫不善于贡。'贡者，挍⑪数岁之中以为常。乐岁，粒米狼戾⑫，多取之而不为虐，则寡取之；凶年，粪⑬其田而不足，则必取盈焉。为民父母，使民盼盼然⑭，将终岁勤动，不得以养其父母，又称⑮贷而益之，使老稚转乎沟壑，恶在其为民父母也？夫世禄，滕固行之矣。《诗》云：

---

① 深墨：赵岐《孟子注》云："深，甚也；墨，黑也。"

② 草尚之风：赵岐《孟子注》云："尚，加也。""草尚之风"谓"草加之以风"。

③ 百官族人可，谓曰知：朱熹《孟子集注》云："可谓曰知，疑有阙误。"可见他也不甚了解。赵岐《孟子注》也没说明白。杨伯峻《孟子译注》暂译为"知礼"。

④ "昼尔于茅"四句：出自《诗经·豳风·七月》。

⑤ 放辟邪侈：指肆意作恶，为非作歹。放、侈：放纵。辟、邪：不正派。

⑥ 罔民：陷害人民。

⑦ 阳虎：鲁国正卿季氏的总管，一度挟持季氏，专鲁国国政，失败而出亡。其人与孔子同时，字货。

⑧ 五十、七十、百亩：这只是孟子假托古史以阐述自己的理想，古史自然不如此，清代有些学者信以为真，纷纷出来做解释，如顾炎武《日知录》以为"特丈尺之不同，而田未尝易也"，来弥缝其阙，殊可不必。参见杨伯峻《孟子译注》。

⑨ 彻：《论语·颜渊篇》："盍彻乎"。郑玄《孟子注》云："周法什一而税谓之彻；彻，通也。为天下之通法也。"

⑩ 龙子：赵岐《孟子注》云："古贤人也。"

⑪ 挍：同"校"，比较。

⑫ 狼戾：赵岐《孟子注》云："犹狼藉也。饶多狼藉（纵横之意）弃捐于地。"

⑬ 粪：动词，肥田，施肥。

⑭ 盼（xì）盼然：赵岐《孟子注》云："勤苦不休息之貌。"

⑮ 称：赵岐《孟子注》云："举也。"

'雨我公田,遂及我私。'①惟助为有公田。由此观之,虽周亦助也。

"设为庠序学校②以教之。庠者,养也。校者,教也。序者,射也。③ 夏曰校,殷曰序,周曰庠;学则三代共之,皆所以明人伦也。人伦明于上,小民亲于下。有王者起,必来取法,是为王者师也④。

"《诗》云:'周虽旧邦,其命惟新。'⑤文王之谓也。子力行之,亦以新子之国。"

使毕战⑥问井地⑦。

孟子曰:"子之君将行仁政,选择而使子,子必勉之！夫仁政,必自经界⑧始。经界不正,井地不钧⑨,谷禄⑩不平,是故暴君污吏必慢其经界。经界既正,分田制禄可坐而定也。

夫滕,壤地褊小,将为⑪君子焉,将为野人焉。⑫ 无君子,莫治野人;无野人,莫养君子。请野九一而助,国中什一使自赋。卿以下必有圭田,圭田五十亩。余夫二十五亩。死徙无出乡,乡田同井,出入相友,守望相助,疾病相扶持,则百姓亲睦。方里而井,井九百亩,其中为公田。八家皆私百亩,同养公田。公事毕,然后敢治私事,所以别野人也。此其大略也。若夫润泽之,则在君与子矣。"

四

有为神农之言者许行,自楚之滕,踵⑬门而告文公曰:"远方之人闻君行仁

---

① "雨我公田"两句:雨,读去声,动词。诗句见《诗经·小雅·大田》。
② 庠序学校:诸词亦见于《仪礼》《周礼》《礼记》《左传》诸书,都用作乡里学校的名称。
③ 庠者,养也;校者,教也;序者,射也。王念孙《广雅疏证》云:"'庠'训为'养','序'训为'射',皆是教导之名。"
④ 是为王者师也:朱熹《孟子集注》云:"滕国褊小,虽行仁政,未必能兴王业;然为王者师,则虽不有天下,而其泽亦足以及天下矣。"
⑤ "周虽旧邦"二句:出自《诗经·大雅·文王》。
⑥ 毕战:赵岐《孟子注》云:"滕臣也。"
⑦ 井地:即井田。
⑧ 经界:赵岐《孟子注》云:"经亦界也。"则"经界"为同义复词。
⑨ 钧:通"均"。
⑩ 谷禄:亦为同义复词,古人俸禄用谷,所以谷有禄义。
⑪ 为:赵岐《孟子注》云:"为,有也。"
⑫ 君子、野人:君子,对统治者和贵族男子的通称,常与被统治的所谓小人或野人对举。
⑬ 踵:赵岐《孟子注》云:"至也。"

政,愿受一廛①而为氓。"

文公与之处。

其徒数十人,皆衣褐,捆屦②、织席以为食。

陈良之徒陈相与其弟辛负耒耜而自宋之滕,曰:"闻君行圣人之政,是亦圣人也,愿为圣人氓。"

陈相见许行而大悦,尽弃其学而学焉。

陈相见孟子,道许行之言曰:"滕君则诚贤君也。虽然,未闻道也。贤者与民并耕而食,饔飧③而治。今也滕有仓廪府库④,则是厉民⑤而以自养也,恶⑥得贤?"

孟子曰:"许子必种粟而后食乎?"

曰:"然。"

"许子必织布而后衣乎?"

曰:"否;许子衣褐。"

"许子冠乎?"

曰:"冠。"

曰:"奚冠?"

曰:"冠素。"

曰:"自织之与?"

曰:"否。以粟易之。"

曰:"许子奚为不自织?"

曰:"害于耕。"

曰:"许子以釜甑⑦爨,以铁耕乎?"

曰:"然。"

"自为之与?"

曰:"否。以粟易之。"

---

① 廛(chán):古称一家所居的房地。

② 捆屦(jù):《经典释文》引许叔重曰:"捆,织也。"屦:鞋子。汉以后称履。

③ 饔(yōng)飧(sūn):赵岐《孟子注》、朱熹《孟子集注》并云:"饔飧,熟食也。朝曰饔,夕曰飧。"此"饔飧"作动词用,意谓自炊爨也。

④ 仓廪府库:仓廪:储藏米谷的仓库。府库:官府储存财物兵甲的仓库。

⑤ 厉民:虐害人民。

⑥ 恶(wū):疑问代词,怎,如何。

⑦ 釜甑:釜:金属器。甑:古人以泥土为之,故字从瓦。

"以粟易械器者，不为厉陶冶；陶冶亦以其械器易粟者，岂为厉农夫哉？且许子何不为陶冶，舍^①皆取诸其宫^②中而用之？何为纷纷然与百工交易？何许子之不惮烦？"

曰："百工之事固不可耕且为也。"

"然则治天下独可耕且为与？有大人^③之事，有小人之事。且一人之身，而百工之所为备，如必自为而后用之，是率天下而路^④也。故曰或劳心，或劳力；劳心者治人，劳力者治于人；治于人者食人，治人者食于人。天下之通义也。

"当尧之时，天下犹未平，洪水横流，泛滥于天下，草木畅茂，禽兽繁殖，五谷不登，禽兽偪^⑤人，兽蹄鸟迹之道交于中国。尧独忧之，举舜而敷^⑥治焉。舜使益掌火，益烈山泽而焚之，禽兽逃匿。禹疏九河，瀹^⑦济、漯而注诸海，决汝、汉，排淮、泗而注之江，然后中国可得而食也。当是时也，禹八年于外，三过其门而不入，虽欲耕，得乎？

"后稷^⑧教民稼穑，树艺五谷^⑨。五谷熟而民人育。人之有道也，饱食、煖衣、逸居而无教，则近于禽兽。圣人有^⑩忧之，使契^⑪为司徒，教以人伦：父子有亲，君臣有义，夫妇有别，长幼有叙，朋友有信。放勋^⑫曰：'劳之来之，匡之直之，辅之翼之，使自得之，又从而振德之。'圣人之忧民如此，而暇耕乎？

"尧以不得舜为己忧，舜以不得禹、皋陶^⑬为己忧。夫以百亩之不易^⑭为己忧者，农夫也。分人以财谓之惠，教人以善谓之忠，为天下得人者谓之仁。是故以天下与人易，为天下得人难。孔子曰：'大哉尧之为君！惟天为大，惟尧则之，荡

---

① 舍：何物也，换言之为"什么"。
② 宫：《尔雅·释宫·释文》："古者贵贱同称宫，秦汉以来惟王者所居称宫焉。"
③ 大人：同"君子"相似，有时指有德者，有时指有位者，此处则指有位者。
④ 路：赢困。
⑤ 偪(bī)：古"逼"字。
⑥ 敷：遍也。
⑦ 瀹(yuè)：疏导。
⑧ 后稷：相传名弃，为周朝的始祖，帝尧时为农师。《诗经·大雅·生民》即歌咏其事。
⑨ 五谷：赵岐《孟子注》云："稻、黍、稷、麦、菽也。"稻，今之水稻；黍，今黄米之黏者，可以酿酒；稷，今之小米；麦，今之小麦；菽，豆类之总名。
⑩ 有：同"又"。
⑪ 契(xiè)：本作"偰"，相传为殷代的祖先。
⑫ 放勋：帝尧之名。
⑬ 皋陶(gāo yáo)：为虞舜时之司法官。
⑭ 易：《诗·甫田·毛传》："易，治也。"

荡乎民无能名焉！君哉舜也！巍巍乎有天下而不与焉！'①尧、舜之治天下,岂无所用其心哉？亦②不用于耕耳。

"吾闻用夏变夷者,未闻变于夷者也。陈良,楚产也,悦周公、仲尼之道,北学于中国。北方之学者,未能或之先也。彼所谓豪杰之士也。子之兄弟事之数十年,师死而遂倍③之！昔者孔子没,三年之外,门人治任将归,入揖于子贡,相向而哭,皆失声,然后归。子贡反,筑室于场,独居三年,然后归。他日,子夏、子张、子游以有若似圣人,欲以所事孔子事之,强曾子。曾子曰:'不可,江汉以濯之,秋阳④以暴⑤之,皜皜乎不可尚已!'⑥今也南蛮䲹⑦舌之人,非先王之道,子倍子之师而学之,亦异于曾子矣。吾闻出于幽谷迁于乔木者,未闻下乔木而入于幽谷者。《鲁颂》曰:'戎狄是膺,荆舒是惩。'⑧周公方且膺之,子是之学,亦为不善变矣。"

"从许子之道,则市贾⑨不贰,国中无伪。虽使五尺之童⑩适市,莫之或欺。布帛长短同,则贾相若;麻缕丝絮轻重同,则贾相若;五谷多寡同,则贾相若;屦大小同,则贾相若。"

曰:"夫物之不齐,物之情也;或相倍蓰⑪,或相什百,或相千万。子比而同之,是乱天下也。巨屦小屦⑫同贾,人岂为之哉？从许子之道,相率而为伪者也,恶能治国家?"

---

① "孔子曰"等句:《论语·泰伯》:"子曰,巍巍乎舜禹之有天下也,而不与焉?""与"即"参与"之"与",这里含有私有,享受之意。

② 亦:副词,只也,特也,但也。参见《词诠》。

③ 倍:同"背"。

④ 秋阳:阳,太阳也。周正建子,周之七八月乃今日农历之五六月,故周之所谓秋阳,实为今夏日之太阳。

⑤ 暴(pù):"曝"本字,晒。

⑥ "江汉以濯"三句:毛奇龄《四书索解》、焦循《正义》均以为"江汉以濯之,以江汉比夫子也;秋阳以暴之,以秋阳比夫子也;皜皜乎不可上,以天比夫子也。同一水,池沼可濯也,不能及江汉之濯也;同一火,燔燎可暴也,不能及秋阳之暴也;乃以江汉拟之犹未足也,以秋阳拟之犹未尽也,其如天之不可上矣"。此又一解,故云"皜皜谓孔子盛德如天之元气皓旰"。皜皜:赵岐《注》云:"甚白也。"

⑦ 䲹(jué):伯劳鸟。

⑧ "戎狄是膺"两句:诗见《鲁颂·閟宫》。膺击也。

⑨ 贾:同"价"。

⑩ 五尺之童:古人尺短,五尺不过今日之三尺半。

⑪ 蓰(xǐ):五倍。

⑫ 巨屦小屦:赵岐《孟子注》云:"巨,粗屦也;小,细屦也。"

五

墨者夷之①，因徐辟②而求见孟子。孟子曰："吾固愿见，今吾尚病，病愈，我且往见，夷子不③来！"

他日，又求见孟子。孟子曰："吾今则可以见矣。不直，则道不见④，我且直之。吾闻夷子墨者，墨之治丧也，以薄为其道也⑤。夷子思以易天下，岂以为非是而不贵也。然而夷子葬其亲厚，则是以所贱事亲也。"

徐子以告夷子。

夷子曰："儒者之道，古之人若保赤子⑥，此言何谓也？之则以为爱无差等，施由亲始。"

徐子以告孟子。

孟子曰："夫夷子信以为人之亲其兄之子为若亲其邻之赤子乎？彼有取尔也。赤子匍匐将入井，非赤子之罪也。且天之生物也，使之一本，而夷子二本故也。盖上世尝有不葬其亲者，其亲死，则举而委之于壑。他日过之，狐狸食之，蝇蚋姑嘬之⑦。其颡有泚⑧，睨而不视。夫泚也，非为人泚，中心达于面目，盖归反蔂梩⑨而掩之。掩之诚是也，则孝子仁人之掩其亲，亦必有道矣。"

徐子以告夷子。夷子怃然为间⑩，曰："命之⑪矣。"

———————————

① 墨者夷之：墨者，就是信奉墨子学说的人。夷之：人名，事迹已无可考。
② 徐辟：赵岐《孟子注》云："孟子弟子也。"
③ 王引之《经传释词》云："不，毋也，勿也。"
④ 见：同"现"。
⑤ "墨之治丧"句：墨家主张薄葬，墨子有《薄葬篇》。
⑥ 赤子：婴儿。
⑦ 蝇蚋（ruì）姑嘬（chuài）之：蚋：蚊类昆虫。一解以"蚋姑"连读，谓为蝼蛄，即俗名土狗的昆虫，实则"姑"应读为"盬"，咀也（见阮元《释且》）。嘬：赵岐《孟子注》云："攒共食之也。"
⑧ 泚（cǐ）：赵岐《孟子注》云："汗出泚泚然也。"《周礼·考工记》郑玄注引作"疵"，焦循正义云："其颡有疵，谓头额病，犹云疾首也。"亦通。
⑨ 蔂梩（léi lí）：蔂：盛土之笼。梩：可以舀地铲土者，相当于今日的锹或者锸。
⑩ 怃然为间：朱熹《孟子集注》云："怃然，茫然自失之貌。为间者，有顷之间也。"
⑪ 命之：朱熹《孟子集注》云："命，犹教也，言孟子已教我矣。""之"虽为第三人称代词，实则夷之用以自指。

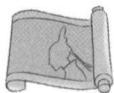

评说

《孟子》一书七篇,是战国时期孟子的言论汇编,记录了孟子与其他诸家思想的辩论,以及对弟子的言传身教、游说诸侯等内容,由孟子及其弟子(万章等)共同编撰而成。

孟子学说的出发点为性善论,政治上主张实行"仁政",反对"霸道",宣传"王道",要求君主"保民而王""与民同乐",并提出了"民贵君轻"的思想。其思想学说对后世影响很大,后人把他的思想与孔子思想并称为"孔孟之道"。南宋时朱熹将《孟子》与《论语》《大学》《中庸》合在一起称"四书"。宋、元、明、清以来,"四书"一直是科举必考内容。

本篇选自《孟子》卷五《滕文公上》。总共五章,前三章记录了孟子与滕文公之间的谈话和事迹,后两章分别记录了孟子对农家和墨家两个学派的态度和观点。

"道性善"和"称尧舜"是孟子思想中的两条纲领,而这两方面又是密切联系在一起的。

"道性善"就是宣扬"性善论"。"称尧舜"就是宣扬唐尧虞舜的"王道"政治,也就是孟子口口声声所说的"仁政"。所谓:"人皆有不忍人之心。先王有不忍人之心,斯有不忍人之政矣。"(《孟子·公孙丑上》)

"不忍人之心"的善良本性是"不忍人之政"的基础,二者的关系是密不可分的。所以,孟子"道性善"而"言必称尧舜"。

至于滕文公再次拜访时孟子所引述的那些话,不外乎鼓励他要有实施仁政的勇气罢了。因为古往今来,不论圣贤还是普通人,本性都是善良的,圣贤能做到的,普通人经过努力也能做得到。何况滕国虽小,但折算起来也有方圆五十里的国土,只要实施仁政,照样可以治理一个好的国家。

领导人以身作则,上行下效是孔子反复申说的一个话题,孟子也同样继承了孔子的思想。他在本章里所说的"君子之德,风也;小人之德,草也。草尚之风,必偃"正是孔子在《论语·颜渊》里说的"君子之德风,小人之德草;草上之风,必偃"。

滕国太子(也就是后来的滕文公)的父亲死了,由于他上一次在宋国听了孟子"道性善,言必称尧舜",留下了深刻的印象,所以这一次遇事,他就托自己的老师去向孟子请教如何办丧事。孟子的意见回来以后,太子发出了实施三年丧礼的命令,结果遭到了大家的反对,"虽令不从"。太子于是又再次请老师去问计于孟子,这一次孟子讲了上行下效,以身作则的重要性,希望太子亲自带头这样做。结果,丧事办得非常成功,大家都很满意,"不令而行"。从这件事上,固然可以看到儒家对于丧礼的观点,但对我们更有启发意义的,是领导人以身作则的作用。

　　该篇体现了孟子文章语言精练准确、善用譬喻、长于论辩、感情激越、气势充沛的特点。

更多讲解,请扫描

尽心上

一

　　孟子曰:"尽其心者,知其性也。知其性,则知天矣。存其心,养其性,所以事天也。殀寿不贰,修身以俟之,所以立命也。"

二

　　孟子曰:"莫非命也,顺受其正。是故知命者不立乎岩墙①之下。尽其道而死者,正命也;桎梏②死者,非正命也。"

三

　　孟子曰:"求则得之,舍则失之;是求有益于得也,求在我者也。求之有道,得之有命,是求无益于得也,求在外者也。"

---

①　岩墙:就要倾塌的墙。
②　桎梏:拘禁犯人的刑具。

四

孟子曰:"万物皆备于我矣。反身而诚,乐莫大焉。强恕而行,求仁莫近焉。"

五

孟子曰:"行之而不著焉,习矣而不察焉,终身由之而不知其道者,众也。"

六

孟子曰:"人不可以无耻,无耻之耻,无耻矣。"

七

孟子曰:"耻之于人大矣。为机变之巧者,无所用耻焉。不耻不若人,何若人有?"

八

孟子曰:"古之贤王好善而忘势。古之贤士何独不然?乐其道而忘人之势,故王公不致敬尽礼,则不得亟见之。见且由不得亟,而况得而臣之乎?"

九

孟子谓宋勾践①曰:"子好游乎?吾语子游。人知之,亦嚣嚣;人不知,亦嚣嚣。"

曰:"何如斯可以嚣嚣矣?"

曰:"尊德乐义,则可以嚣嚣矣。故士穷不失义,达不离道。穷不失义,故士得己焉;达不离道,故民不失望焉。古之人,得志,泽加于民;不得志,修身见于世。穷则独善其身,达则兼善天下。"

十

孟子曰:"待文王而后兴者,凡民也。若夫豪杰之士,虽无文王犹兴。"

---

① 宋勾践:人名,身世不详。

十一

孟子曰：“附之以韩、魏之家①，如其自视欿②然，则过人远矣。”

十二

孟子曰：“以佚道使民，虽劳不怨。以生道杀民，虽死不怨杀者。”

十三

孟子曰：“霸者之民驩虞如也，王者之民皞皞如也。杀之而不怨，利之而不庸，民日迁善而不知为之者。夫君子所过者化，所存者神，上下与天地同流，岂曰小补之哉？”

十四

孟子曰：“仁言不如仁声之入人深也，善政不如善教之得民也。善政，民畏之；善教，民爱之。善政得民财，善教得民心。”

十五

孟子曰：“人之所不学而能者，其良能也；所不虑而知者，其良知也。孩提之童无不知爱其亲者，及其长也，无不知敬其兄也。亲亲，仁也；敬长，义也；无他，达之天下也。”

十六

孟子曰：“舜之居深山之中，与木石居，与鹿豕游。其所以异于深山之野人者几希。及其闻一善言，见一善行，若决江河，沛然莫之能御也。”

十七

孟子曰：“无为其所不为，无欲其所不欲，如此而已矣。”

---

① 韩魏之家：指春秋末期晋国六卿中的韩魏两家。这两家当时拥有很大的权势和很多的财产。
② 欿（kǎn）：不自满。

十八

孟子曰："人之有德慧术知者,恒存乎疢疾①。独孤臣孽子②,其操心也危,其虑患也深,故达。"

十九

孟子曰："有事君人者,事是君则为容悦者也。有安社稷臣者,以安社稷为悦者也。有天民③者,达可行于天下而后行之者也。有大人者,正己而物正者也。"

二十

孟子曰："君子有三乐,而王天下不与存焉。父母俱存,兄弟无故,一乐也;仰不愧于天,俯不怍于人,二乐也;得天下英才而教育之,三乐也。君子有三乐,而王天下不与存焉。"

二十一

孟子曰："广土众民,君子欲之,所乐不存焉。中天下而立,定四海之民,君子乐之,所性不存焉。君子所性,虽大行不加焉,虽穷居不损焉,分定故也。君子所性,仁义礼智根于心,其生色也睟然,见于面,盎于背,施于四体,四体不言而喻。"

二十二

孟子曰："伯夷辟纣,居北海之滨,闻文王作,兴曰:'盍归乎来,吾闻西伯善养老者。'太公辟纣,居东海之滨,闻文王作,兴曰:'盍归乎来,吾闻西伯善养老者。'天下有善养老,则仁人以为己归矣。五亩之宅,树墙下以桑,匹妇蚕之,则老者足以衣帛矣。五母鸡,二母彘,无失其时,老者足以无失肉矣。百亩之田,匹夫耕之,八口之家足以无饥矣。所谓西伯善养老者,制其田里,教之树畜,导其妻子使养其老。五十非帛不暖,七十非肉不饱。不暖不饱,谓之冻馁。文王之民无冻馁之老者,此之谓也。"

---

① 疢(chèn)疾:义同灾患。
② 孤臣孽子:孤臣:受疏远的臣。孽子:非嫡妻所生之子。
③ 天民:朱熹《四书集注》云:"民者,无位之称,以其全尽天理,乃天之民,故谓之天民。"

二十三

孟子曰:"易其田畴,薄其税敛,民可使富也。食之以时,用之以礼,财不可胜用也。民非水火不生活,昏暮叩人之门户求水火,无弗与者,至足矣。圣人治天下,使有菽粟如水火。菽粟如水火,而民焉有不仁者乎?"

二十四

孟子曰:"孔子登东山而小鲁,登泰山而小天下,故观于海者难为水,游于圣人之门者难为言。观水有术,必观其澜。日月有明,容光必照焉。流水之为物也,不盈科不行;君子之志于道也,不成章不达。"

二十五

孟子曰:"鸡鸣而起,孳孳为善者,舜之徒也;鸡鸣而起,孳孳为利者,跖之徒也。欲知舜与跖之分,无他,利与善之间也。"

二十六

孟子曰:"杨子①取为我,拔一毛而利天下,不为也。墨子兼爱,摩顶放踵②利天下,为之。子莫③执中。执中为近之。执中无权,犹执一也。所恶执一者,为其贼道也,举一而废百也。"

二十七

孟子曰:"饥者甘食,渴者甘饮,是未得饮食之正也,饥渴害之也。岂惟口腹有饥渴之害?人心亦皆有害。人能无以饥渴之害为心害,则不及人不为忧矣。"

二十八

孟子曰:"柳下惠不以三公易其介。"

---

① 杨子:即杨朱。
② 摩顶放踵:摩,通"磨",损伤。放,疑为"致",前人引此多有作"致"者。
③ 子莫:战国时鲁国人。

二十九

孟子曰:"有为者辟若掘井,掘井九轫①而不及泉,犹为弃井也。"

三十

孟子曰:"尧、舜,性之也;汤、武,身之也;五霸,假之也。久假而不归,恶知其非有也。"

三十一

公孙丑曰:"伊尹曰:'予不狎于不顺,放太甲于桐,民大悦。太甲贤,又反之,民大悦。'贤者之为人臣也,其君不贤,则固可放与?"

孟子曰:"有伊尹之志则可,无伊尹之志则篡也。"

三十二

公孙丑曰:"《诗》曰:'不素餐兮。'②君子之不耕而食,何也?"

孟子曰:"君子居是国也,其君用之,则安富尊荣;其子弟从之,则孝悌忠信。'不素餐兮',孰大于是?"

三十三

王子垫③问曰:"士何事?"

孟子曰:"尚志。"

曰:"何谓尚志?"

曰:"仁义而已矣。杀一无罪,非仁也。非其有而取之,非义也。居恶在?仁是也。路恶在?义是也。居仁由义,大人之事备矣。"

三十四

孟子曰:"仲子④,不义与之齐国而弗受,人皆信之,是舍箪食豆羹之义也。人莫大焉亡亲戚君臣上下。以其小者信其大者,奚可哉?"

---

① 轫(rèn):同"仞"。古代七尺(或说八尺)为一仞。
② 不素餐兮:出自《诗经·魏风·伐檀》。
③ 王子垫:齐王之子,名垫。
④ 仲子:即陈仲子。

三十五

桃应①问曰："舜为天子,皋陶为士,瞽瞍杀人,则如之何?"孟子曰:"执之而已矣。"

"然则舜不禁与?"

曰:"夫舜恶得而禁之? 夫有所受之也。"

"然则舜如之何?"

曰:"舜视弃天下犹弃敝蹝也。窃负而逃,遵海滨而处,终身䜣然②,乐而忘天下。"

三十六

孟子自范③之齐,望见齐王之子,喟然叹曰:"居移气,养移体,大哉居乎! 夫非尽人之子与?"

孟子曰:"王子宫室、车马、衣服多与人同,而王子若彼者,其居使之然也。况居天下之广居者乎? 鲁君之宋,呼于垤泽之门。守者曰:'此非吾君也,何其声之似我君也?'此无他,居相似也。"

三十七

孟子曰:"食而弗爱,豕交之也;爱而不敬,兽畜之也。恭敬者,币之未将者也。恭敬而无实,君子不可虚拘。"

三十八

孟子曰:"形、色,天性也。惟圣人然后可以践形。"

三十九

齐宣王欲短丧。公孙丑曰:"为期之丧,犹愈于已乎?"

孟子曰:"是犹或绗其兄之臂,子谓之姑徐徐云尔,亦教之孝悌而已矣。"王子

---

① 桃应:孟子弟子。

② 䜣(xīn)然:高兴的样子。

③ 范:齐国地名,其地在今山东省范县东南。

有其母死者，其傅为之请数月之丧。① 公孙丑曰："若此者何如也？"

曰："是欲终之而不可得也。虽加一日愈于已，谓夫莫之禁而弗为者也。"

四十

孟子曰："君子之所以教者五：有如时雨化之者，有成德者，有达财②者，有答问者，有私淑艾者。此五者，君子之所以教也。"

四十一

公孙丑曰："道则高矣，美矣，宜若登天然，似不可及也。何不使彼为可几及而日孳孳也？"

孟子曰："大匠不为拙工改废绳墨③，羿不为拙射变其彀率。君子引而不发，跃如也。中道而立，能者从之。"

四十二

孟子曰："天下有道，以道殉身；天下无道，以身殉道。未闻以道殉乎人者也。"

四十三

公都子曰："滕更④之在门也，若在所礼，而不答，何也？"

孟子曰："挟贵而问，挟贤而问，挟长而问，挟有勋劳而问，挟故而问，皆所不答也。滕更有二焉。"

四十四

孟子曰："于不可已而已者，无所不已。于所厚者薄，无所不薄也。其进锐者，其退速。"

四十五

孟子曰："君子之于物也，爱之而弗仁；于民也，仁之而弗亲。亲亲而仁民，仁

---

① "王子有其母死者"句：据《仪礼·丧服记》，王子在母亲（诸侯之妾）死后，因父亲还在，不必服丧，只在下葬时穿穿麻衣而已，因此"数月之丧"也就不是短丧了。

② 财：同"才"。

③ 绳墨：木工取直用的工具。

④ 滕更：滕国国君的弟弟，曾就学于孟子。

民而爱物。”

孟子曰:"知者无不知也,当务之为急;仁者无不爱也,急亲贤之为务。尧、舜之知而不遍物,急先务也;尧、舜之仁不遍爱人,急亲贤也。不能三年之丧,而缌、小功之察①;放饭流歠②,而问无齿决③,是之谓不知务。"

尽心下

一

孟子曰:"不仁哉梁惠王也! 仁者以其所爱及其所不爱,不仁者以其所不爱及其所爱。"

公孙丑问曰:"何谓也?"

"梁惠王以土地之故,糜烂其民而战之,大败。将复之,恐不能胜,故驱其所爱子弟以殉之,是之谓以其所不爱及其所爱也。"

二

孟子曰:"春秋无义战。彼善于此,则有之矣。征者,上伐下也,敌国不相征也。"

三

孟子曰:"尽信《书》,则不如无《书》。吾于《武成》④,取二三策⑤而已矣。仁人无敌于天下,以至仁伐至不仁,而何其血之流杵也?"

---

①　缌、小功:丧服名。古代丧服分为斩衰、齐衰、大功、小功、缌麻五个等级,服丧期相应为三年、一年、九个月、五个月、三个月五等。

②　放饭流歠(chuò):意思是大口吃饭、大口喝汤。按礼的规定,在尊长面前这样吃喝,是大不敬的行为。放:大。歠:饮。

③　齿决:此指用牙咬断干肉。按礼的规定,在尊长面前这样做,是不礼貌的。

④　《武成》:《尚书》篇名,早已亡佚。东汉王充《论衡·艺增》上说:"夫《武成》之篇,言武王伐纣,血流浮杵,助战者多,故至血流如此。"

⑤　策:竹简。

四

孟子曰："有人曰：'我善为陈①，我善为战。'大罪也。国君好仁，天下无敌焉。南面而征，北狄怨；东面而征，西夷怨。曰：'奚为后我？'武王之伐殷也，革车三百两，虎贲三千人。王曰：'无畏！宁尔也，非敌百姓也。'若崩厥角稽首。征之为言正也，各欲正己也，焉用战？"

五

孟子曰："梓匠轮舆能与人规矩，不能使人巧。"

六

孟子曰："舜之饭糗②茹草也，若将终身焉。及其为天子也，被袗衣，鼓琴，二女果③，若固有之。"

七

孟子曰："吾今而后知杀人亲之重也。杀人之父，人亦杀其父；杀人之兄，人亦杀其兄。然则非自杀之也，一间耳。"

八

孟子曰："古之为关也，将以御暴；今之为关也，将以为暴。"

九

孟子曰："身不行道，不行于妻子；使人不以道，不能行于妻子。"

十

孟子曰："周于利者凶年不能杀，周于德者邪世不能乱。"

十一

孟子曰："好名之人能让千乘之国，苟非其人，箪食豆羹见于色。"

---

① 陈：同"阵"。
② 饭糗（qiǔ）：饭：动词，吃。糗：干粮。
③ 果：通"婐（wǒ）"，侍女，这里是侍候的意思。

十二

孟子曰："不信仁贤，则国空虚；无礼义，则上下乱；无政事，则财用不足。"

十三

孟子曰："不仁而得国者有之矣，不仁而得天下者未之有也。"

十四

孟子曰："民为贵，社稷次之，君为轻。是故得乎丘民^①而为天子，得乎天子为诸侯，得乎诸侯为大夫。诸侯危社稷，则变置。牺牲既成，粢盛既絜，祭祀以时，然而旱干水溢，则变置社稷。"

十五

孟子曰："圣人，百世之师也，伯夷、柳下惠是也。故闻伯夷之风者，顽夫廉，懦夫有立志。闻柳下惠之风者，薄夫敦，鄙夫宽。奋乎百世之上，百世之下，闻者莫不兴起也。非圣人而能若是乎？而况于亲炙之者乎？"

十六

孟子曰："仁也者，人也。合而言之，道也。"

十七

孟子曰："孔子之去鲁，曰：'迟迟吾行也'，去父母国之道也。去齐，接淅而行，去他国之道也。"

十八

孟子曰："君子之厄于陈、蔡之间^②，无上下之交也。"

---

①　丘民：众民。
②　君子之厄于陈蔡之间：君子，指孔子。厄，同"厄"，穷困，灾难。据《史记·孔子世家》记载，（哀公四年）楚使人聘孔子，孔子将往，而陈、蔡两国大夫担心孔子被楚任用后对他们不利，于是派徒役包围孔子，致使孔子和他的弟子断粮多日，饿得爬不起来。"厄于陈蔡之间"即指此事。

十九

貉稽曰①："稽大不理于口。"

孟子曰："无伤也。士憎兹多口。《诗》云：'忧心悄悄，愠于群小。'②孔子也。'肆不殄厥愠，亦不殒厥问。'③文王也。"

二十

孟子曰："贤者以其昭昭，使人昭昭；今以其昏昏，使人昭昭。"

二十一

孟子谓高子曰："山径之蹊，间介然用之而成路，为间不用，则茅塞之矣。今茅塞子之心矣。"

二十二

高子曰："禹之声尚文王之声。"

孟子曰："何以言之？"

曰："以追蠡④。"

曰："是奚足哉？城门之轨，两马之力与？"

二十三

齐饥。陈臻曰："国人皆以夫子将复为发棠，殆不可复？"

孟子曰："是为冯妇也。晋人有冯妇者，善搏虎，卒为善士。则之野，有众逐虎。虎负嵎，莫之敢撄。望见冯妇，趋而迎之。冯妇攘臂下车。众皆悦之，其为士者笑之。"

二十四

孟子曰："口之于味也，目之于色也，耳之于声也，鼻之于臭也，四肢之于安佚也，性也。有命焉，君子不谓性也。仁之于父子也，义之于君臣也，礼之于宾主

---

① 貉稽：人名，生世不详。
② "忧心悄悄"两句：出自《诗经·邶风·柏舟》。
③ "肆不殄厥愠"两句：出自《诗经·大雅·绵》。
④ 追（duī）蠡：追：钟钮。蠡：要断的样子。

也,知之于贤者也,圣人之于天道也,命也。有性焉,君子不谓命也。"

二十五

浩生不害①问曰:"乐正子何人也?"

孟子曰:"善人也,信人也。"

"何谓善? 何谓信?"

曰:"可欲之谓善,有诸己之谓信,充实之谓美,充实而有光辉之谓大,大而化之之谓圣,圣而不可知之之谓神。乐正子,二之中、四之下也。"

二十六

孟子曰:"逃墨必归于杨,逃杨必归于儒。归,斯受之而已矣。今之与杨、墨辩者,如追放豚,既入其苙,又从而招之。"

二十七

孟子曰:"有布缕之征,粟米之征,力役之征。君子用其一,缓其二。用其二而民有殍,用其三而父子离。"

二十八

孟子曰:"诸侯之宝三:土地、人民、政事。宝珠玉者,殃必及身。"

二十九

盆成括②仕于齐,孟子曰:"死矣盆成括!"

盆成括见杀,门人问曰:"夫子何以知其将见杀?"

曰:"其为人也小有才,未闻君子之大道也,则足以杀其躯而已矣。"

三十

孟子之滕,馆于上宫。有业屦于牖上,馆人求之弗得。或问之曰:"若是乎从者之廋也?"

曰:"子以是为窃屦来与?"

---

① 浩生不害:姓浩生,名不害,齐国人。

② 盆成括:姓盆成,名括。

曰："殆非也。夫子之设科也,往者不追,来者不拒。苟以是心至,斯受之而已矣。"

三十一

孟子曰："人皆有所不忍,达之于其所忍,仁也;人皆有所不为,达之于其所为,义也。人能充无欲害人之心,而仁不可胜用也;人能充无穿窬之心,而义不可胜用也;人能充无受尔汝①之实,无所往而不为义也。士未可以言而言,是以言餂②之也;可以言而不言,是以不言餂之也。是皆穿窬之类也。"

三十二

孟子曰："言近而指远者,善言也;守约而施博者,善道也。君子之言也,不下带③而道存焉。君子之守,修其身而天下平。人病舍其田而芸人之田——所求于人者重,而所以自任者轻。"

三十三

孟子曰："尧、舜,性者也。汤、武,反之也。动容周旋中礼者,盛德之至也。哭死而哀,非为生者也。经德不回,非以干禄也。言语必信,非以正行也。君子行法,以俟命而已矣。"

三十四

孟子曰："说大人则藐之,勿视其巍巍然。堂高数仞,榱题④数尺,我得志,弗为也。食前方丈,侍妾数百人,我得志,弗为也。般乐饮酒,驱骋田猎,后车千乘,我得志,弗为也。在彼者,皆我所不为也;在我者,皆古之制也,吾何畏彼哉?"

三十五

孟子曰："养心莫善于寡欲。其为人也寡欲,虽有不存焉者,寡矣;其为人也多欲,虽有存焉者,寡矣。"

---

① 尔汝:尔、汝,都是第二人称代词,为古代尊长称呼卑幼时所用。如果平辈之间称呼,则是对对方的轻视。
② 餂(tiǎn):取。
③ 不下带:带,腰带。古人视不下带,即只看腰带以上部分。此处比喻注意眼前常见之事。
④ 榱(cuī)题:屋檐下的椽子头,这里借指屋檐。

三十六

曾皙嗜羊枣①,而曾子不忍食羊枣。公孙丑问曰:"脍炙与羊枣孰美?"

孟子曰:"脍炙哉!"

公孙丑曰:"然则曾子何为食脍炙而不食羊枣?"

曰:"脍炙所同也,羊枣所独也。讳名不讳姓,姓所同也,名所独也。"

三十七

万章②问曰:"孔子在陈曰:'盍归乎来! 吾党之小子狂简,进取,不忘其初。'孔子在陈,何思鲁之狂士?"

孟子曰:"孔子'不得中道而与之,必也狂狷③乎! 狂者进取,狷者有所不为也。'孔子岂不欲中道哉? 不可必得,故思其次也。"

"敢问何如斯可谓狂矣?"

曰:"如琴张、曾皙、牧皮者④,孔子之所谓狂矣。"

"何以谓之狂也?"

曰:"其志嘐嘐⑤然,曰:'古之人,古之人。'夷⑥考其行,而不掩焉者也。狂者又不可得,欲得不屑不絜之士而与之,是狷也,是又其次也。孔子曰:'过我门而不入我室,我不憾焉者,其惟乡原⑦乎! 乡原,德之贼也。'"

曰:"何如斯可谓之乡原矣?"

曰:"何以是嘐嘐也? 言不顾行,行不顾言,则曰'古之人,古之人。行何为踽踽⑧凉凉? 生斯世也,为斯世也,善斯可矣'。阉然媚于世也者,是乡原也。"

万子曰:"一乡皆称原人焉,无所往而不为原人,孔子以为德之贼,何哉?"

曰:"非之无举也,刺之无刺也。同乎流俗,合乎污世。居之似忠信,行之似廉絜,众皆悦之,自以为是,而不可与入尧、舜之道,故曰'德之贼'也。孔子曰:

---

① 羊枣:即黑枣,因形状色泽似羊屎,故称羊枣。
② 万章:孟子的门徒。
③ 狷(juàn):洁身自好。
④ 琴张、牧皮:未详。曾皙:孔子的弟子。
⑤ 嘐嘐(xiāo):志大言大的样子。
⑥ 夷:句首助词,无义。
⑦ 原:同"愿",谨善。
⑧ 踽踽(jǔ):独自走路,孤单的样子。

‘恶似而非者，恶莠，恐其乱苗也；恶佞^①，恐其乱义也；恶利口，恐其乱信也；恶郑声，恐其乱乐也；恶紫，恐其乱朱也；恶乡原，恐其乱德也。’君子反经而已矣。经正则庶民兴，庶民兴，斯无邪慝^②矣。”

三十八

孟子曰："由尧、舜至于汤，五百有余岁。若禹、皋陶，则见而知之；若汤，则闻而知之。由汤至于文王，五百有余岁。若伊尹、莱朱^③，则见而知之；若文王，则闻而知之。由文王至于孔子，五百有余岁。若太公望、散宜生^④，则见而知之；若孔子，则闻而知之。由孔子而来至于今，百有余岁，去圣人之世，若此其未远也，近圣人之居，若此其甚也，然而无有乎尔，则亦无有乎尔！"

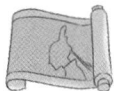

评说

孟子希望道统能够代代相传。孟子说，从唐尧虞舜，直到商汤，相隔五百多年了，像大禹、皋陶这班人，那是亲眼看见的，自然晓得尧舜的道理啊！从商汤到周文王，相隔又是五百多年，像伊尹、莱朱这班人，那就是亲眼看见的，自然晓得商汤的道理；像周文王，却是用耳朵听说，才知道商汤的道理的。由文王到孔子，相隔又是五百多年，像吕尚、散宜生这班人，那是亲眼看见的，自然晓得文王的道理；像孔子，就是听人家说才晓得文王的道理了。由孔子到现在，相隔不过一百多年。再过五百年后，恐怕知道孔子道理的就不多了。孟子对于自己传道的决心和使命可谓执着而坚定，值得后人敬仰和崇拜。

孟子说：要保养自己的良心，最好的办法，是少有私欲。作为一个人，如能少有私欲，虽然有时良心不在，私欲发生，那也是很少的。如若他的私欲过重，虽然有良心，私欲还是要发生。

修身，最难把控的是内心的欲望、外在的诱惑。逆境可以让人养成警醒、多虑的好习惯。一切太顺利的时候，人就疏于思考了。位置决定视野，阅历决定见识，理想决定胸襟。要求自己做到的事，主动权在自己，是可控的；要求人家做到

---

① 佞(nìng)：能说会道。
② 慝(tè)：奸邪。
③ 莱朱：传说是商汤的贤臣，一说就是仲虺(huǐ)，商汤的相。
④ 太公望：即吕尚。散宜生：姓散宜，名生，周文王的贤臣。

的事,主动权在人家,是不可控的。有人因富贵放弃德行,有人因德行放弃富贵,也许彼此都认为对方不值得。人与人的差别为什么那么大呢?修身养性之事,完全取决于自己,不能怨天尤人。

　　一个人能做到表里如一,不拿腔作势,就会真正快乐了。一个人能推己及人,换位思考,就会有仁有义了。一个人修身养性,先要有羞耻之心。自己先觉得羞耻了,不做那件事,就不会自取其辱了。为达目的不择手段、投机取巧、放弃原则、不顾名誉的人,是没有什么羞耻感的人,也是无可救药的人。时势可以造英雄,机遇可以成功名,但真的豪杰并不待时势而后才有所表现。管理民众是行政,熏陶民众是教化。行政,可得绩效;教化,可得民心。

——温　润

更多讲解,请扫描

庄　子

《人间世》出自《庄子》一书。本书的中心是讨论处世之道,既表述了庄子①所主张的处人与自处的人生态度,也揭示出庄子处世的哲学观点。

《庄子》第一讲
（余群讲解）

《庄子》第二讲
（余群讲解）

人间世

一

颜回见仲尼②,请行。

曰:"奚之?"

---

① 庄子[约前369—前286(一说前275)]:姓庄,名周,字子休(亦说子沐),宋国蒙人,先祖是宋国君主宋戴公。战国中期思想家、哲学家和文学家。他创立了华夏重要的哲学学派庄学,是继老子之后,道家学派的主要代表人物之一。与老子并称为老庄。庄子因崇尚自由而不应楚威王之聘,生平只做过宋国地方的漆园吏,史称"漆园傲吏",被誉为地方官吏之楷模。庄子最早提出"内圣外王"思想,对儒家影响深远,庄子洞悉易理,深刻指出《易》以道阴阳;庄子"三籁"思想与《易经》"三才之道"相合。他的代表作品为《庄子》,其中的名篇有《逍遥游》《齐物论》等。庄子的想象力极为丰富,语言运用自如,灵活多变,能把一些微妙难言的哲理说得引人入胜。他的作品被人称为"文学的哲学,哲学的文学"。据传,庄子又尝隐居南华山,故唐玄宗天宝初,诏封庄周为南华真人,称《庄子》为《南华真经》。

② 颜回见仲尼:颜回是孔子最喜爱的学生。颜回和孔子这段问答,自然是虚构的。孔子这位儒家泰斗,变成了宣扬庄子学说的道家人物。

曰:"将之卫。"

曰:"奚为焉?"

曰:"回闻卫君,其年壮,其行独①。轻用其国,而不见其过。轻用民死,死者以国量乎泽若蕉②,民其无如矣③! 回尝闻之夫子曰:'治国去之,乱国就之,医门多疾。'愿以所闻思其则,庶几其国有瘳乎④!"

仲尼曰:"嘻! 若殆往而刑耳⑤! 夫道不欲杂,杂则多,多则扰,扰则忧,忧而不救。古之至人,先存诸己,而后存诸人⑥。所存于己者未定,何暇至于暴人⑦之所行? 且若亦知夫德之所荡,而知之所为出乎哉⑧? 德荡乎名,知出乎争。名也者,相轧也;知也者,争之器也。二者凶器,非所以尽行也。

"且德厚信矼⑨,未达人气⑩;名闻不争,未达人心。而强以仁义绳墨⑪之言,术暴人之前者,是以人恶有其美也⑫,命之曰菑⑬人。菑人者,人必反菑之,若殆为人菑夫! 且苟为悦贤而恶不肖,恶用而⑭求有以异? 若唯无诏⑮,王公必将乘人而斗其捷⑯。而目将荧⑰之,而色将平之,口将营之⑱,容将形之,心且成之。是以火救火,以水救水,名之曰益多。顺始无穷。若殆以不信厚言,必死于暴人之

---

① 行独:行为专断。

② 死者以国量乎泽若蕉:死者满国,弃野而不葬者,亦如蕉之枕藉而不可计(胡文英《庄子独见》);犹云死人如麻(章炳麟《庄子解故》)。以:通"已"。量:作满(详见朱桂曜《庄子内篇证补》)。国:衍文,依奚侗的说法。

③ 民其无如矣:郭象注:"无所依归。"

④ 庶几:也许可以。表示希望或推测之词。瘳(chōu):病愈,这里指国家恢复了元气。

⑤ 若:代词,汝,你。殆:恐怕,将要。刑:遭受刑戮。

⑥ 存:这里指道德修养的建立。

⑦ 暴人:施政暴虐的人,此指卫国国君。

⑧ 荡:废坏,毁坏。知:通"智"。出:外露。

⑨ 信矼(qiāng):信誉确实。矼:坚、实的意思。

⑩ 人气:犹言民情、民心,与下句"人心"意思相近。"未达人气""未达人心",意思是未能得到人们广泛的理解。

⑪ 绳墨:喻指规矩、规范。

⑫ 是以人恶有其美也:这是以别人的过错来炫耀自己的美德。其:己。育:"卖"之假字,《经传释词》每以"鬻"为之,"鬻"亦音育也。"以人恶鬻己之美也",谓以人之恶鬻己之美也。奚侗说:"'育'与'衒'相应。"

⑬ 菑:同"灾"。

⑭ 恶用而:何用汝。下文"而目将荧之""而色将平之"的"而",亦同"汝"。

⑮ 若:汝。诏:争辩、谏诤之意。

⑯ 王公:指卫君。乘:趁。"乘人"就是抓住说话人说漏了嘴的机会。捷:形容言语快捷善辩,不让对方有喘息思考的机会。

⑰ 荧:眩。

⑱ 口将营之:口里只顾得营救自己。

前矣！

"且昔者桀杀关龙逢①，纣杀王子比干②，是皆修其身以下伛拊人之民③，以下拂其上者也④，故其君因其修以挤之⑤。是好名者也。昔者尧攻丛、枝、胥敖⑥，禹攻有扈⑦。国为虚厉⑧，身为刑戮；其用兵不止，其求实无已⑨，是皆求名实者也⑩，而独不闻之乎？名实者，圣人之所不能胜也，而况若乎！虽然，若必有以也，尝以语我来⑪！"

颜回曰："端而虚⑫，勉而一⑬，则可乎？"

曰："恶⑭！恶可！夫以阳为充孔扬⑮，采色不定⑯，常人之所不违，因案人之所感⑰，以求容与其心⑱。名之曰日渐之德不成，而况大德乎！⑲将执而不化，外合而内不訾⑳，其庸讵㉑可乎！"

"然则我内直而外曲㉒，成而上比㉓。内直者，与天为徒㉔。与天为徒者，知天

①　关龙逢：夏桀的贤臣，尽诚而遭斩首。
②　王子比干：殷纣的叔父，忠谏而被剖心。
③　下：下位，居于臣下之位。伛(yǔ)拊：犹爱养。人：人君的省称。
④　拂：违反。上：居于上位的人，此指国君。
⑤　修：美好，这里专指有道德修养。挤：排斥。
⑥　丛、枝、胥敖：三小国。
⑦　有扈：国名，在今陕西西安鄠邑区。
⑧　国为虚厉：国土变成废墟，人民成为厉鬼(即人民死灭)。李颐说："居宅无人曰'虚'，死而无后为'厉'。"(《释文》引)
⑨　求实无已：贪利不已。实：犹言利、得(陈启天说)。
⑩　是皆求名实者也：这都是贪求名利的。李勉说："言尧禹皆求名利者也，'名实'，即名利。"
⑪　若必有以也，尝以语我来：第一个"以"，犹"谓"(王引之《经传释词》)。这句话是说：你一定有你的说法。来：句末语助(王引之《经传释词》)，无义。
⑫　端而虚：外表端谨而内心谦虚。
⑬　勉而一：勉力行事而专意执着。
⑭　恶(wū)：叹词，驳斥之声。与下句疑问代词用法的"恶"不同。
⑮　以阳为充孔扬：即是说，骄盛之气充满于内，显扬于外。郭象注："言卫君亢阳之性充张于内而甚扬于外。"阳：盛气。充：满。孔：甚。孔扬，甚为扬扬自得。
⑯　采色不定：喜怒无常。
⑰　案人之所感：压抑别人的谏劝。成玄英说："'案'，抑也。人以箴规感动，君乃因而抑挫之。"
⑱　求容与其心：求自己内心的畅快。容与：自快之意(林希逸说)。
⑲　日渐之德：小德，谓使渐悟之教。下文"大德"，乃使顿悟之教。马其昶说："日渐，犹日积也。谓细行。"(《庄子故》)
⑳　外合而内不訾(zī)：表面附和，内心并不采纳。
㉑　庸讵：怎么。
㉒　然则我内直而外曲：直：正直，光明正大。曲：弯曲，含有俯首曲就的意思。
㉓　成而上比：陈述成说而上比于古人。林希逸说："以自己之成说而上合于古人；言古人以为证也。"
㉔　与天为徒：和自然同类。

子之与己,皆天之所子①,而独以己言蕲乎而人善之②,蕲乎而人不善之邪?若然者,人谓之童子,是之谓与天为徒。外曲者,与人为徒③也。擎跽曲拳④,人臣之礼也。人皆为之,吾敢不为邪?为人之所为者,人亦无疵⑤焉,是之谓与人为徒。成而上比者,与古为徒。其言虽教,谪⑥之实也,古之有也,非吾有也。若然者,虽直而不病⑦,是之谓与古为徒。若是则可乎?"

仲尼曰:"恶!恶可!大多政法而不谍⑧。虽固,亦无罪。虽然,止是耳矣,夫胡⑨可以及化!犹师心⑩者也。"

颜回曰:"吾无以进矣,敢问其方⑪。"

仲尼曰:"斋⑫,吾将语若。有心而为之,其易邪?易之者,皞天不宜⑬。"

颜回曰:"回之家贫,唯不饮酒不茹荤者数月矣。如此,则可以为斋乎?"

曰:"是祭祀之斋,非心斋也。"

回曰:"敢问心斋。"

仲尼曰:"若一志⑭,无听之以耳,而听之以心;无听之以心,而听之以气。听止于耳⑮,心止于符。气也者,虚而待物者也。⑯唯道集虚⑰。虚者,心斋也。"

颜回曰:"回之未始得使⑱,实有回也;得使之也,未始有回也,可谓虚乎?"

---

① 天之所子:属于天生的。

② 蕲(qí):祈求,希望得到。善之:以之为善,把这样的言论看作是正确的。

③ 与人为徒:和他人为伍、与世人同类。

④ 擎(qíng)跽(jì)曲拳:擎:执笏。跽:跪拜。曲拳:鞠躬。

⑤ 疵(cī):挑剔,非议。

⑥ 谪:责难,此指诤言。

⑦ 病:怨恨、祸害。

⑧ 大多政法而不谍:法则太多,犹不稳当(释德清说)。大:读太。政:同"正"。谍:当。

⑨ 胡:何,怎么。

⑩ 师心:师法自己的成心,执着于自己的成见。

⑪ 敢:表示谦敬之词,相当于今天"斗胆地""冒昧地"之意。方:办法。

⑫ 斋:斋戒,指祭祀前的清心洁身,这里专指清心。

⑬ 皞(gāo)天不宜:与自然之理不合。皞天:自然(向秀注)。

⑭ 一志:意思是凝寂虚忘,摈除杂念,心思高度专一。一:专一。

⑮ 耳止于听:今本作"听止于耳",为传写误倒。俞樾说:"'听止于耳',当作'耳止于听',传写误倒也,乃申说无听之以耳之义。"

⑯ 气:指心灵活动达到极纯精的境地。换言之,"气"即是高度修养境界的空灵明觉之心。所以说:"气也者,虚而待物者也。""虚而待物者"显然是指"心"而言的。徐复观说:"气,实际只是心的某种状态的比拟之词,与《老子》所说的纯生理之气不同。"(《中国人性论史》第十二章《庄子的心》)

⑰ 虚:喻空明的心境。

⑱ 得使:言得教诲。

夫子曰:"尽①矣!吾语若:若能入游其樊,而无感其名②,入则鸣,不入则止③。无门无毒④,一宅⑤而寓于不得已⑥,则几矣⑦。

"绝迹易,无行地难⑧。为人使易以伪⑨,为天使难以伪。闻以有翼飞者矣,未闻以无翼飞者也;闻以有知知者矣,未闻以无知知者也。瞻彼阕者⑩,虚室生白⑪,吉祥止止⑫。夫且不止,是之谓坐驰⑬。夫徇耳目内通,而外于心知⑭,鬼神将来舍,而况人乎!是万物之化也,禹、舜之所纽⑮也,伏戏、几蘧之所行终⑯,而况散焉者⑰乎!"

二

叶公子高将使于齐⑱,问于仲尼曰:"王使诸梁⑲也甚重,齐之待使者,盖将甚敬而不急。匹夫犹未可动也,而况诸侯乎!吾甚栗之⑳。子常语诸梁也曰:'凡

---

① 尽:详尽,指颜回的上述对于"心斋"的理解说得十分深透。
② 樊:篱笆,喻指卫君统治的范围,暗含追名逐利之场所的意思。无感其名:不为名位所动。
③ 入则鸣,不入则止:能接纳你的意见就说,不能接纳你的意见就不说。
④ 无门无毒:"毒"字解释颇纷歧,以杨柳桥《庄子译诂》解释为优。杨说:"按《白虎通五祀篇》:'门,以闭藏自固也。'《广雅》:'门,守也。'王逸《楚辞注》:'毒,恚也。'韦昭《国语注》:'毒,犹暴也。'无门无毒,犹言勿固闭、勿暴怒也。"
⑤ 一宅:释德清说:"一宅者,谓安心于一,了无二念。"宅:指心灵的位置。一:形容心灵凝聚的状态。
⑥ 寓于不得已:指应事寄托于不得已。释德清说:"寓意于不得而应之,切不可有心强为。"
⑦ 几:近。整句的意思是做到了这一步就接近于大道,符合"心斋"的要求了。
⑧ 绝迹易,无行地难:不走路容易,走路不留行迹就困难。释德清说:"逃人绝世尚易,独有涉世无心,不着行迹为难。"
⑨ 使:驱使。伪:假。
⑩ 瞻彼阕者:观照那个空明心境。瞻:观照。阕:空。
⑪ 虚室生白:空明的心境生出光明。
⑫ 吉祥止止:吉祥善福,止在凝静之心。止止:前面的"止"字是动词,后面的"止"字是名词,喻凝静之心。
⑬ 坐驰:形坐而心驰。
⑭ 徇:使。内通:向内通达。外于心知:排除心机。
⑮ 纽:关键。
⑯ 几蘧(qú):传说中的古代帝王。终:到底,遵循始终。
⑰ 散焉者:疏散之人,指普通一般人。
⑱ 叶公子高:楚庄王玄孙尹成子,名诸梁,字子高,为楚大夫,封于叶(旧注读为 shè),自僭(jiàn)为"公",故有"叶公子高"之称。使:出使。
⑲ 使诸梁:以诸梁为使。
⑳ 栗:恐惧。

事若①小若大,寡不道以欢成②。事若不成,则必有人道之患③;事若成,则必有阴阳之患④。若成若不成而后无患者,唯有德者能之。'吾食也执粗而不臧⑤,爨无欲清之人⑥。今吾朝受命而夕饮冰,我其内热⑦与!吾未至乎事之情⑧而既有阴阳之患矣!事若不成,必有人道之患。是两也,为人臣者不足以任⑨之,子其有以语我来!"

仲尼曰:"天下有大戒⑩二:其一命也,其一义也。子之爱亲,命也,不可解于心;臣之事君,义也,无适而非君也⑪,无所逃于天地之间。是之谓大戒。是以夫事其亲者,不择地而安之,孝之至也;夫事其君者,不择事而安之,忠之盛⑫也;自事其心⑬者,哀乐不易施⑭乎前,知其不可奈何而安之若命,德之至也。为人臣子者,固有所不得已。行事之情而忘其身,何暇至于悦生而恶死!夫子其行可矣!

"丘请复以所闻:凡交,近则必相靡以信⑮,远则必忠之以言⑯。言必或传之。夫传两喜两怒之言⑰,天下之难者也。夫两喜必多溢美之言⑱,两怒必多溢恶之言。凡溢之类妄⑲,妄则其信之也莫⑳,莫则传言者殃。故法言㉑曰:'传其常情,

<hr>

① 若:或者。

② 寡:少。道:由,通过。欢成:指圆满的结果。

③ 人道之患:人为的祸害,指国君的惩罚。

④ 阴阳之患:这里是说忽忧忽喜而交集于心,势必失调以致病患。阴:事未成时的忧惧。阳:事已办成时的喜悦。

⑤ 执粗:食用粗茶淡饭。不臧:指不精美的食品。臧:好。

⑥ 爨无欲清之人:这句话颇费解,联系上下文,大意是:烹饪食物也就无须解凉散热的人。爨(cuàn):炊,烹饪食物。

⑦ 内热:内心烦躁和焦虑。

⑧ 情:真实。

⑨ 任:承担。

⑩ 大戒:指人生足以为戒的大法。戒:法。

⑪ 无适而非君也:全句是说,天下虽大,但所到之处,没有不受国君统治的地方。适:往、到。

⑫ 盛:极点、顶点。

⑬ 自事其心:侍奉自己的心思,意思是注意培养自己的道德修养。

⑭ 施(yí):移动、影响。

⑮ 相靡以信:用诚信相互和顺与亲近。靡(mó):通"摩",爱抚顺从的意思。一说通作"縻",维系的意思。

⑯ 忠之以言:用忠实的语言相交。一说"忠"字为"忘"字之误,"忘"为"固"字之古体。

⑰ 两喜两怒之言:两国国君或喜或怒的言辞。

⑱ 溢美之言:指过分夸赞的言辞。与下句"溢恶之言"对文,指过分憎恶的话。溢:满,超出。

⑲ 妄:虚假。

⑳ 信之以莫:意思是真实程度值得怀疑。莫:薄。

㉑ 法言:古代的格言。

无传其溢言,则几乎全。'①且以巧斗力②者,始乎阳③,常卒乎阴④,大至则多奇巧⑤;以礼饮酒者,始乎治⑥,常卒乎乱,大至则多奇乐⑦。凡事亦然,始乎谅⑧,常卒乎鄙⑨;其作始也简,其将毕也必巨。

"夫言者,风波也;行者,实丧也⑩。风波易以动,实丧易以危。故忿设无由⑪,巧言偏辞⑫。兽死不择音,气息茀然⑬,于是并生心厉⑭。克核⑮大至,则必有不肖⑯之心应之,而不知其然也。苟为不知其然也,孰知其所终!故法言曰:'无迁⑰令,无劝成⑱。过度,益⑲也。'迁令劝成殆事⑳。美成㉑在久,恶成不及改,可不慎与!且夫乘物㉒以游心,托不得已以养中㉓,至矣。何作为报也㉔?莫若为致命㉕,此其难者。"

---

① 全:保全。
② 斗力:相互较力,犹言相互争斗。
③ 阳:指公开地争斗。
④ 卒:终。阴:指暗地里使计谋。
⑤ 泰至:大至,达到极点。奇巧:指玩弄阴谋。
⑥ 治:指合乎常理和规矩。
⑦ 奇乐:放纵无度。
⑧ 谅:取信,相互信任。
⑨ 鄙:恶,欺诈。
⑩ 行者,实丧也:这句话是说,传递语言总会有得有失。实丧:得失。
⑪ 设:置,含有发作、产生的意思。
⑫ 巧:虚浮不实。偏:片面的。
⑬ 茀然:气息急促的样子。茀(bó):通"勃"。
⑭ 心厉:指伤害人的恶念。厉:狠虐。
⑮ 克核:即苛责。
⑯ 不肖:不善,不正。
⑰ 迁:改变。
⑱ 劝成:意思是勉强让人去做成某一件事。劝:勉力。这里含有力不能及却勉强去做的意思。成:指办成功什么事。
⑲ 益:添加。一说"益"就是"溢"的意思。
⑳ 殆事:犹言坏事。殆:危险。
㉑ 美成:意思是美好的事情要做成功。下句"恶成"对文,意思是坏事做成了。
㉒ 乘物:顺应客观事物。
㉓ 中:中气,这里指神智。
㉔ 何作为报也:大意是何必为齐国作意其间。作:作意。
㉕ 为致命:原原本本地传达国君的意见。一说"命"当讲作天命,即自然的意思,则全句大意是不如顺应自然。

三

颜阖将傅卫灵公太子①，而问于蘧伯玉②曰："有人于此，其德天杀③。与之为无方④，则危吾国；与之为有方，则危吾身。其知⑤适足以知人之过，而不知其所以过⑥。若然者，吾奈之何？"

蘧伯玉曰："善哉问乎！戒之，慎之，正女身也哉！形⑦莫若就，心莫若和⑧。虽然，之⑨二者有患。就不欲入⑩，和不欲出⑪。形就而入，且为颠⑫为灭，为崩为蹶⑬；心和而出，且为声为名⑭，为妖为孽⑮。彼且为婴儿，亦与之为婴儿；彼且为无町畦⑯，亦与之为无町畦；彼且为无崖⑰，亦与之为无崖；达⑱之，入于无疵⑲。

"汝不知夫螳螂乎？怒其臂以当车辙⑳，不知其不胜任也，是其才之美㉑者也。戒之，慎之，积伐而美者以犯之㉒，几㉓矣！汝不知夫养虎者乎？不敢以生

---

① 颜阖：鲁国的贤人。傅卫灵公太子：给卫灵公太子作师傅。
② 蘧（qú）伯玉：卫国的贤大夫，名瑗，字伯玉。
③ 天杀：生就的凶残嗜杀。
④ 与之：朝夕与共的意思。方：法度、规范。
⑤ 其知（zhì）：他们的智慧。
⑥ 其：旧注指前句之有过者，认为公子自身无道，致使百姓有过，全句意思是，却不知道人们为什么出现过错。一说作反身自代讲，全句意思则是，却不知道自己为什么会出现过错。姑备参考。译文从前一说。
⑦ 形：外表。与下句"心"相对文。就：靠拢，亲近。
⑧ 和：顺，含有顺其本性的意思，近似于疏导的含意。
⑨ 之：这。
⑩ 入：关系太深。
⑪ 出：超出，过于显露，与上句"入"字对文。
⑫ 颠：仆倒，坠落。
⑬ 崩：毁坏。蹶：失败，挫折。联系前一句，"颠""灭""崩""蹶"均用指"形就而入"可能造成的恶果。
⑭ 为（wèi）：为了。本句两个"为"字跟前后三句的另六个"为"字含意不同，其他六个"为"字均是造成、招致的意思。
⑮ 孽（niè）：灾害。
⑯ 町（tǐng）畦（qí）：田间的界路，喻指分界、界线。
⑰ 无崖：喻指无边，没有约束。崖：山边或岸边。
⑱ 达：通达，指通过疏导与卫太子思想相通，逐步地使他走上正途。
⑲ 疵：病，这里指行动上的过失。
⑳ 怒：奋起。当：阻挡。车辙：犹言车轮。辙：车轮行过的印记。
㉑ 是其才之美：即"以其才之美为是"，自恃才能太高。
㉒ 积：长期不断地。伐：夸耀。而：你。
㉓ 几：危险。

物①与之,为其杀之之怒也②;不敢以全物与之,为其决③之之怒也。时其饥饱,达④其怒心。虎之与人异类⑤,而媚⑥养己者,顺也;故其杀者,逆⑦也。

"夫爱马者,以筐盛矢⑧,以蜄盛溺⑨。适有蚊虻仆缘⑩,而拊⑪之不时,则缺衔、毁首、碎胸⑫。意有所至,而爱有所亡⑬,可不慎邪!"

四

匠石之齐⑭,至于曲辕,见栎社树⑮。其大蔽数千牛,絜之百围⑯,其高临山⑰十仞而后有枝,其可以为舟者旁⑱十数。观者如市,匠伯⑲不顾,遂行不辍⑳。

弟子厌观㉑之,走及㉒匠石,曰:"自吾执斧斤㉓以随夫子,未尝见材如此其美也。先生不肯视,行不辍,何邪?"

曰:"已矣㉔,勿言之矣!散木㉕也。以为㉖舟则沉,以为棺椁则速腐,以为器

---

① 生物:活物。
② 为其杀之之怒也:唯恐它扑杀活物时而诱发残杀生物的怒气。
③ 决:裂,撕开。
④ 达:通晓、了解。
⑤ 异类:不同类。
⑥ 媚:喜爱。
⑦ 逆:反,触犯。
⑧ 矢:屎,粪便。
⑨ 蜄(shèn):大蛤,这里指蛤壳。溺:尿。
⑩ 仆缘:附着,指叮在马身上。
⑪ 拊(fǔ):拍击。
⑫ 缺衔:指咬断马勒口。衔:马勒口。毁首:指挣断了辔头。首:辔头。碎胸:指弄坏了络饰。胸:胸饰。
⑬ "意有所至"是说本意在于爱马;"爱有所亡"是说失其所爱,适得其反。亡:失。
⑭ 匠石:名叫"石"的匠人。之:往。
⑮ 栎社树:意思是把栎树当作社神。栎(lì):树名。社:土地神。
⑯ 絜(xié):用绳子计量周围。围:周长一尺。
⑰ 临山:接近山巅。一说俯视山巅。
⑱ 旁:通"方"。
⑲ 匠伯:即匠石。"伯"这里用指工匠之长。
⑳ 辍(chuò):中止,停。
㉑ 厌观:意思是看了个够。厌:满足。
㉒ 走:跑。及:赶上。
㉓ 斤:斧之一种,后称"锛",即横口斧。
㉔ 已矣:犹言"算了"。已:止。
㉕ 散木:指不成材的树木。
㉖ 以为:即"以之为",把它做成。

则速毁，以为门户则液樠①，以为柱则蠹②，是不材之木也。无所可用，故能若是之寿③。"

匠石归，栎社见梦④曰："女将恶乎比予⑤哉？若将比予于文木⑥邪？夫柤梨橘柚果蓏之属⑦，实熟则剥⑧，剥则辱⑨。大枝折，小枝泄⑩。此以其能苦其生者⑪也。故不终其天年而中道夭，自掊⑫击于世俗者也。物莫不若是。且予求无所可用久矣！几死，乃今得之，为予大用⑬。使予也而有用，且得有此大也邪？且也，若与予也皆物也，奈何哉其相⑭物也？而几死之散人⑮，又恶知散木！"

匠石觉而诊⑯其梦。弟子曰："趣取无用⑰，则为社何⑱邪？"

曰："密⑲！若无言！彼亦直⑳寄焉！以为不知己者诟厉㉑也。不为社者，且几有翦㉒乎！且也，彼其所保与众异，而以义喻㉓之，不亦远乎？"

---

① 户：单扇的门。液樠：意思是像松木心那样液出树脂。一说为一树名，其心似松。液：浸渍。樠：松木心。

② 蠹（dù）：蛀蚀。

③ 若是之寿：像这样的长寿。

④ 见梦：即梦中会见。见（xiàn）：拜见。

⑤ 比予：即跟我相提并论。比：比并，相提并论。

⑥ 文木：即可用之木。文：纹理。

⑦ 蓏（luǒ）：瓜类植物的果实。属：类。

⑧ 实：果实。剥：通"攴"（pō），器物轻轻打落在地。

⑨ 剥则辱：意思是果树摘落果实后枝干就随意受人摧残。辱：屈。

⑩ 泄（yè）：通"抴"，用力拉的意思。

⑪ 以：因。苦其一生：使其一生受苦。

⑫ 掊（pǒu）：打。

⑬ 为予大用：这里隐含有"积无用而为大用"的哲理。正因为被人们视为无用之才，所以才保全了自身，成就了我最大的用处。

⑭ 相：看待。

⑮ 散人：不成才的人，相对"散木"说的。

⑯ 诊：通"畛"，告诉的意思。

⑰ 趣取：就是意在求取。趣：意趣。

⑱ 为社何：意思是为什么做社树而让世人供奉。

⑲ 密：默，犹言"闭嘴"。

⑳ 直：通"特"，仅、只的意思。

㉑ 诟厉：辱骂、伤害。

㉒ 翦（jiǎn）：斩伐。

㉓ 义：常理。喻：了解。

五

  南伯子綦游乎商之丘①，见大木焉，有异，结驷②千乘，将隐芘其所藾③。子綦曰："此何木也哉！此必有异材夫！"仰而视其细枝，则拳曲④而不可以为栋梁；俯而视其大根，则轴解而不可以为棺椁⑤；咶⑥其叶，则口烂而为伤；嗅之，则使人狂酲⑦三日而不已。子綦曰："此果不材之木也，以至于此其大也。嗟乎，神人以⑧此不材。"

  宋有荆氏⑨者，宜楸柏桑。其拱把⑩而上者，求狙猴之杙⑪斩之；三围四围⑫，求高名之丽者斩之⑬；七围八围，贵人富商之家求禅傍⑭者斩之。故未终其天年而中道之夭于斧斤，此材之患也。故解之以牛之白颡者⑮，与豚之亢鼻者⑯，与人有痔病者，不可以适⑰河。此皆巫祝⑱以知之矣，所以为⑲不祥也。此乃神人之所以为大祥也。

---

① 南伯子綦：人名，庄子寓言中人物。商之丘：即商丘，在今河南省，地名。
② 驷（sì）：一辆车套上四匹马。
③ 芘（bì）：通"庇"，荫庇的意思。藾（lài）：荫蔽。
④ 拳曲：弯弯曲曲的样子。
⑤ 轴解：意思是从木心向外裂开。轴：指木心。解：裂开；一说"解"讲作"散"，指纹理松散不可用。
⑥ 咶（shì）：通"舐"，用舌舔。
⑦ 酲（chéng）：酒醉。
⑧ 以：如。
⑨ 荆氏：地名。
⑩ 拱：两手相合。把：一手所握。
⑪ 杙（yì）：小木桩，用来系牲畜的。斩：指砍伐。
⑫ 围：一说指两臂合抱的粗细；一说两手拇指和食指合拢起来的粗细。
⑬ 高名：指地位高贵名声显赫的人家。丽：通"枥"，栋，即屋之中梁。
⑭ 禅（shàn）傍：指由独幅做成的棺木左右扇。
⑮ 解之：指祈祷神灵以消灾。颡（sǎng）：额。
⑯ 亢：高。亢鼻：指鼻孔上仰。古人以高鼻折额、毛色不纯的牲畜和痔漏的人为不洁净，因而不用于祭祀。
⑰ 适：沉入河中以祭神。
⑱ 巫祝：巫师。
⑲ 以为：认为。

六

支离疏①者，颐隐于脐②，肩高于顶，会撮指天③，五管④在上，两髀为胁⑤。挫针治繲⑥，足以餬口；鼓筴播精⑦，足以食十人。上⑧征武士，则支离攘臂而游于其间⑨；上有大役，则支离以有常疾不受功⑩；上与病者粟，则受三钟⑪与十束薪。夫支离其形者，犹足以养其身，终其天年，又况支离其德者乎！

七

孔子适⑫楚，楚狂接舆⑬游其门曰："凤⑭兮凤兮，何如德之衰也⑮？来世不可待，往世不可追也。天下有道⑯，圣人成⑰焉；天下无道，圣人生焉。方今之时，仅免刑焉！福轻乎⑱羽，莫之知载⑲；祸重乎地，莫之知避。已乎，已乎！临人以德。殆乎，殆乎！画地而趋⑳。迷阳㉑迷阳，无伤吾行。郤曲郤曲㉒，无伤吾足。"

---

① 支离疏：假托的人名。支离：隐含形体不全的意思。疏：隐含泯灭其智的意思。
② 颐：下巴。脐：肚脐。
③ 会撮：发髻。会撮指天：因为脊背弯曲，所以发髻朝天。
④ 五管：五官。旧说指五脏的腧穴。
⑤ 髀(bì)：股骨，这里指大腿。胁(xié)：腋下肋骨所在的部位。
⑥ 挫针：缝衣。繲(xiè)：洗衣。
⑦ 鼓：簸动。筴：小簸箕。播：扬去灰土与糠屑。
⑧ 上：指国君、统治者。
⑨ 攘(rǎng)臂：指捋起衣袖伸长手臂。攘：捋。
⑩ 以：因。常疾：残疾。功：通"工"，指劳役之事。
⑪ 钟：古代粮食计量单位，合六斛四斗。
⑫ 适：往。
⑬ 楚狂接舆：楚国的隐士，相传姓陆名通，接舆为其字。
⑭ 凤：凤鸟，这里用来比喻孔子。
⑮ 何如德之衰也：全句大意是，怎么怀有圣德却来到这衰乱之国。一说"如"通"尔"，全句在讲怎么你的德行衰败了。姑备参考。何如：如何，怎么。之：往。
⑯ 有道：指顺应规律使社会得到治理。下句的"无道"则与此相反。
⑰ 成：指成就了事业。
⑱ 乎：于，比。
⑲ 莫：不。载：取。
⑳ 画地而趋：喻指人为的规范让人们去遵循。画地：在地面上画出道路来。
㉑ 迷阳：指荆棘。
㉒ 郤(xì)曲：屈曲，指道路曲折难行。

山木，自寇^①也；膏火，自煎^②也。桂^③可食，故伐之；漆可用，故割之。人皆知有用之用，而莫知无用之用也。

《庄子》第三讲
（余群讲解）

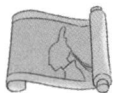

评说

《人间世》篇，主旨在描述人际关系的纷争纠结，以及处世与自处之道。一个权谋狡诈的战乱时代，无辜者横遭杀戮，社会成了人兽化的陷阱，当时血淋淋的历史，惨不忍睹，庄子揭露了人间世的险恶面，而他所提供的处世与自处之道却是无奈的。

本篇可分为七个部分：

第一部分假借颜回与孔子的对话，描述与统治者相处的艰难。这里，以卫国的暴乱喻人间的纷争，借卫君描写出当权者的专横独断、一意孤行，"轻用其国""轻用民死"，全国死于权力斗争之下的人民沟壑遍野，多如蕉草。面对这样的一位君主，颜回提出了"端虚勉一""内直外曲""成而上比"三种方法。然而这几种方法都被指出不足以用来感化卫君。最后本篇提出"心斋"一法。人间种种纷争，追根究底，在于求名用智。"名""智"为造成人间纠纷的根源，去除求名斗智的心态，使心境达于空明的境地，是为"心斋"。

第二部分，借叶公子高出使齐国一事，道出臣子与君主相处的艰难。这里写出臣子面对君主时的疑惧之情，接受使命时，或不免于"人道之患"，或不免于"阴阳之患"。进而写传言的困难及使用语言不慎所造成的祸害。解除"阴阳之患"，唯有虚心安命，本篇消极地提出"忘身"。最后由"人道之患"说到"乘物以游心""养中"，这也是"托不得已"的事。"养中""游心"，其要乃在顺其自然。

---

① 自寇：意思是自取砍伐。寇：侵犯，掠夺。
② 膏：油脂。自煎：意思是自取熔煎。
③ 桂：树名，其皮可作香料。

第三部分,假借颜阖为卫灵公太子师,写出与储君相处的艰难。这里提出了引达("达之")顺导("顺")的教育方法。

第四部分,以社树为喻,写有才者"以其能苦其生",遭斧斤之患,而转出全生远害在于以无用为大用。"无用",即不被当道者所役用。不沦于工具价值,乃可保全自己,进而发展自己。这与《逍遥游》篇末欲避"机辟""斤斧"之害,而求"无所可用",具有相同的困苦处境与沉痛感。

第五部分,借异木亟言有"材""用"者被"斩"遇害,中道而"夭于斧斤",警世之意颇深。

第六部分,借支离疏写残形者无所可用于当政者,乃得全生免害。

第七部分,借楚狂接舆唱出乱世景象,"方今之时,仅免刑焉",在重税与苦役下喘息的人民,能免于刑便是福。"祸重于地""殆乎殆乎",写出人民所遭受的重压与危难。"迷阳迷阳(荆棘满地),无伤吾行。郤曲郤曲,无伤吾足",处世之艰,当慎戒留意!

——陈鼓应

附:古人鉴赏选

此篇首以孔、颜问答,继以子高、颜阖之谕,论守身行义、应物审几以处人间世之道备矣。而复继以栎社、商丘、支离之说者,庄周大意,见当时祸乱毕竟不可措手,纵使做得好,不如不作为高耳。故末又以接舆之歌结之。(明张四维《庄子口义补注》)

末又以接舆一歌侑之,所谓咏叹之不足而长言之,真有"古今多少事,渔唱起三更"之思,渺绪幽衷,倚徙摇曳,涉世诀,作文诀,一一引入胜地矣。(明周拱辰《南华真经影史》)

商丘有奇树,厥生非一朝。修根走灵社,腾干挲赤霄。拳局无大用,液横不可雕。谁谓非世器,终焉托逍遥。致身适有遇,松桂宁免樵。(宋刘敞《读庄子》)

此篇分明处人、自处两柱,却全然不露,止如散散叙事。《庄子》真是难读,何怪从来无人识得。此篇要旨,总不外《逍遥游》"无己"妙义,故曰看透第一篇"无己"二字,一部《庄子》尽矣,此篇尤其著者。(清宣颖《南华经解》)

首段以"心斋"二字,揭出至人神化之功,先搜剔其所难,而后示以极则,为颜子立论,有行到水穷,坐看云起之妙。(清刘凤苞《南华雪心编》)

庄子一腔心血,萦回曲折,写得如许悲凉!其用意用笔,如置身万仞岩巅,足二分垂在外;而其行文则飞行绝迹,步步凌空,非后人所能阶其尺寸。(出处同上)

借栎社发论，正见无用之用乃为大用也。此后文法，另翻出一样境界。……若自誉，若自嘲，若自为慰藉，写得淋漓恣肆。一片机锋，全在梦中托出。随用反笔轻轻一掉，摇曳生姿，再从上文翻进一层，借散木对照散人，以矛刺盾，机趣环生，究是题中应有之义。以散人而托于散木，栎社原是寓言，以散木而醒出散人，匠石转为陪客，真有移步换形，颠倒造化之功。……末三句以赞叹作结，寓意深远，手法绝高，成连海上之操，移我情矣。（出处同上）

末段借楚狂之歌点醒正意。德如圣人，犹虑其不免，则人间世危迫可知。漆园吏隐，阅历世故，有慨乎其言之。以韵语结，极缠绵，尤极沉痛。（出处同上）

物以有材者自累，人以有才者自穷，是有用之用终归于无用，而无用之用乃真为大用也。二句结尽本文，亦结尽上三段，文势如劲弩离弦，文心如悬崖勒马，读者须从高处着眼，切莫贪看海市蜃楼，转错过庐山面目也。（出处同上）

《庄子》第四讲
（余群讲解）

更多讲解，请扫描

大　学

　　《大学》是一篇论述儒家修身治国平天下思想的散文,相传为曾子①所作,列为《小戴礼记》第四十二篇。它是一部中国古代讨论教育理论的重要著作。经北宋程颢、程颐竭力尊崇,南宋朱熹又作《大学章句》,最终和《中庸》《论语》《孟子》并称"四书"。宋、元以后,《大学》成为学校官定的教科书和科举考试的必读书,对中国古代教育产生了极大的影响。

第一章

　　大学之道②,在明明德③,在亲民④,在止于至善。知止⑤而后有定,定而后能

―――――――――

　　① 曾子(前505—前435):姒姓,曾氏,名参(shēn),字子舆,鲁国南武城(今山东嘉祥县)人。春秋末年思想家,孔子晚年弟子之一,儒家学派的重要代表人物,夏禹后代。倡导以"孝恕忠信"为核心的儒家思想。他的"修齐治平"的政治观,"内省慎独"的修养观,"以孝为本"的孝道观,至今仍具有极其宝贵的社会意义和实用价值。曾子参与编制《论语》,撰写《大学》《孝经》《曾子十篇》等作品。曾子在儒学发展史上占有重要的地位,后世尊其为"宗圣",成为配享孔庙的四配之一,仅次于"复圣"颜渊。

　　② 大学之道:大学的宗旨。"大学"一词在古代有两种含义:一是"博学"的意思;二是相对于小学而言的"大人之学"。古人八岁入小学,学习洒扫应对进退、礼乐射御书数等文化基础知识和礼节;十五岁入大学,学习伦理、政治、哲学等"穷理正心,修己治人"的学问。所以,后一种含义其实也和前一种含义有相通的地方,同样有"博学"的意思。"道"的本义是道路,引申为规律、原则等,在中国古代哲学、政治学里,也指宇宙万物的本原、本体,一定的政治观或思想体系等,在不同的上下文环境里有不同的意思。

　　③ 明明德:前一个"明"作动词,有使动的意味,即"使彰明",也就是发扬、弘扬的意思。后一个"明"作形容词,明德也就是昭灵明觉、光明正大的品德。

　　④ 亲民:按照朱熹的观点,"亲"应为"新",即革新、弃旧图新。亲民,也就是新民,使人弃旧图新、去恶从善。而王阳明认为,"亲民"是古本中的说法。

　　⑤ 知止:知道目标所在。

静,静而后能安,安而后能虑,虑而后能得①。物有本末,事有终始。知所先后,则近道矣。

古之欲明明德于天下者,先治其国;欲治其国者,先齐其家②;欲齐其家者,先修其身③;欲修其身者,先正其心;欲正其心者,先诚其意;欲诚其意者,先致其知④;致知在格物⑤。

物格而后知至,知至而后意诚,意诚而后心正,心正而后身修,身修而后家齐,家齐而后国治,国治而后天下平。

自天子以至于庶人⑥,壹是皆以修身为本⑦。其本乱,而末⑧治者否矣。其所厚者薄,而其所薄者厚⑨,未之有也⑩。

第二章

《康诰》⑪曰:"克⑫明德。"《大甲》⑬曰:"顾諟天之明命⑭。"《帝典》⑮曰:"克明峻德。"⑯皆⑰自明也。

---

① 得:收获。
② 齐其家:管理好自己的家庭或家族,使家庭或家族和和美美,蒸蒸日上,兴旺发达。
③ 修其身:修养自身的品性。
④ 致其知:使自己获得知识。
⑤ 格物:认识、研究万事万物。
⑥ 庶人:指平民百姓。
⑦ 壹是:都是。本:根本。
⑧ 末:相对于本而言,指枝末、枝节。
⑨ 厚者薄:该重视的不重视。薄者厚:不该重视的却加以重视。
⑩ 未之有也:即未有之也。没有这样的道理(事情、做法等)。
⑪ 《康诰》:《尚书·周书》中的一篇。《尚书》是上古历史文献和追述古代事迹的一些文章的汇编,是"五经"之一,称为"书经"。全书分为《虞书》《夏书》《商书》《周书》四部分。
⑫ 克:能够。
⑬ 大甲:即《太甲》,《尚书·商书》中的一篇。
⑭ 顾:思念。諟:古"是"字,此。明命:光明的德性。
⑮ 帝典:即《尧典》,《尚书·虞书》中的一篇。
⑯ 克明峻德:《尧典》原句为"克明俊德"。俊:与"峻"相通,意为大、崇高等。
⑰ 皆:都,指前面所引的几句话。

第三章

　　汤之《盘铭》①曰："苟日新,日日新②,又日新。"《康诰》曰："作新民③。"《诗》曰："周虽旧邦,其命惟新。"④是故君子无所不用其极⑤。

第四章

　　《诗》云："邦畿千里,惟民所止。"⑥《诗》云："缗蛮黄鸟,止于丘隅。"⑦子曰:"于止,知其所止,可以人而不如鸟乎!"《诗》云："穆穆文王,於缉熙敬止⑧!"为人君,止于仁;为人臣,止于敬;为人子,止于孝;为人父,止于慈;与国人交,止于信。

　　《诗》云："瞻彼淇澳,菉竹猗猗。有斐君子,如切如磋,如琢如磨。瑟兮僴兮,赫兮喧兮。⑨有斐君子,终不可谖兮!"如切如磋者,道⑩学也;如琢如磨者,自修也;瑟兮僴兮者,恂慄⑪也;赫兮喧兮者,威仪也;有斐君子,终不可谖兮者,道盛德至善,民之不能忘也。

---

　　①　汤:即成汤,商朝的开国君主。盘铭:刻在器皿上用来警戒自己的箴言。这里的器皿是指成汤的洗澡盆。

　　②　苟:如果。新:本义是指洗澡除去身体上的污垢,使身体焕然一新,引申义则是指行精神上的弃旧图新。

　　③　作:振作,激励。新民:意思是使民新,也就是使人弃旧图新,去恶从善。

　　④　"周虽旧邦"两句:出自《诗经·大雅·文王》。周:周朝。旧邦:旧国。其命:指周朝所禀受的天命。维:语助词,无意义。

　　⑤　是故君子无所不用其极:所以品德高尚的人无处不追求完善。是故:所以。君子:有时候指贵族,有时指品德高尚的人,根据上下文不同的语言环境而有不同的意思。

　　⑥　"邦畿千里"二句:出自《诗经·商颂·玄鸟》。邦畿(jī):都城及其周围的地区。止:居住。

　　⑦　"缗蛮黄鸟"二句:出自《诗经·小雅·绵蛮》。缗蛮:即绵蛮,鸟叫声。止:栖息。隅:角落。

　　⑧　"穆穆文王"二句:出自《诗经·大雅·文王》。穆穆:仪表美好端庄的样子。於(wū):叹词。缉:继续。熙:光明。止:语助词,无意义。

　　⑨　"瞻彼淇澳"等句:出自《诗经·卫风·淇澳》。淇:指淇水,在今河南北部。澳(yù):水边。斐:文采。瑟兮僴(xiàn)兮:庄重而胸襟开阔的样子。赫兮喧兮:显耀盛大的样子。

　　⑩　道:说、言的意思。

　　⑪　恂慄:恐惧,戒惧。

《诗》云:"於戏! 前王不忘。①"君子贤其贤而亲其亲,小人乐其乐而利其利,此以没世②不忘也。

第五章

子曰:"听讼,吾犹人也,必也使无讼乎!"③无情者不得尽其辞④。大畏民志⑤,此谓知本。

第七章

所谓诚其意⑥者:毋⑦自欺也。如恶恶臭⑧,如好好色⑨,此之谓自谦⑩。故君子必慎其独⑪也! 小人闲居⑫为不善,无所不至,见君子而后厌然⑬,掩其不善,而著其善⑭。人之视己,如见其肺肝然,则何益⑮矣。此谓诚于中⑯,形于外⑰,故君

---

① 於戏! 前王不忘:出自《诗经·周颂·烈文》。於戏(wū hū):叹词。前王:指周文王、周武王。
② 此以:因此。没世:去世。没,通"殁"。
③ "子曰"句:出自《论语·颜渊》。听讼:听诉讼,即审案子。犹人:与别人一样。
④ 无情者不得尽其辞:使隐瞒真实情况的人不能够花言巧语。
⑤ 民志:民心,人心。
⑥ 诚其意:指意念真诚。
⑦ 毋:不要。
⑧ 恶(wù)恶(è)臭:讨厌恶臭的气味。
⑨ 好(hào)好(hǎo)色:喜爱容貌出众的女子。
⑩ 谦:心满意足的样子。
⑪ 慎其独:在独处时要慎重。
⑫ 闲居:单独在家中,独处。
⑬ 厌然:遮遮掩掩、躲避之意。
⑭ 掩:隐藏之意。著:彰显出来。
⑮ 益:益处,好处。
⑯ 中:内心。
⑰ 外:指外表。

子必慎其独也。曾子曰："十目所视,十手所指,其严乎①!"富润屋②,德润身③,心广体胖④。故君子必诚其意。

第八章

所谓修身⑤在正其心者,身有所忿懥⑥,则不得其正;有所恐惧,则不得其正;有所好乐⑦,则不得其正;有所忧患,则不得其正。心不在焉,视而不见,听而不闻,食而不知其味。此谓修身在正其心。

第九章

所谓齐其家在修其身者,人之其所亲爱而辟⑧焉,之其所贱恶⑨而辟焉,之其所畏⑩敬而辟焉,之其所哀矜⑪而辟焉,之其所敖惰⑫而辟焉。故好⑬而知其恶,恶而知其美者,天下鲜矣!故谚有之曰:"人莫知其子之恶,莫知其苗之硕⑭。"此谓身不修不可以齐其家。

---

① 严:严峻,冷人敬畏。
② 润屋:装饰住所。
③ 润身:修炼自己。
④ 心广体胖(pán):心胸宽广,身体舒适。胖:舒适之意。
⑤ 修身:指的是修养良好的品德。
⑥ 忿懥(zhì):愤怒之意。
⑦ 好乐:喜好,偏好。
⑧ 之:对于之意。辟:亲近、偏爱之意。
⑨ 恶:厌恶。
⑩ 畏:害怕。
⑪ 哀矜:同情怜悯之意。
⑫ 敖:骄教,傲慢。惰:懈怠。
⑬ 好:喜欢。
⑭ 硕:大。

第十章

所谓治国必先齐其家者，其家不可教而能教人者，无之。故君子不出家而成教于国[①]。孝者，所以事君也；弟[②]者，所以事长也；慈[③]者，所以使众也。《康诰》曰："如保赤子[④]。"心诚求之，虽不中[⑤]不远矣。未有学养子而后嫁者也。一家仁，一国兴仁；一家让[⑥]，一国兴让；一人贪戾[⑦]，一国作乱。其机[⑧]如此。此谓一言偾[⑨]事，一人定国。尧、舜帅天下以仁[⑩]，而民从之；桀、纣帅天下以暴[⑪]，而民从之。其所令反其所好，而民不从。是故君子有诸[⑫]己而后求诸人，无诸己而后非[⑬]诸人。所藏乎身不恕[⑭]，而能喻[⑮]诸人者，未之有也。故治国在齐其家。

《诗》云："桃之夭夭，其叶蓁蓁。之子于归，宜其家人。"[⑯]宜其家人，而后可以教国人。《诗》云："宜兄宜弟。"[⑰]宜兄宜弟，而后可以教国人。《诗》云："其仪

---

① 不出家而成教于国：不出家门就能把教化推行到国家。

② 弟：通"悌"。指弟弟对哥哥要尊重服从。

③ 慈：长辈对晚辈的爱。

④ 如保赤子：出自《尚书·周书·康诰》。意思是作为国君保护老百姓就要像保护自己的婴儿一样。如：与"若"同，好像。

⑤ 中：指达到预期的目标。

⑥ 让：谦让，礼让。

⑦ 贪戾：贪婪暴戾。

⑧ 机：古代弓箭上的机关，这里指的是关键。

⑨ 偾(fèn)：败坏之意。

⑩ 尧、舜：古代仁君的代表。帅：带领、领导。

⑪ 桀、纣：桀是夏代的最后一位君主，残暴至极，纣是商代的最后一位君主。二人与尧舜相对，是古代暴君的代表。

⑫ 诸："之于"的合音词。指具有这些善德。

⑬ 非：指责。

⑭ 恕：恕道之意。孔子曾说："己所不欲，勿施于人。"就是指自己不想做的，也不要让别人去做。这种推己及人的品德就是儒家所提倡的恕道。

⑮ 喻：知晓、明白。

⑯ "桃之夭夭"四句：出自《诗经·周南·桃夭》。夭夭：鲜美的样子。蓁(zhēn)蓁：浓密茂盛的样子。之子：与"之女子于归"同，是说女子出嫁。宜：适宜，和睦。

⑰ 宜兄宜弟：出自《诗经·小雅·蓼萧》是尊敬兄长、爱护兄弟之意。

不忒,正是四国。"①其为父子兄弟足法②,而后民法之也。此谓治国在齐其家。

第十一章

所谓平天下在治其国者,上老老③而民兴孝;上长长④而民兴弟;上恤孤而民不倍⑤。是以君子有絜矩之道⑥也。所恶于上,毋以使下;所恶于下,毋以事上;所恶于前,毋以先后;所恶于后,毋以从前;所恶于右,毋以交于左;所恶于左,毋以交于右。此之谓絜矩之道。

《诗》云:"乐只君子,民之父母⑦。"民之所好⑧好之,民之所恶⑨恶之,此之谓民之父母。《诗》云:"节彼南山,维石岩岩。赫赫师尹,民具尔瞻。"⑩有国者不可以不慎,辟则为天下僇⑪矣。《诗》云:"殷之未丧师,克配上帝。仪监于殷,峻命不易。"⑫道⑬得众则得国,失众则失国。是故君子先慎乎德。有德此⑭有人,有人此有土,有土此有财,有财此有用⑮。德者,本也;财者,末也。外本内末⑯,争民

---

① "其仪不忒"二句:出自《诗经·曹风·鸤鸠》。仪:仪容。忒(tuī):差错。正:匡正,教正。四国:四方各国。

② 法:效法。

③ 老老:尊敬老人之意。第一个"老"是动词,指的是把老人当作老人看待的意思。

④ 长长:敬重长辈之意。用法如"老老"。

⑤ 恤:体恤怜爱之意。孤:指的是幼年丧父的孤儿。倍:通"背",背离、背叛之意。

⑥ 絜(xié)矩之道:是儒家的伦理思想,指一言一行要有模范作用。絜:度量之意。矩:画矩形所用的尺子,是规则、法度之意。

⑦ "乐只君子"二句:出自《诗经·小雅·南山有台》。乐:欢快、喜悦之意。只:助词,无意义。

⑧ 好(hào):喜好。

⑨ 恶(wù):厌恶。

⑩ "节彼南山"四句:出自《诗经·小雅·节南山》。节:通"截",高耸的样子。维:语气词,无意义。岩岩:险峻之意。赫赫:显赫,显著的样子。师尹:指的是太师尹氏,太师是周代的三公之一。具:通"俱"。尔:你。瞻:瞻仰、仰视之意。

⑪ 僇(lù):杀戮之意。

⑫ "殷之未丧师"四句:出自《诗经·大雅·文王》。丧师:丧失民心。克:能够。配:与……相符。仪:应该。监:警戒,鉴戒。峻:大。不易:不易保有。

⑬ 道:说。

⑭ 此:才。

⑮ 用:用度。

⑯ 外本内末:指本末倒置。外:疏远、轻视。内:亲近、重视。

施夺①。是故财聚则民散,财散则民聚。是故言悖②而出者,亦悖而入;货③悖而入者,亦悖而出。

《康诰》曰:"惟命不于常④。"道⑤善则得之,不善则失之矣。《楚书》⑥曰:"楚国无以为宝,惟善以为宝。⑦"舅犯⑧曰:"亡人无以为宝,仁亲以为宝。"⑨

《秦誓》⑩曰:"若有一个臣,断断⑪兮无他技,其心休休⑫焉,其如有容⑬焉。人之有技,若己有之。人之彦圣⑭,其心好之,不啻⑮若自其口出,实能容之。以能保我子孙黎民,尚亦有利哉!人之有技,媢疾⑯以恶之;人之彦圣,而违之俾⑰不通,实不能容。以不能保我子孙黎民,亦曰殆⑱哉!"唯仁人放流⑲之,迸诸四夷⑳,不与同中国㉑。此谓唯仁人为能爱人,能恶人。见贤而不能举㉒,举而不能

---

① 争民:民众互相争斗之意。施夺:抢夺财富。

② 悖(bèi):逆、反。

③ 货:财富。

④ 常:恒常留驻一方。

⑤ 道:说。

⑥ 《楚书》:楚昭王时编写的史书。

⑦ 楚国无为宝,惟善以为宝:王孙圉受楚昭王之命出使晋国。晋国赵简子问楚国珍宝美玉之事。王孙圉回应说楚国从来不把美玉当珍宝,而只是将那些和观射父一样的大臣看作珍宝。

⑧ 舅犯:是晋文公重耳的舅舅,名狐偃,字子犯。

⑨ 亡人无以为宝,仁亲以为宝:子犯对重耳说这些话的历史情形是,晋僖公四年,晋献公因听信谗言,逼迫太子中生自缢而死。重耳避难逃亡在狄国时,晋献公逝世。秦穆公派人劝重耳回国执政。子犯得知此事,认为不能回去,随即对重耳说了这样的话。亡人:逃亡之人,特指重耳。

⑩ 《秦誓》:《尚书·周书》中的一篇。

⑪ 断断:心地诚实之意。

⑫ 休休:胸怀宽广之意。

⑬ 有容:指能够包容人。

⑭ 彦圣:德才兼备之意。彦:美好。圣:开明。

⑮ 不啻(chì):不只是。

⑯ 媢(mào)疾:嫉妒之意。

⑰ 违:阻碍之意。俾(bǐ):使得。

⑱ 殆:危险。

⑲ 放流:流放。

⑳ 迸:驱逐之意。四夷:东南西北各方之夷。夷是古代东方的民族。

㉑ 中国:指的是国家的中心地区。

㉒ 举:举荐。

先①，命②也。见不善而不能退③，退而不能远，过④也。好人之所恶⑤，恶人之所好，是谓拂⑥人之性，灾必逮夫⑦身。

是故君子有大道⑧：必忠信以得之，骄泰⑨以失之。生财有大道：生⑩之者众，食⑪之者寡，为之者疾⑫，用之者舒⑬，则财恒足矣。仁者以财发身⑭，不仁者以身发财。未有上好仁而下不好义者也，未有好义其事不终⑮者也，未有府库⑯财非其财者也。孟献子⑰曰："畜马乘⑱，不察于鸡豚；伐冰之家⑲，不畜牛羊；百乘之家⑳，不畜聚敛之臣㉑。与其有聚敛之臣，宁有盗臣㉒。"此谓国不以利为利，以义为利也。长国家而务财用者㉓，必自小人矣。彼㉔为善之，小人之使为㉕国家，灾害并至。虽有善者，亦无如之何㉖矣！此谓国不以利为利，以义为利也。

① 先：优先。
② 命：是"慢"之误字。轻慢之意。
③ 退：黜退。
④ 过：过错。
⑤ 好(hào)人之所恶(wù)：喜好众人所厌恶的。
⑥ 拂：逆，违背。
⑦ 逮：等到之意。夫：助词，无意义。
⑧ 大道：常理正道。
⑨ 骄泰：放肆骄奢。
⑩ 生：生产。
⑪ 食：享用。
⑫ 疾：迅速。
⑬ 舒：舒缓，缓慢。
⑭ 发身：修炼身心。发：发起之意。
⑮ 不终：不成功。
⑯ 府库：存放国家贵重器物的地方。
⑰ 孟献子：鲁国的大夫，姓仲孙，名蔑。
⑱ 乘(shèng)：是四匹马拉的车，古代大夫级的待遇。
⑲ 伐冰之家：伐冰是卿大夫以上的大官能享受的待遇。
⑳ 百乘之家：家中有一百辆车的一般是古代的大家族，通常是有封地的诸侯王。
㉑ 聚敛之臣：聚敛民财的家臣。
㉒ 盗臣：指盗窃公家财物的家臣。
㉓ 长(zhǎng)国家：成为一国之长，指的是帝王。务：致力于。
㉔ 彼：这里指国君。
㉕ 为：治理。
㉖ 无如之何：拿它没有办法。

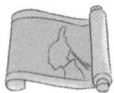

评说

《大学》继承了孔子的仁政学说与孟子的民本论。《大学》提出的"三纲领"（明明德、亲民、止于至善）和"八条目"（格物、致知、诚意、正心、修身、齐家、治国、平天下），强调修己是治人的前提，修己的目的是治国平天下，说明治国平天下和个人道德修养的一致性。

《大学》全文文辞简约，内涵深刻，影响深远，主要概括总结了先秦儒家道德修养理论，以及关于道德修养的基本原则和方法，对儒家政治哲学也有系统的论述，对做人、处事、治国等有深刻的启迪性。

《大学》着重阐述了提高个人修养、培养良好的道德品质与治国平天下之间的重要关系。中心思想可以概括为"修己以安百姓"，并以"三纲领"和"八条目"为主题。

《大学》提出的人生观与儒家思想有千丝万缕的联系，基本上是儒家人生观的进一步扩展。这种人生观要求注重个人修养，怀抱积极的奋斗目标，这一修养和要求是以儒家的道德观为主要内涵的。

——安之若素

《大学》
（涂序南讲解）

更多讲解，请扫描

知识拓展，请扫描

中　庸

　　《中庸》原来也是《礼记》中的一篇,一般认为它出于孔子的孙子子思①(前483—前402)之手。据《史记·孔子世家》记载,孔子的儿子名叫孔鲤,字伯鱼;伯鱼的儿子名叫孔伋,字子思。孔子去世后,儒家分为八派,子思是其中一派。荀子把子思和孟子看成是一派。从师承关系来看,子思学于孔子的得意弟子之一曾子,孟子又学于子思;从《中庸》和《孟子》的基本观点来看,大体上也是相同的,所以有"思孟学派"的说法。后代因此而尊称子思为"述圣"。不过,现存的《中庸》,已经经过秦国儒者的修改,大致写定于秦统一全国后不久,所以名篇方式已不同于《大学》,不是取正义开头的两个字为题,而是撮取文章的中心内容为题了。早在西汉时代就有专门解释《中庸》的著作,《汉书·艺文志》载录有《中庸说》二篇,以后各代都有关于这方面的著作,相沿不绝。但影响最大的还是朱熹的《中庸章句》,他把《中庸》与《大学》《论语》《孟子》合在一起,并称"四书",成为后世读书人求取功名的阶梯。朱熹认为,《中庸》"忧深言切,虑远说详""历选前圣之书,所以提挈纲维,开示蕴奥,未有若是之明且尽者也"(《中庸章句·序》)。并且在《中庸章句》的开头引用程颐的话,强调《中庸》是"孔门传授心法"的著作,"放之则弥六合,卷之则退藏于密",其味无穷,都是实用的学问。善于阅读的人只要仔细玩味,便可以终身受用不尽。程颐的说法也许有些过头,但《中庸》的确是内容丰富,不仅提出了"中庸"作为儒家的最高道德标准,而且还以此为基础讨论了一系列的问题,涉及儒家学说的各个方面。所以,《中庸》被推崇为"实学",被视为可令人们受用终身的经典,这也绝不是偶然的。

---

　　①　子思:孔伋的字,孔子的嫡孙,孔子之子孔鲤的儿子。大约生于周敬王三十七年(前483),卒于周威烈王二十四年(前402),享年82岁。春秋时期著名的思想家。受教于孔子的高足曾参,孔子的思想学说由曾参传子思。后人把子思、孟子并称为"思孟学派",该学派对宋代理学产生了重要而积极的影响。因此,北宋徽宗年间,子思被追封为"沂水侯";元文宗至顺元年(1330),又被追封为"述圣公"。后人由此而尊他为"述圣",享儒教祭祀。

中庸作为一种深邃的思想,有着它普遍而独特的现实意义,甚至是指导意义。中庸思想是一种客观的思想,也是一种唯物的思想,甚至可以说,中庸才是世界的本来面目,才是世界永远不变的平衡态。我们读《中庸》的时候,不应该仅仅局限于它的伦理层面,更应该思考它的哲学意义。如果我们一开始便认定了它只是规范甚至是约束人们伦理行为的东西,那便从主观上否定了它的其他意义,甚至是更为重要的东西。

综观全文,在它的字里行间都有一种不可忽视的唯物辩证的思想。而这种表达只是没有像马克思主义理论那样系统与完整,但这并不能抹杀它的先进意义。中庸思想可以看作是孔子道德理解的最高境界,中庸之道作为我国优秀的文化理念,长期以来对国人的思想行为起着潜移默化作用,影响着国家民族的发展。

中庸思想被很多人认为是中华民族的劣性,认为中庸思想让人保守庸碌,与时代的发展不相匹配,这是对中庸思想的误解。

第一章

天命①之谓性,率性之谓道②,修道之谓教。道也者,不可须臾离也,可离非道也。是故君子戒慎乎其所不睹,恐惧乎其所不闻。莫见乎隐③,莫显乎微。故君子慎其独也。喜怒哀乐之未发,谓之中;发而皆中节④,谓之和。中也者,天下之大本也;和也者,天下之达道也。致⑤中和,天地位焉,万物育焉。

---

① 天命:天赋。朱熹解释说:"天以阴阳五行化生万物,气以成形,而理亦赋焉,犹命令也。"(《中庸章句》)所以,这里的天命(天赋)实际上就是指人的自然禀赋,并无神秘色彩。
② 率性:遵循本性。率:遵循,按照。
③ 莫:在这里是"没有什么更……"的意思。见(xiàn):显现,明显。乎:于,在这里有比较的意味。
④ 节:节度,法度。
⑤ 致:达到。

第二章

仲尼^①曰:"君子中庸^②,小人反中庸。君子之中庸也,君子而时中;小人之中庸也^③,小人而无忌惮^④也。"

第三章

子曰:"中庸其至矣乎! 民鲜^⑤能久矣!"

第四章

子曰:"道^⑥之不行也,我知之矣:知者^⑦过之,愚者不及也。道之不明也,我知之矣:贤者过之,不肖者^⑧不及也。人莫不饮食也,鲜能知味也。"

① 仲尼:即孔子。孔子名丘,字仲尼。
② 中庸:即中和。庸:常的意思。
③ 小人之中庸也:应为"小人之反中庸也"。
④ 忌惮:顾忌和畏惧。
⑤ 鲜:少,不多。
⑥ 道:即中庸之道。
⑦ 知者:即智者,与愚者相对,指智慧超群的人。知,同"智"。
⑧ 不肖者:与贤者相对,指不贤的人。

第五章

子曰:"道其不行矣夫。"

第六章

子曰:"舜其大知也与! 舜好问而好察迩言①,隐恶而扬善,执其两端,用其中于民。其斯以为舜乎②!"

第七章

子曰:"人皆曰予③知,驱而纳诸罟擭④陷阱之中,而莫之知辟⑤也。人皆曰予知,择乎中庸而不能期月⑥守也。"

---

① 迩言:浅近的话。迩:近。

② 其斯以为舜乎:这就是舜之所以为舜的地方吧! 其:语气词,表示推测。斯:这。舜:代表仁义盛明的君主,所以孔子有此感叹。

③ 予:我。

④ 罟(gǔ):捕兽的网。擭(huò):装有机关的捕兽的木笼。

⑤ 辟(bì):同"避"。

⑥ 期月:一整月。

第八章

子曰："回①之为人也,择乎中庸,得一善,则拳拳服膺②而弗失之矣。"

第九章

子曰："天下国家可均③也,爵禄可辞④也,白刃可蹈⑤也,中庸不可能也。"

第十章

子路⑥问强。子曰："南方之强与？ 北方之强与？ 抑而强与？⑦ 宽柔以教,不报⑧无道,南方之强也,君子居⑨之。衽金⑩革,死而不厌⑪,北方之强也,而强者居之。故君子和而不流⑫,强哉矫⑬！ 中立而不倚,强哉矫！ 国有道,不变塞⑭焉,强哉矫！ 国无道,至死不变,强哉矫！"

---

① 回:指孔子的学生颜回。
② 拳拳服膺:牢牢地放在心上。拳拳:牢握但不舍的样子,引申为恳切。服:著,放置。膺:胸口。
③ 均:即平,指治理。
④ 爵:爵位。禄:官吏的薪俸。辞:放弃。
⑤ 蹈:踏。
⑥ 子路:名仲由,孔子的学生。
⑦ 抑:选择性连词,意为"还是"。而:代词,你。与:疑问语气词。
⑧ 报:报复。
⑨ 居:处。
⑩ 衽:卧席,此处用为动词。金:指铁制的兵器。
⑪ 死而不厌:死而后已的意思。
⑫ 和而不流:性情平和而又不随波逐流。
⑬ 矫:坚强的样子。
⑭ 不变塞:不改变志向。

第十一章

子曰："素隐行怪①,后世有述②焉,吾弗为之矣。君子遵道而行,半途而废,吾弗能已③矣。君子依乎中庸,遁世不见知④而不悔,唯圣者能之。"

第十二章

君子之道费而隐⑤。夫妇⑥之愚,可以与⑦知焉,及其至也,虽圣人亦有所不知焉。夫妇之不肖,可以能行焉,及其至也,虽圣人亦有所不能焉。天地之大也,人犹有所憾。故君子语大,天下莫能载焉;语小,天下莫能破⑧焉。《诗》云:"鸢飞戾天,鱼跃于渊。"⑨言其上下察⑩也。君子之道,造端⑪乎夫妇,及其至也,察乎天地。

第十三章

子曰："道不远人。人之为道而远人,不可以为道。《诗》云:'伐柯伐柯,其则

① 素:据《汉书》,应为"索"。隐:隐僻。怪:怪异。
② 述:记述。
③ 已:止,停止。
④ 见知:被知。见:被。
⑤ 费:广大。隐:精微。
⑥ 夫妇:匹夫匹妇,指普通男女。
⑦ 与:动词,参与。
⑧ 破:分开。
⑨ "鸢飞戾天"二句:出自《诗经·大雅·旱麓》。鸢:老鹰。戾:到达。
⑩ 察:昭著,明显。
⑪ 造端:开始。

不远。'①执柯以伐柯,睨②而视之,犹以为远。故君子以人治人。改而止。忠恕违道③不远,施诸己而不愿,亦勿施于人。君子之道四,丘未能一焉:所求乎子以事父,未能也;所求乎臣以事君,未能也;所求乎弟以事兄,未能也;所求乎朋友,先施之,未能也。庸④德之行,庸言之谨。有所不足,不敢不勉,有余不敢尽。言顾行,行顾言,君子胡不慥慥⑤尔?"

第十四章

君子素其位⑥而行,不愿乎其外。素富贵,行乎富贵;素贫贱,行乎贫贱:素夷狄⑦,行乎夷狄;素患难,行乎患难:君子无入⑧而不自得焉。在上位,不陵⑨下;在下位,不援⑩上。正己而不求于人,则无怨。上不怨天,下不尤⑪人。故君子居易⑫以俟命,小人行险以徼幸。子曰:"射⑬有似乎君子,失诸正鹄⑭,反求诸其身。"

---

① "伐柯伐柯"二句:出自《诗经·豳风·伐柯》。伐柯:砍削斧柄。柯:斧柄。则:法则,这里指斧柄的式样。

② 睨:斜视。

③ 违道:离道。违:离。

④ 庸:平常。

⑤ 胡:何、怎么。慥(zào)慥:忠厚诚实的样子。

⑥ 素其位:安于现在所处的地位。素:平素,现在的意思,这里作动词用。

⑦ 夷:指东方的部族。狄:指西方的部族。泛指当时的少数民族。

⑧ 无入:无论处于什么情况下。入:处于。

⑨ 陵:欺侮。

⑩ 援:攀缘,本指抓着东西往上爬,引申为投靠有势力的人往上爬。

⑪ 尤:抱怨。

⑫ 居易:居于平安的地位,也就是安居现状的意思。易:平安。俟(sì)命:等待天命。

⑬ 射:指射箭。

⑭ 正(zhèng)鹄(gǔ):均指箭靶子。画在布上的叫正,画在皮上的叫鹄。

第十五章

君子之道,辟①如行远必自迩②,辟如登高必自卑③。《诗》曰:"妻子好合,如鼓瑟琴。兄弟既翕,和乐且耽。宜尔室家,乐尔妻帑。"④子曰:"父母其顺矣乎!"

第十六章

子曰:"鬼神之为德,其盛矣乎!视之而弗见,听之而弗闻,体物而不可遗。使天下之人,齐明盛服⑤,以承祭祀,洋洋乎!如在其上,如在其左右。《诗》曰:'神之格思,不可度思,矧可射思。'⑥夫微之显,诚之不可掩⑦如此夫!"

第十七章

子曰:"舜其大孝也与?德为圣人,尊为天子,富有四海之内。宗庙飨之⑧,子孙保之。故大德必得其位,必得其禄,必得其名,必得其寿。故天之生物,必因

---

① 辟:同"譬"。

② 迩:近。

③ 卑:低处。

④ "妻子好合"等句:出自《诗经·小雅·常棣》。妻子:妻与子。好合:和睦。鼓:弹奏。翕(xì):和顺,融洽。耽:《诗经》原作"湛",安乐。帑(nǔ):通"孥",子孙。

⑤ 齐(zhāi):通"斋",斋戒。明:洁净。盛服:即盛装。

⑥ "神之格思"三句:出自《诗经·大雅·抑》。格:来临。思:语气词。度:揣度。矧(shěn):况且。射(yì):厌,指厌怠不敬。

⑦ 掩:掩盖。

⑧ 宗庙:古代天子、诸侯祭祀先王的地方。飨(xiǎng):一种祭祀形式。之,代词,指舜。

其材而笃焉①。故栽者培之②，倾者覆③之。《诗》曰：'嘉乐君子，宪宪令德。宜民宜人，受禄于天。保佑命之，自天申之。'④故大德者必受命。"

第十八章

子曰："无忧者其惟文王⑤乎！以王季⑥为父，以武王⑦为子；父作之⑧，子述之⑨。武王缵大王⑩、王季、文王之绪⑪，壹戎衣⑫而有天下，身不失天下之显名，尊为天子，富有四海之内，宗庙飨之，子孙保之。武王末⑬受命，周公⑭成文武之

---

①　材：资质，本性。笃：厚，这里指厚待。

②　培：培育。

③　覆：倾覆，摧败。

④　"嘉乐君子"等句：出自《诗经·大雅·假乐》。嘉乐：《诗经》中作"假乐"，"假"通"嘉"，意为美善。宪宪《诗经》作"显显"，显明兴盛的样子。令：美好。申：重申。

⑤　文王：指周文王，古公亶父的孙子，商末周族的领袖，姓姬名昌，在位五十年，统治期间，国力强盛，晚年自号文王。

⑥　王季：古公亶父的儿子，文王之父，名季烈，号称西伯，为周纣时西方诸侯之长。周太王古公亶父卒，季烈嗣立，修太王之遗业，笃于行义，传位于文王。文王之子周武王即位后，追尊季烈为王季。

⑦　武王：西周王朝的建立者。姓姬，名发，他继承父亲文王的遗志，灭掉殷商，建立周朝，建都于镐（今陕西省西安市南丰水东岸）。

⑧　父作之：指父亲王季为文王开创了基业。作：开创。

⑨　子述之：指儿子武王继承文王的遗志，完成统一大业。述：继承。

⑩　缵（zuǎn）：继续，继承。大王：即王季之父古公亶父。大：音"太"。

⑪　绪：事业。这里指前人未竟的功业。《诗经·鲁颂·閟宫》："缵禹之绪。"

⑫　壹戎衣：即殄灭大殷。壹：同"殪"（yì），殄灭。戎：大。衣："殷"之误读。郑玄注："衣读如殷，声之误也，齐人言殷声如衣。"据《尚书·康诰》："天乃大命文王殪戎殷。"另一说，一披挂战袍就伐纣取胜夺得了天下。

⑬　末：老，指周武王的晚年。

⑭　周公：西周初年政治家。姓姬名旦，武王同母弟，武王死后，其子成王诵继位，因年幼，由周公代行国政。故又称"叔旦"。因采邑在周地（今陕西岐山北），又称"周公"。他的兄弟管叔、蔡叔、霍叔等人不服，便与武庚及东方夷族联合反叛。东征之后，周公大规模地分封诸侯，并营建洛邑（在今河南洛阳）作为东都，还制礼作乐，建立典章制度。《尚书》中的《大诰》《康诰》《多士》《无逸》《立政》等篇章中都记载有他的言论。

德，追王①大王、王季，上祀先公以天子之礼。斯礼也，达乎诸侯大夫②，及士庶人③。父为大夫，子为士，葬以大夫，祭以士。父为士，子为大夫，葬以士，祭以大夫。期之丧④，达乎大夫。三年之丧，达乎天子。父母之丧，无贵贱，一也。"

第十九章

　　子曰："武王、周公，其达孝⑤矣乎！夫孝者：善继人之志⑥，善述人之事者也。春秋⑦修其祖庙⑧，陈其宗器⑨，设其裳衣⑩，荐其时食⑪。宗庙之礼，所以序昭穆⑫

---

　　①　追王：后代加封先祖以"王"的称号叫追王。王：动词用法，即尊……为王。

　　②　达：到，至。诸侯：指西周、春秋时天子分封的各国国君。按规定诸侯必须服从天子的命令，并定期向天子朝贡述职，而且有出军赋和服役的义务。按礼规定，其所属上卿应由天子任命，但在其封疆内，世代掌握着统治大权。《国语·周语上》："诸侯春秋受职于王，以临其民。"大夫：古代国君之下有卿、大夫、士三级。

　　③　及：推及。士：在古代商、西周、春秋时期，士是级别最低的贵族阶层。春秋时，士多为卿、大夫的家臣，有的有食田，有的以俸禄为生。《国语·晋语四》："大夫食邑，士食田。"庶人：西周以后对农业生产者的称呼，其地位次于士而高于工商皂隶。周王常以庶人作为赏赐臣下的礼物。

　　④　期之丧：一周年的守丧期。期：指一整年。丧：丧礼，指处理死者殡殓奠馔和拜跪哭泣的礼节，古为凶礼之一。

　　⑤　达：通"大"。

　　⑥　人：指祖先。

　　⑦　春秋：一年四季的代称。这里指祭祖的季节。《诗经·鲁颂·閟宫》："春秋匪解（懈），享祀不忒。"

　　⑧　修：整理。

　　⑨　陈其宗器：陈：陈列。宗器：古代宗庙祭祀时所用的器物。郑玄注："宗器，祭器也。"又一说宗器是祖宗传下来的贵重器具，用于礼乐。《左传·襄公二十三年》："重之以宗器。"杜预注："宗庙礼乐之器，钟磬之属。"

　　⑩　裳衣：指祖宗生前穿过的衣服。裳是下裙，衣是上衣。

　　⑪　荐其时食：荐：进献，献上。时食：指古代祭祀祖先所献上的时令鲜食。

　　⑫　序昭穆：排列昭穆的次序。是古代一种宗法制度，宗庙的次序是有规定的，以始祖的牌位居中，以下二世、四世、六世，位于始祖的左方，称为昭。三世、五世、七世位于右方，称为穆。《周礼·春官·小宗伯》："辨庙祧之昭穆。"郑玄注："父曰昭，子曰穆。"在这里指祭祀的时候，可以排列出父子、长幼、亲疏的次序。

也；序爵①，所以辨贵贱也；序事②，所以辨贤也；旅酬下为上③，所以逮贱也④；燕毛⑤，所以序齿⑥也。践其位⑦，行其礼，奏其乐；敬其所尊，爱其所亲；事死如事生，事亡如事存，孝之至也。郊社之礼⑧，所以事上帝也。宗庙之礼，所以祀乎其先也。明乎郊社之礼、禘尝之义⑨，治国其如示诸掌乎⑩！"

第二十章

哀公⑪问政。子曰："文武之政，布在方策⑫。其人⑬存，则其政举；其人亡，则其政息⑭。人道敏⑮政，地道敏树。夫政也者，蒲卢⑯也。故为政在人，取人以身，修身以道，修道以仁。仁者，人也，亲亲为大。义者，宜也，尊贤为大。亲亲之杀⑰，尊贤之等，礼所生也。在下位不获乎上，民不可得而治矣。故君子不可以不修身。思修身，不可以不事亲；思事亲，不可以不知人；思知人，不可以不

①　序爵：祭祀者按官爵大小，以公、侯、卿、大夫分为四等排列先后。
②　序事：按在祭祀中担任的职务排列先后次序。事：职事，职务。
③　旅酬下为上：旅：众。酬：以酒相劝为酬。郑玄注："先自饮，乃饮宾，为酬。"下为上，祭祀将终，旁系亲属的兄弟（宾）与直系亲属的兄弟（主）按次序敬酒。"下"以主人身份向"上"敬酒，因此叫作"下为上"。
④　所以逮贱也：这句意为祖宗的恩惠荣誉达到在下位的卑贱者。逮：及。
⑤　燕毛：指祭祀完毕，举行宴饮时，以毛发的颜色来区别老少长幼，安排宴会的座次。燕，同"宴"，宴会。毛，毛发，头发，意为长幼。
⑥　序齿：依据年龄的大小来定宴会的座次或饮酒的顺序。齿：年龄。
⑦　践其位：各就各位，站到应站的位置。
⑧　郊社之礼：周代在冬至的时候，在南郊举行祀天的仪式，称为"郊"；夏至的时候，在北郊举行祭地的仪式，称为"社"。
⑨　禘（dì）：五年一次大祭，极为隆重，只有天子有权举办。尝：为宗庙四时祭祀之一，每年秋季举行。《礼记·王制》："天子诸侯宗庙之祭，春曰礿，夏曰禘，秋曰尝，冬曰烝。"
⑩　治国其如示诸掌乎：这里是说，治理国家容易，如同容易看清自己的手掌一样。《论语·八佾》："或问禘之说，子曰：'不知也；知其说者之于天下也，其如示诸斯乎！'指其掌。"示，同"视"。
⑪　哀公：春秋时鲁国国君。姓姬，名蒋，"哀"是谥号。
⑫　布：陈列。方：书写用的木板。策：书写用的竹简。
⑬　其人：指文王、武王。
⑭　息：灭，消失。
⑮　敏：勉力，用力，致力。
⑯　蒲卢：即芦苇。芦苇性柔而具有可塑性。
⑰　杀：减少。

知天。"

天下之达道五，所以行之者三。曰君臣也，父子也，夫妇也，昆弟也①，朋友之交也：五者，天下之达道也。知、仁、勇三者，天下之达德也。所以行之者一也。或生而知之，或学而知之，或困而知之：及其知之，一也。或安而行之，或利而行之，或勉强而行之：及其成功，一也。子曰："好学近乎知，力行近乎仁，知耻近乎勇。知斯三者，则知所以修身；知所以修身，则知所以治人；知所以治人，则知所以治天下国家矣。"

凡为天下国家有九经②。曰：修身也，尊贤也，亲亲也，敬大臣也，体③群臣也，子庶民④也，来百工⑤也，柔远人⑥也，怀⑦诸侯也。修身则道立，尊贤则不惑，亲亲则诸父昆弟不怨，敬大臣则不眩，体群臣则士之报礼重，子庶民则百姓劝⑧，来百工则财用足，柔远人则四方归之，怀诸侯则天下畏之。

齐明盛服，非礼不动，所以修身也；去谗⑨远色，贱货而贵德，所以劝贤也；尊其位，重其禄，同其好恶，所以劝亲亲也；官盛任使⑩，所以劝大臣也；忠信重禄，所以劝士也；时使薄敛⑪，所以劝百姓也；日省月试⑫，既禀称事⑬，所以劝百工也；送往迎来，嘉善而矜⑭不能，所以柔远人也；继绝世⑮，举废国⑯，治乱持⑰危，朝聘⑱以时，厚往而薄来，所以怀诸侯也。

凡为天下国家有九经，所以行之者一也。凡事豫⑲则立，不豫则废。言前

---

① 昆弟：兄和弟，也包括堂兄堂弟。
② 九经：九条准则。经：准则。
③ 体：体察，体恤。
④ 子庶民：以庶民为子。子：动词。庶民：平民。
⑤ 来：招来。百工：各种工匠。
⑥ 柔远人：安抚边远地方来的人。
⑦ 怀：安抚。
⑧ 劝：勉力，努力。
⑨ 谗：说别人的坏话，这里指说坏话的人。
⑩ 盛：多。任使：足够使用。
⑪ 时使：指使百姓劳役有一定时间，不误农时。薄敛：赋税轻。
⑫ 省：视察。试：考核。
⑬ 既(xì)：同"饩"，指赠送别人粮食或饲料。禀：给予粮食。称：符合。
⑭ 矜：怜悯，同情。
⑮ 继绝世：延续已经中断的家庭世系。
⑯ 举废国：复兴已经没落的邦国。
⑰ 持：扶持。
⑱ 朝聘：诸侯定期朝见天子。每年一见叫小聘，三年一见叫大聘，五年一见叫朝聘。
⑲ 豫：同"预"。

定,则不跲^①;事前定,则不困;行前定,则不疚;道前定,则不穷。

在下位不获乎上,民不可得而治矣。获乎上有道:不信乎朋友,不获乎上矣。信乎朋友有道:不顺乎亲,不信乎朋友矣。顺乎亲有道:反诸身不诚,不顺乎亲矣。诚身有道:不明乎善,不诚乎身矣。^②

诚者,天之道也;诚之者,人之道也。诚者,不勉而中,不思而得,从容中道,圣人也。诚之者,择善而固执之者也。博学之,审问之,慎思之,明辨之,笃行之。有弗学,学之弗能弗措^③也;有弗问,问之弗知弗措也;有弗思,思之弗得弗措也;有弗辨,辨之弗明弗措也;有弗行,行之弗笃弗措也。人一能之,己百之;人十能之,己千之。果能此道矣,虽愚必明,虽柔必强。

第二十一章

自诚明^④,谓之性;自明诚,谓之教。诚则^⑤明矣,明则诚矣。

第二十二章

唯天下至诚,为能尽其性^⑥;能尽其性,则能尽人之性;能尽人之性,则能尽物之性;能尽物之性,则可以赞天地之化育^⑦;可以赞天地之化育,则可以与天地参^⑧矣。

---

① 跲(jiá):说话不通畅。
② 这一段与《孟子·离娄上》中一段基本相同。到底是《中庸》引《孟子》,还是《孟子》引《中庸》,不好断定。张岱年先生的《中国哲学史料学》认为是《孟子》引《中庸》。
③ 弗措:不罢休。弗:不。措:停止,罢休。
④ 自:从,由。明:明白。
⑤ 则:即,就。
⑥ 尽其性:充分发挥本性。
⑦ 赞:赞助。化育:化生和养育。
⑧ 与天地参:与天地并列。参:并列。

第二十三章

其次致曲①,曲能有诚。诚则形②,形则著③,著则明④,明则动,动则变,变则化⑤。唯天下至诚为能化。

第二十四章

至诚之道,可以前知⑥。国家将兴,必有祯祥⑦;国家将亡,必有妖孽⑧。见乎著龟⑨,动乎四体⑩。祸福将至:善,必先知之;不善,必先知之。故至诚如神⑪。

第二十五章

诚者,自成⑫也,而道,自道⑬也。诚者,物之终始,不诚无物。是故君子诚之为贵。诚者,非自成己而已也,所以成物也。成己,仁也;成物,知也。性之德也,

---

① 其次:次一等的人,即次于“自诚明”的圣人的人,也就是贤人。致曲:致力于某一方面。曲:偏。
② 形:显露,表现。
③ 著:显著。
④ 明:光明。
⑤ 化:化育。
⑥ 前知:预知未来。
⑦ 祯祥:吉祥的预兆。
⑧ 妖孽:物类反常的现象。草木之类称妖,虫豸之类称孽。
⑨ 见(xiàn):呈现。著(shī)龟:蓍草和龟甲,用来占卜。
⑩ 四体:手足,指动作仪态。
⑪ 如神:如神一样微妙,不可言说。
⑫ 自成:自我成全,也就是自我完善的意思。
⑬ 自道(dào):自我。

合外内之道也,故时措之宜也。

第二十六章

　　故至诚无息①。不息则久,久则征②,征则悠远,悠远则博厚,博厚则高明。博厚,所以载物也;高明,所以覆物也;悠久,所以成物也。博厚配地,高明配天,悠久无疆③。如此者,不见而章④,不动而变,无为而成。

　　天地之道,可一言⑤而尽也:其为物不贰⑥,则其生物不测。天地之道,博也,厚也,高也,明也,悠也,久也。今夫天,斯昭昭之多⑦,及其无穷也,日月星辰系焉,万物覆焉。今夫地,一撮土之多,及其广厚,载华岳⑧而不重,振⑨河海而不泄,万物载焉。今夫山,一卷石⑩之多,及其广大,草木生之,禽兽居之,宝藏兴焉。今夫水,一勺之多,及其不测⑪,鼋、鼍、蛟、龙、鱼、鳖生焉,货财殖焉。

　　《诗》云:"维天之命,於穆不已!"⑫盖曰天之所以为天也。"於乎不显,文王之德之纯!"盖曰文王之所以为文也,纯亦不已。

① 息:止息,休止。
② 征:征验,显露于外。
③ 无疆:无穷无尽。
④ 章:即彰,彰明。
⑤ 一言:即一字,指"诚"字。
⑥ 不贰:诚是忠诚如一,所以不贰。
⑦ 斯:此。昭昭:光明。
⑧ 华岳:即华山。
⑨ 振:通"整",整治,引申为约束。
⑩ 一卷(quán)石:一拳头大的石头。卷:通"拳"。
⑪ 不测:不可测度,指浩瀚无涯。
⑫ "维天之命"二句:出自《诗经·周颂·维天之命》。维:语气词。於(wū):语气词。穆:深远。不已:无穷。不显:"不"通"丕",即大;显,即明显。

第二十七章

　　大哉圣人之道！洋洋①乎！发育万物，峻极于天。优优②大哉！礼仪③三百，威仪④三千。待其人⑤而后行。故曰苟不至德⑥，至道不凝⑦焉。故君子尊德性而道问学⑧，致广大而尽精微，极高明而道中庸。温故而知新，敦厚以崇礼。是故居上不骄，为下不倍⑨。国有道，其言足以兴，国无道，其默足以容⑩。《诗》曰："既明且哲，以保其身。"⑪其此之谓与？

第二十八章

　　子曰："愚而好自用⑫，贱而好自专⑬，生乎今之世，反⑭古之道。如此者，灾及其身者也。"非天子，不议礼，不制度⑮，不考文⑯。今天下车同轨，书同文，行同伦⑰。虽有其位，苟无其德，不敢作礼乐焉，虽有其德，苟无其位，亦不敢作礼乐

---

① 洋洋：盛大，浩瀚无边。
② 优优：充足有余。
③ 礼仪：古代礼节的主要规则，又称经礼。
④ 威仪：古代典礼中的动作规范及待人接物的礼节，又称曲礼。
⑤ 其人：指圣人。
⑥ 苟不至德：如果没有极高的德行。苟：如果。
⑦ 凝：凝聚，引申为成功。
⑧ 问学：询问，学习。
⑨ 倍：通"背"，背弃，背叛。
⑩ 容：容身，指保全自己。
⑪ "既明且哲"二句：出自《诗经·人雅·烝民》。哲：智慧，指通达事理。
⑫ 自用：凭自己主观意图行事，自以为是，不听别人意见，即刚愎自用的意思。
⑬ 自专：独断专行。
⑭ 反：通"返"，回复的意思。
⑮ 制度：在这里作动词用，指制定法度。
⑯ 考文：考订文字规范。
⑰ 车同轨，书同文，行同伦：车同轨，指车子的轮距一致；书同文，指字体统一；行同伦，指伦理道德相同。这种情况是秦始皇统一六国后才出现的，据此知道《中庸》有些章节的确是秦代儒者所加的。

焉。子曰："吾说夏礼^①，杞不足征也^②；吾学殷礼^③，有宋^④存焉；吾学周礼^⑤，今用之；吾从周。"^⑥

第二十九章

王天下有三重焉^⑦，其寡过矣乎！上焉者^⑧，虽善无征，无征不信，不信民弗从。下焉者^⑨，虽善不尊，不尊不信，不信民弗从。故君子之道，本诸身，征诸庶民，考诸三王^⑩而不缪，建^⑪诸天地而不悖，质^⑫诸鬼神而无疑，百世以俟^⑬圣人而不惑。质诸鬼神而无疑，知天也；百世以俟圣人而不惑，知人也。是故君子动而世为天下道^⑭，行而世为天下法，言而世为天下则。远之则有望^⑮，近之则不厌。

《诗》曰："在彼无恶，在此无射。庶几夙夜，以永终誉。"^⑯君子未有不如此，而蚤^⑰有誉于天下者也。

① 夏礼：夏朝的礼制。夏朝，约前 2070 年—前 1600 年，传说是禹建立的。

② 杞：国名，传说是周武王封夏禹的后代于此，故城在今河南杞县。征：验证。

③ 殷礼：殷朝的礼制。商朝从盘庚迁都至殷（今河南安阳）到纣亡国，又称为殷代，整个商朝也称商殷或殷商。

④ 宋：国名，商汤的后代居此，故城在今河南商丘市南。

⑤ 周礼：周朝的礼制。

⑥ 以上这段孔子的话也散见于《论语·八佾》《论语·为政》。

⑦ 王天下有三重焉：王，作动词用，王天下即在天下做王的意思，也就是统治天下。三重，指上一章所说的三件重要的事：仪礼、制度、考文。

⑧ 上焉者：指在上位的人，即君王。

⑨ 下焉者：指在下位的人，即臣下。

⑩ 三王：指夏、商、周三代君王。

⑪ 建：立。

⑫ 质：质询，询问。

⑬ 俟：待。

⑭ 道：通"导"，先导。

⑮ 望：威望。

⑯ "在彼无恶"四句：出自《诗经·周颂·振鹭》。射（yì），《诗经》本作"斁"，厌弃的意思。庶几（jī）：几乎。夙夜：早晚，夙，早。

⑰ 蚤：通"早"。

第三十章

仲尼祖述①尧舜，宪章②文武，上律天时，下袭③水土。辟如天地之无不持载，无不覆帱④，辟如四时之错行⑤，如日月之代明⑥。万物并育而不相害，道并行而不相悖。小德川流，大德敦化⑦。此天地之所以为大也！

第三十一章

唯天下至圣，为能聪明睿知，足以有临也；宽裕温柔，足以有容也；发强刚毅，足以有执也；齐庄中正，足以有敬也；文理密察，足以有别也。溥博⑧渊泉，而时出之。溥博如天，渊泉如渊。见而民莫不敬，言而民莫不信，行而民莫不说⑨。是以声名洋溢乎中国，施及蛮貊。舟车所至，人力所通，天之所覆，地之所载，日月所照，霜露所队：凡有血气者莫不尊亲。故曰配天。

第三十二章

唯天下至诚，为能经纶⑩天下之大经，立天下之大本，知天地之化育。夫焉

---

① 祖述：效法、遵循前人的行为或学说。
② 宪章：遵从，效法。
③ 袭：与上文的"律"近义，都是符合的意思。
④ 覆帱（dào）：覆盖。
⑤ 错行：交错运行，流动不息。
⑥ 代明：交替光明，循环变化。
⑦ 敦化：使万物敦厚纯朴。
⑧ 溥博：周遍而广阔。
⑨ 说：通"悦"。
⑩ 经纶：朱熹曰："经、纶，皆治丝之事。经者，理其绪而分之；纶者，比其类而合之也。"

有所倚？肫肫①其仁！渊渊其渊！浩浩其天！苟不固②聪明圣知，达天德者，其孰能知之？

第三十三章

《诗》曰："衣锦尚絅③。"恶其文之著也。故君子之道，暗然④而日章；小人之道，的然⑤而日亡。君子之道，淡而不厌，简而文，温而理，知远之近，知风之自，知微之显，可与入德矣。

《诗》云："潜虽伏矣，亦孔之昭！"⑥故君子内省不疚，无恶于志。君子之所不可及者，其唯人之所不见乎？

《诗》云："相在尔室，尚不愧于屋漏。"⑦故君子不动而敬，不言而信。

《诗》曰："奏假无言，时靡有争。"⑧是故君子不赏而民劝，不怒而民威于铁钺⑨。

《诗》曰："不显惟德，百辟其刑之。"⑩是故君子笃恭而天下平。

《诗》云："予怀明德，不大声以色。"⑪子曰："声色之于以化民，末也。"

《诗》曰："德輶如毛。"⑫毛犹有伦⑬，"上天之载，无声无臭"⑭。至矣！

----

① 肫肫：诚恳。

② 固：犹实也。

③ 衣锦尚絅（jiǒng）：出自《诗经·卫风·硕人》。衣：此处作动词用，指穿衣。锦：指色彩鲜艳的衣服。尚：加。絅（jiǒng）：同"裳"，用麻布制的罩衣。

④ 暗然：隐藏不露。

⑤ 的（dí）然：鲜明，显著。

⑥ "潜虽伏矣"二句：出自《诗经·小雅·正月》。孔：很。昭：《诗经》原作"沼"。昭，意为明显。

⑦ "相在尔室"二句：出自《诗经·大雅·抑》。相：注视。屋漏：指古代室内西北角设小帐的地方。相传是神明所在，所以这里是以屋漏代指神明。不愧屋漏喻指心地光明，不在暗中做坏事，起坏念头。

⑧ "奏假无言"二句：出自《诗经·商颂·烈祖》。奏：进奉。假（gé）：通"格"，即感通，指诚心能与鬼神或外物互相感应。靡（mǐ）：没有。

⑨ 铁（fū）钺（yuè）：刑具。

⑩ "不显惟德"二句：出自《诗经·周颂·烈文》。不显：不，通"丕"，丕显即大显。辟（bì）：诸侯。刑：通"型"，示范，效法。

⑪ "予怀明德"二句：出自《诗经·大雅·皇矣》。声：号令。色：容貌。以：与。

⑫ 德輶如毛：出自《诗经·大雅·烝民》。輶（yóu）：古代一种轻便车，引申为轻。

⑬ 伦：比。

⑭ 上天之载，无声无臭：出自《诗经·大雅·文王》。臭（xiù）：气味。

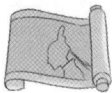 评说

至宋代,《中庸》被列为四书之一,提升到了最核心的经典的地位。可见,《中庸》是中国哲学史上最伟大的哲学文本之一。这样一种伟大的哲学是生存论意义上的哲学,或者说存在论意义上的哲学。它探讨的是我们怎么存在,生活的本质是什么,人是如何生活的,如何生活才能叫作人。这是我们对于《中庸》的性质的一个简单基本的判断。

朱熹在《中庸章句序》里面说:"《中庸》何为而作也?"因为"子思子忧道学之失其传",就把儒家精神的最核心最精华的内容写了下来。对于"中庸"的阐释,程颐说:"不偏之谓中,不易之谓庸。"很多学者都认为"中"是"中庸"这个思想里最重要和最核心的。我认为"中"的确是重要的,但是在某种意义上,"中"不是中庸思想里最为核心的内容,最为核心的内容恰恰是这个"庸",也就是这样一个恒常不易性和确定性。如果用一句点题的话来说,我们可以用一个非常现代的哲学式的语句来描述《中庸》的宗旨:"中庸"是什么呢?"中庸"给我们一种在虚无中自立的意志。在某种意义上我把它等同为尼采的强力意志,即尼采的 will to power,或者说向强的意志。为什么说"中庸"是给我们一种在虚无中自立的意志?这个虚无意味着什么?这个虚无实际上是对我们生活的一个最基本的描述,意味着一种道德虚无主义,也就是道德没有根基的状况。所有的一切都可以妥协,都可以商量,都可以谈判,都可以交易。换言之,所有的一切道德及非道德的标准完全取决于契约。这就是近代以来给我们的一个生活的实质。当一切道德准则、道德教条、道德根基都取决于契约时,这个道德的根源性就已经被拔除了。这个道德实际上就已经成为当下的某种偶然的次序,而不是某种在人性的根基里深藏着的次序。而"中庸"正是在这样一个缺乏确定性,甚至在某种意义上是虚无的世界里给我们一种自立的意志,用这样一种强力自立的意志,给道德一个真正坚实的基础。我认为"中庸"的真正的思想内涵就在于此。

《中庸》里最先提出"诚"这个观念的语境是"反诸身而诚"。诚,先是诚身。"诚身有道,不明乎善,不成乎身矣。"最终要落实在"明善"上。这个地方强调的从"明善"到"诚身",到"顺亲",到"信乎朋友",到"获乎上",是由最初的"明善"开始的一个自然而然的结果。所以"明善""诚身"都不是功利性的。"诚"的观念最初跟"身"一起出现是非常重要的,这是儒家的一个身心整体的观念。身不是别的,是你生活整体的一个凝聚。

之后，《中庸》开始抽象地谈论"诚"。"诚"这个动词迅速被名词化，变成了两个状态。"诚者，天之道也；诚之者，人之道也。"诚这种状态是天道。"诚之"仍然是动词，它有一个对象，意味着你与你所诚的那个对象之间有一个距离和过程，比方说我们要诚于天。而"诚"却是无距离状态，你已经处在"诚"之中了，你已经是跟"诚"处于一体的状态了，不可分别了。这是讲天道和人道的不同。这个天道落实到人的身上就是圣人的境界。圣人才真正做到了诚。那么"诚"是什么呢？"诚者，不勉而中，不思而得，从容中道，圣人也。"圣人是完全体现了天道的，与天道具有同样的高度。但是我们作为普通人不可能在所有的事情上都"不勉而中，不思而得"。《中庸》讲"自诚明，谓之性；自明诚，谓之教"，只要你有诚，你就必有明。但是真正的"诚"不仅跟最高的道德状况处于一体，同时还要不断地保持这个"明"能知，由诚而明，这是天性，这是本性的结果。"谓之性"的"性"实际上就是讲生知，由诚而明的人是生知，由明而诚的人是教化。由明而诚就是择善而固执的过程。诚实，还不是"诚"的最根本的意思，我们日常生活中所用的"诚实""诚信"这些观念里面都已经包含了"诚"，但这还不是"诚"在哲学上的意义和内涵。

"唯天下至诚，为能尽其性；能尽其性，则能尽人之性。""天下至诚"就是圣人。所谓"尽其性"，就是让自己的天命之性在自己身上充分实现。能"尽己性"就能"尽人之性"。"能尽人之性，则能尽物之性。"这里有一个"物性"的概念。"尽物之性"就是一个"物性"要充满、被穷尽，也就是这个物最真实地实现了自身。物性能否真正地充积和实现自身，取决于人能否"尽其性"。也就是说，任何一个具体的事物之所以成其为这个事物，是由一个上下文的语境决定的，是由一个有完整意义的系统来决定的。它取决于人的命名的行为和人的命名的整体。在不同的文化氛围里，对同一个物的命名是不一样的。我们对物的命名，都有一个物性充满和物性缺失的过程。而物性充满和物性缺失的问题，其实跟我们日常话语中的一句话有关系，叫"物尽其用"。真正的"天下至诚者"，作为天下最高的主宰者的时候，他能让所有的人都充分地实现自身，能让所有的物都充分地实现自身。《中庸》说："致中和，天地位焉，万物育焉。""致中和"实际上是一种情绪的安排。那么为什么一种情绪的安排能够达到这么高的作用，能够让天地成其为天地，万物成其为万物？答案是非常清楚的，当然是有确定性的人能够"尽物之性"。在这里，我们就引出了"诚"的一种比我们说的"诚实"更重要的观念，就是在时间中的"诚"，是一个历时性的"诚"。就是今日之我要诚实于昨日之我，明日之我要诚实于今日之我。这是一个人的一生之中不改变的"诚"。这个"诚"更为重要。我反复提一个非常重要的词，叫"确定性"。这是"诚"的更重要的本质。而这个确定性，跟"庸"有着紧密的关联。"不偏之谓中，不易之谓庸。"一个人每一刻都诚实于自己。儒家所讲的"诚"是一以贯之的精神，是一种最基本的自我的道德原则和确定性。以这个道德原则和确定性贯穿我们生命的始终，这个就叫"诚者"。只有具备了确定性，能够始终如一，或者说一个有原则的人才可能是一个"诚者"。只有"诚者"，才可能"尽人之性""尽物之性"。所以我认为"中庸"的思想里，固然强调恰当性，强调"中"，但它更主要强调"庸"这个字。而"诚"这个观念，更重要的意思是这个确定不移性。在今天，绝大多数人都生活在一个毫无原则的状况里。因此，我说"中庸"重要。《中庸》的重要之处是在一个虚无的没有确定性的生活之上，为我们建立起了一种确定的可能性。孔子说："我欲仁，斯仁至矣。"要想成为一个有确定性的、终身不改移的人，是能做到的。

——杨立华

乐 记

　　《乐记》是最早的一部具有比较完整体系的音乐理论著作,它总结了先秦时期儒家的音乐美学思想。西汉成帝时,戴圣所辑《礼记》将其收录,列为第十九篇。其丰富的美学思想,对两千多年来中国古典音乐的发展有着深刻的影响,并在世界音乐思想史上占有重要的地位。南朝宋的沈约认为,该篇《乐记》是公孙尼子①的作品。

　　凡音之起,由人心生也。人心之动,物使之然也。感于物而动,故形②于声。声相应,故生变。变成方,谓之音。比音而乐③之,及干戚羽旄,谓之乐。

　　乐者,音之所由生也,其本在人心之感于物也。是故其哀心感者,其声噍以杀④;其乐心感者,其声啴⑤以缓;其喜心感者,其声发以散⑥;其怒心感者,其声粗以厉⑦;其敬心感者,其声直以廉⑧;其爱心感者,其声和以柔。六者非性也,感于物而后动。是故先王慎所以感之者。故礼以道其志,乐以和其声,政以一⑨其行,刑以防其奸。礼乐刑政,其极一⑩也,所以同民心而出治⑪道也。

---

　　①　公孙尼子:战国初期音乐理论家。相传是儒家学派的创始人孔子的再传弟子,继承、发展和改造了儒家对音乐的理论,形成了一个较完整的理论体系。他的见解被保存在经过汉代学者整理的音乐论著《乐记》里。沈约认为,《礼记》中的《乐记》是他的作品(《隋书·音乐志》)。公孙尼子在音乐方面有很多独到的见解,在我国古代音乐理论的发展中,产生了深远的影响。

　　②　形:表现。

　　③　乐(yuè):用乐器演奏。

　　④　噍(jiāo)以杀(shài):急促而迅速减弱。杀:减弱。

　　⑤　啴(chǎn)以缓:宽舒徐缓。

　　⑥　发:高昂。散:悠扬。

　　⑦　厉:猛烈。

　　⑧　廉:洁净、纯净。

　　⑨　一:统一。

　　⑩　极:最终的。一:相同,一样。

　　⑪　治:治平,太平安定。

凡音者,生人心者也。情动于中①,故形于声,声成文②,谓之音。是故治世之音安以乐,其政和;乱世之音怨以怒,其政乖③;亡国之音哀④以思,其民困。声音之道,与政通矣。

宫为君,商为臣,角为民,徵为事,羽为物。五者不乱,则无怗懘⑤之音矣。宫乱则荒,其君骄;商乱则陂⑥,其官坏;角乱则忧,其民怨;徵乱则哀,其事勤;羽乱则危,其财匮。五者皆乱,迭相陵⑦,谓之慢。如此,则国之灭亡无日矣。

郑卫之音,乱世之音也,比⑧于慢矣。桑间濮上之音,亡国之音也,其政散,其民流,诬⑨上行私而不可止也。

凡音者,生于人心者也;乐者,通伦理者也。是故知声而不知音者,禽兽是也;知音而不知乐者,众庶⑩是也。唯君子为能知乐。是故审⑪声以知音,审音以知乐,审乐以知政,而治道备矣。是故不知声者不可与言音,不知音者不可与言乐。知乐,则几⑫于礼矣。礼乐皆得,谓之有德。德者,得也。是故乐之隆⑬,非极音也。食飨之礼,非致⑭味也。《清庙》之瑟,朱弦而疏越,壹倡⑮而三叹,有遗⑯音者矣。大飨之礼,尚玄酒而俎腥鱼,大羹⑰不和,有遗味者矣。是故先王之制礼乐也,非以极口腹耳目之欲也,将以教民平⑱好恶而反人道之正也。

人生而静,天之性也;感于物而动,性之欲也。物至知知⑲,然后好恶形焉。

① 中:内心,心情。
② 文:这里指条理。
③ 乖:不顺,不和谐,这里指政令混乱。
④ 哀:凄清。思:悲伤。
⑤ 怗懘(zhān chì):不和谐。
⑥ 陂(pō):倾斜,引申为邪恶、不正之意。
⑦ 陵:侵犯,欺侮。
⑧ 比:接近。
⑨ 诬:欺骗。
⑩ 众庶:众人,一般人。
⑪ 审:仔细考察、研究。
⑫ 几:接近。
⑬ 隆:隆重,兴盛。
⑭ 致:极度。
⑮ 倡:唱。叹:赞和。
⑯ 遗:遗失。
⑰ 大羹:不用调料调味的肉汁。
⑱ 平:均平。
⑲ 物至知知:第一个"知"通"智",心智;第二个"知"指感知,知晓。

好恶无节于内,知诱于外,不能反躬①,天理②灭矣。夫物之感人无穷,而人之好恶无节,则是物至而人化物③也。人化物也者,灭天理而穷人欲者也。于是有悖逆④诈伪之心,有淫泆作乱之事。是故,强者胁弱,众者暴⑤寡,知者⑥诈愚,勇者苦⑦怯,疾病不养,老幼孤独不得其所,此大乱之道也。

是故先王之制礼乐,人为之节。衰麻哭泣,所以节丧纪也;钟鼓干戚,所以和安乐也;昏姻冠笄,所以别男女也;射乡食飨,所以正交接⑧也。礼节民心,乐和民声,政以行之,刑以防之,礼乐刑政,四达而不悖,则王道备矣。

乐者为同,礼者为异。同则相亲,异则相敬,乐胜则流⑨,礼胜则离⑩。合情饰貌者,礼乐之事也。礼义立,则贵贱等⑪矣;乐文同,则上下和矣;好恶著⑫,则贤不肖别矣。刑禁暴⑬,爵举贤⑭,则政均⑮矣。仁以爱之,义以正之,如此,则民治行矣。

乐由中出,礼自外作。乐由中出,故静;礼自外作,故文。大乐必易,大礼必简。乐至⑯则无怨,礼至则不争。揖让而治天下者,礼乐之谓也。暴民不作,诸侯宾服⑰,兵革不试⑱,五刑不用,百姓无患,天子不怒。如此,则乐达矣。合父子之亲,明长幼之序,以敬四海之内,天子如此,则礼行矣。

大乐与天地同和,大礼与天地同节。和故百物不失,节故祀天祭地。明则有礼乐,幽则有鬼神。如此,则四海之内,合敬同爱矣。礼者,殊事⑲合敬者也;乐

---

① 反躬:反过来要求自己,反思,反省。
② 天理:天性,人生下来就有的本性。
③ 人化物:指人随外物而变化。
④ 悖逆:违乱忤逆。
⑤ 暴:侵害,欺凌。
⑥ 知者:智者,有智慧的人,聪明人。
⑦ 苦:困辱,折磨。
⑧ 交接:交往。
⑨ 流:放纵,淫放。
⑩ 离:隔离,隔阂。
⑪ 等:区分等级。
⑫ 著:明显,显出。
⑬ 刑:处罚,惩治。禁:禁止。暴:指不肖的人。
⑭ 爵:授予爵位。举:推举。
⑮ 政均:公正地治理国事。均,公允。
⑯ 至:通行,施行。
⑰ 宾服:诸侯入贡朝见天子,表示归属、臣服。
⑱ 试:用,动用。
⑲ 殊事:事类不同。

者,异文①合爱者也。礼乐之情同,故明王以相沿②也。故事与时并,名与功偕③。

故钟鼓管磬,羽籥干戚,乐之器也;屈伸俯仰,缀兆舒疾,乐之文④也。簠簋俎豆,制度文章,礼之器也;升降上下,周还⑤裼袭,礼之文也。故知礼乐之情者能作⑥,识⑦礼乐之文者能述。作者之谓圣,述者之谓明。明圣者,述作之谓也。

乐者,天地之和也。礼者,天地之序也。和,故百物皆化⑧;序,故群物皆别。乐由天作,礼以地制。过制则乱⑨,过作则暴⑩。明于天地,然后能兴礼乐也。

论伦无患⑪,乐之情也;欣喜欢爱,乐之官⑫也。中正无邪,礼之质也;庄敬恭顺,礼之制也。若夫礼乐之施于金石,越⑬于声音,用于宗庙社稷,事乎山川鬼神,则此所与民同也。

王者功成作乐,治定制礼。其功大者其乐备,其治辩⑭者其礼具。干戚之舞非备乐也,孰亨而祀非达礼也。五帝殊时,不相沿乐;三王异世,不相袭礼。乐极则忧,礼粗则偏矣。及夫敦⑮乐而无忧,礼备而不偏者,其唯大圣乎。

天高地下,万物散殊⑯,而礼制行矣。流而不息,合同⑰而化,而乐兴焉。春作夏长,仁也;秋敛冬藏,义也。仁近于乐,义近于礼。乐者敦和⑱,率⑲神而从天;礼者别宜,居⑳鬼而从地。故圣人作乐以应天,制礼以配地。礼乐明备,天地官矣。

---

① 异文:曲调有别。
② 沿:沿袭,沿用。
③ 偕:俱,并。
④ 文:指情貌状。
⑤ 周还:周旋。
⑥ 作:创作,制造。
⑦ 识(zhì):记住。述:传承,传述
⑧ 化:生长,化育,自然界生成万物的功能。
⑨ 乱:紊乱。
⑩ 暴:指淆乱。
⑪ 论伦:论说乐的伦理。患:悖害。
⑫ 官:功能。
⑬ 越:扬,发。
⑭ 辩:通"遍",普遍。
⑮ 敦:尊重,重视。
⑯ 散:散布,分散。殊:不同的地方。
⑰ 合同:合会,一样。
⑱ 敦和:敦重温和。
⑲ 率:遵循,遵从。
⑳ 居:遵循,遵从。

　　天尊地卑，君臣定矣。卑高已陈^①，贵贱位矣。动静有常，小大殊矣。方^②以类聚，物以群^③分，则性命不同矣^④。在天成象，在地成形，如此，则礼者天地之别也。地气上齐^⑤，天气下降，阴阳相摩，天地相荡^⑥，鼓^⑦之以雷霆，奋之以风雨，动之以四时，暖^⑧之以日月，而百化兴焉。如此，则乐者天地之和也。

　　化不时^⑨则不生，男女无辨则乱升^⑩，天地之情^⑪也。及夫礼乐之极乎天而蟠乎地，行乎阴阳而通乎鬼神，穷高极远而测深厚。乐著大始，而礼居成物。著不息者天也，著不动者地也。一动一静者，天地之间也，故圣人曰"礼云，乐云"。

　　昔者，舜作五弦之琴以歌《南风》，夔始制乐以赏诸侯。故天子之为乐也，以赏诸侯之有德者也。德盛而教尊，五谷时孰，然后赏之以乐。故其治民劳者，其舞行缀远^⑫；其治民逸者，其舞行缀短^⑬。故观其舞，知其德；闻其谥^⑭，知其行也。

　　《大章》，章之也。《咸池^⑮》，备矣。《韶》，继也。《夏》，大也。殷周之乐，尽^⑯矣。

　　天地之道，寒暑不时则疾，风雨不节则饥。教^⑰者，民之寒暑也；教不时则伤世。事者，民之风雨也，事不节则无功。然则先王之为乐也，以法治也，善则行象^⑱德矣。

　　夫豢豕为^⑲酒，非以为祸也，而狱讼益繁，则酒之流^⑳生祸也。是故先王因为

---

① 卑：泽。高：山。陈：通"阵"，位置。
② 方：飞禽走兽。
③ 物：草木花卉。群：群落。
④ 性：天生的性质。命：后天的感受。
⑤ 齐：同"跻(jī)"，升起，登。
⑥ 荡：激荡，震荡。
⑦ 鼓：振动。
⑧ 暖：明亮，这里是形容词作动词，指照耀。
⑨ 化：化育。时：按时。
⑩ 升：成。
⑪ 情：本性。
⑫ 缀远：舞位的距离远，说明人相对减少。
⑬ 缀短：舞位的距离近，说明人相对增多。
⑭ 谥：谥号。
⑮ 池：通"施"，施与。
⑯ 尽：极，达到极致。
⑰ 教：乐教。
⑱ 象：仿效。
⑲ 豢：饲养。为：制作。
⑳ 流：指过度。

酒礼，壹献之礼，宾主百拜①，终日饮酒而不得醉焉，此先王之所以备②酒祸也。故酒食者所以合欢也，乐者所以象德也，礼者所以缀淫③也。是故先王有大事，必有礼以哀之；有大福，必有礼以乐之。哀乐之分，皆以礼终。乐也者，圣人之所乐也，而可以善民心。其感人深，其移风易俗，故先王著④其教焉。

夫民有血气心知之性，而无哀乐喜怒之常，应感起物而动，然后心术⑤形焉。是故志微、噍杀之音作，而民思忧。啴谐、慢易、繁文、简节⑥之音作，而民康乐。粗厉、猛起、奋末、广贲⑦之音作，而民刚毅。廉直、劲正、庄诚之音作，而民肃敬。宽裕、肉好⑧、顺成、和动之音作，而民慈爱。流辟、邪散、狄成、涤滥⑨之音作，而民淫乱。

是故先王本之情性，稽⑩之度数，制之礼义，合生气⑪之和，道⑫五常之行，使之阳而不散，阴而不密⑬，刚气不怒，柔气不慑，四畅⑭交于中而发作于外，皆安其位而不相夺也。然后立之学等⑮，广⑯其节奏，省⑰其文采，以绳⑱德厚。律⑲小大之称，比⑳终始之序，以象事行。使亲疏、贵贱、长幼、男女之理皆形见于乐，故曰："乐观其深矣。"

---

① 百拜：指次数过多。
② 备：防备，戒备。
③ 缀：通"辍"，停止。淫：过分。
④ 著：明白规定。
⑤ 心术：指喜怒哀乐。
⑥ 慢易：平易。繁文：曲调曲折多变。简节：节奏徐缓。
⑦ 奋末：奋发。广贲：昂扬。
⑧ 肉好：乐音宏美、圆润。
⑨ 流辟：流宕怪僻。邪散：散乱。狄成：指音乐疾速。涤滥：指音乐如水泛滥，往而不返。
⑩ 稽：考查，考核。
⑪ 生气：使万物生长发育的自然气象。
⑫ 道：同"导"，引导。
⑬ 密(bì)：闭塞。
⑭ 四畅：指文阳、阴、刚、柔四气畅通。
⑮ 等：等次。
⑯ 广：增习。
⑰ 省：审查。
⑱ 绳：度量。
⑲ 律：用法律校正。
⑳ 比：排列次序。

　　土敝①则草木不长，水烦②则鱼鳖不大，气衰则生物不遂③，世乱则礼慝④而乐淫。是故其声哀而不庄，乐而不安，慢易以犯节，流湎⑤以忘本。广则容奸，狭则思欲，感条畅之气而灭平和之德。是以君子贱之也。

　　凡奸声⑥感人而逆气应之，逆气成象而淫乐兴焉。正声感人而顺气应之，顺气成象而和乐兴焉。倡和有应，回邪⑦曲直，各归其分⑧。而万物之理，各以类相动也。是故君子反情以和其志⑨，比类以成其行。奸声乱色不留聪明⑩，淫乐慝礼不接心术，惰慢邪辟之气不设于⑪身体，使耳、目、鼻、口、心知、百体⑫皆由顺正，以行其义。

　　然后发以声音，而文以琴瑟，动以干戚，饰以羽旄，从⑬以箫管。奋⑭至德之光，动四气之和，以著万物之理。是故清明象天，广大象地，终始象四时，周还⑮象风雨。五色成文而不乱，八风从律而不奸⑯，百度得数而有常⑰，小大相成，终始相生。倡和清浊，迭相为经⑱。故乐行而伦清⑲，耳目聪明，血气⑳和平，移风易俗，天下皆宁。故曰："乐者，乐也。"

　　君子乐得其道，小人乐得其欲。以道制欲，则乐而不乱；以欲忘道，则惑而不乐。是故君子反情以和其志，广乐以成其教，乐行，而民乡方㉑，可以观德矣。

---

① 敝：衰敝。
② 水烦：频繁搅动的水。这里指急流的水。
③ 遂：成。
④ 慝(tè)：邪恶。
⑤ 流湎：流连沉湎。
⑥ 奸声：邪恶不正的声音。奸，邪恶。
⑦ 回邪：乖僻，不正。
⑧ 分：分限，分界。
⑨ 反：反省。和：调节。
⑩ 聪明：听觉、视觉灵敏，这里指耳朵和眼睛。
⑪ 惰慢：轻薄，下流。邪辟：邪伪怠慢。设于：指沾染。
⑫ 百体：各种器官，各个部分。
⑬ 从：随从，指伴奏。
⑭ 奋：发扬。
⑮ 周还(huán)：周旋回转。
⑯ 八风：指八音，即金、石、丝、竹、匏(páo)、土、革、木八种乐器。奸：冒犯。
⑰ 百度：百刻，指时间。数：规律，道理。常：规律，永恒之物。
⑱ 经：纲纪。
⑲ 伦：道理，条理。清：井然有序。
⑳ 血气：心气。
㉑ 乡：通"向"向往，景仰。方：道义。

德者,性之端①也;乐者,德之华②也;金石丝竹,乐之器也。诗,言其志也;歌,咏其声也;舞,动其容③也。三者本于心,然后乐器从之。是故情④深而文明,气盛而化神。和顺积中而英华发外,唯乐不可以为伪。

乐者,心之动也;声者,乐之象也。文⑤采节奏,声之饰也。君子动其本,乐其象,然后治其饰⑥。是故先鼓以警戒,三步以见方,再始以著往⑦,复⑧乱以饬归。奋疾而不拔⑨,极幽而不隐⑩。独乐其志,不厌其道;备举⑪其道,不私其欲。是故情见⑫而义立,乐终而德尊,君子以好善,小人以听⑬过。故曰:"生民之道,乐为大焉。"

乐也者,施也;礼也者,报也。乐乐其所自生,而礼反其所自始。乐章德,礼报情,反始也。

所谓大辂者,天子之车也;龙旗九旒,天子之旌也;青黑缘者,天子之宝龟也。从之以牛羊之群,则所以赠诸侯也。

乐也者,情之不可变者也;礼也者,理之不可易者也。乐统同,礼辨异,礼乐之说,管⑭乎人情矣。穷本知变,乐之情也;著诚去伪,礼之经⑮也。礼、乐偩⑯天地之情,达神明之德,降兴上下之神,而凝是精粗之体,领父子君臣之节。是故大人举礼乐,则天地将为昭⑰焉。天地䜣⑱合,阴阳相得,煦妪⑲覆育万物,然后草木

---

① 端:本,根本。
② 华:光华。
③ 容:姿态。
④ 情:指心志。
⑤ 文:文采。
⑥ 饰:文饰,文采修饰。
⑦ 始以著往:循环往复。
⑧ 复:回复原位。
⑨ 拔:动作匆忙。
⑩ 幽:深刻。隐:隐晦。
⑪ 举:施行。
⑫ 见(xiàn):显现。
⑬ 听:审辨。
⑭ 管:同"贯",通贯。
⑮ 经:常规,原则。
⑯ 偩:依照。
⑰ 昭:昭明。
⑱ 䜣(xīn)合:和气交感。
⑲ 煦妪(xù yù):生养抚育。

茂，区萌①达，羽翼奋，角觡②生，蛰虫昭苏③，羽者妪伏④，毛者孕鬻⑤。胎生者不殰⑥，而卵生者不殈⑦，则乐之道归焉耳。

乐者，非谓黄钟、大吕、弦歌、干扬也，乐之末节也，故童者舞之。铺筵席，陈尊俎，列笾豆，以升降为礼者，礼之末节也，故有司掌之。乐师辨乎声诗，故北面而弦；宗祝⑧辨乎宗庙之礼，故后尸⑨；商祝⑩辨乎丧礼，故后主人⑪。是故德成而上，艺成而下；行成而先，事成而后。是故先王有上有下，有先有后，然后可以有制于天下也。

魏文侯问于子夏曰："吾端冕而听古乐，则唯恐卧；听郑卫之音，则不知倦。敢问古乐之如彼何也？新乐之如此何也？"子夏对曰："今夫古乐，进旅退旅⑫，和正以广⑬。弦匏笙簧，会守拊鼓，始奏以文，复乱以武，治乱以相，讯疾以雅⑭。君子于是语，于是道古，修身及家，平均天下。此古乐之发也。今夫新乐，进俯退俯，奸声以滥⑮，溺⑯而不止，及优侏儒⑰，糅杂子女，不知父子。乐终不可以语，不可以道古。此新乐之发也。今君之所问者，乐也；所好者，音也。夫乐者，与音相近而不同。"

文侯曰："敢问何如？"子夏对曰："夫古者，天地顺而四时当，民有德而五谷昌，疾疢⑱不作而无妖祥，此之谓大当。然后圣人作为父子君臣，以为纪纲。纪纲既正，天下大定。天下大定，然后正六律，和五声，弦歌诗、颂，此之谓德音，德

①　区（gōu）萌：草木抽芽。

②　觡（gé）：骨角。

③　昭苏：苏醒复生。

④　妪伏：指鸟类孵卵。

⑤　孕鬻：同"孕育"，怀胎生育。

⑥　殰（dú）：胎死腹中。

⑦　不殈：不破裂。殈，鸟蛋未孵成而破裂。

⑧　宗祝：主持祭礼的人。

⑨　后尸：跟在尸的后面。

⑩　商祝：主持丧礼的人。

⑪　故后主人：所以只能跟在主人身后。

⑫　进旅退旅：指众人动作相同，整齐划一。

⑬　正：纯正。广：宽舒。

⑭　讯：通"迅"，迅疾。雅：乐器名。

⑮　滥：充满，充斥。

⑯　溺：沉迷。

⑰　优：俳优。古代以乐舞谐戏为业的艺人。侏儒：丑角。

⑱　疢（chèn）：灾患。

音之谓乐。《诗》云:'莫①其德音,其德克明,克明克类②,克长克君。王此大邦,克顺克俾③。俾于文王,其德靡④悔。既受帝祉⑤,施⑥于孙子。'此之谓也。今君之所好者,其溺音乎?"

文侯曰:"敢问溺音何从出也?"子夏对曰:"郑音好滥淫志,宋音燕女溺志,卫音趋数烦志⑦,齐音敖辟乔志⑧。此四者皆淫于色而害于德,是以祭祀弗用也。《诗》云:'肃雍和鸣,先祖是听。'夫肃肃,敬也;雍雍,和也。夫敬以和,何事不行。为人君者,谨其所好恶而已矣。君好之,则臣为之。上行之,则民从之。《诗》云:'诱民孔易'⑨,此之谓也。"

然后,圣人作为鞉、鼓、椌、楬、埙、篪⑩,此六者,德音之音也。然后钟磬、竽、瑟以和之,干、戚、旄、狄⑪以舞之,此所以祭先王之庙也,所以献酬酳酢也⑫,所以官序贵贱,各得其宜也,所以示后世有尊卑长幼之序也。

钟声铿,铿以立号,号以立横⑬,横以立武;君子听钟声则思武臣。石声磬,磬以立辨⑭,辨以致死。君子听磬声,则思死封疆之臣。丝声哀,哀以立廉⑮,廉以立志;君子听琴瑟之声则思志义之臣。竹声滥,滥以立会,会以聚众。君子听竽笙箫管之声,则思畜⑯聚之臣。鼓鼙⑰之声谨,谨⑱以立动,动以进⑲众。君子听鼓鼙之声,则思将帅之臣。君子之听音,非听其铿枪而已也,彼亦有所合之也。

---

① 莫:通"寞",沉寂。
② 类:善恶的种类,这里指善类。
③ 俾:通"比",相比。
④ 靡:无。
⑤ 祉:福。
⑥ 施(yì):延续。孙子:子孙后代。
⑦ 趋数:急促。烦志:使人心志烦躁。
⑧ 敖辟:傲辟。乔:通"骄",骄纵。
⑨ 孔易:非常容易。孔:很,非常。
⑩ 鞉(táo)、鼓、椌(qiāng)、楬(qià)、埙(xūn)、篪(chí):六种乐器,即小鼓、大鼓、棍、敔(yǔ)、埙和篪。
⑪ 狄:通"翟",用翟尾羽制成的舞具。
⑫ 献:特指主人向宾客敬酒。酬:古人酒宴礼节,也叫导饮。酳(yìn):吃东西后进酒以漱口的礼节。酢(zuò):用酒回敬主人。
⑬ 横:充满。
⑭ 辨:分辨节义。
⑮ 廉:品行端正。
⑯ 畜:积。
⑰ 鼙:一种军用小鼓。
⑱ 谨(huān):喧嚣。
⑲ 进:促进。

　　宾牟贾侍坐于孔子。孔子与之言及乐,曰:"夫《武》之备戒之已久,何也?"对曰:"病①不得众也。""咏叹之,淫液②之,何也?"对曰:"恐不逮③事也。""发扬蹈厉之已蚤④,何也?"对曰:"及时事也。""《武》坐⑤,致右宪左⑥,何也?"对曰:"非《武》坐也。""声淫⑦及商何也?"对曰:"非《武》音也。"子曰:"若非《武》音,则何音也?"对曰:"有司失其传也。若非有司失其传,则武王之志荒矣。"子曰:"唯! 丘之闻诸苌弘,亦若吾子之言是也。"

　　宾牟贾起,免席⑧而请曰:"夫《武》之备戒之已久,则既闻命矣。敢问迟之迟,而又久,何也?"子曰:"居⑨! 吾语女⑩。夫乐者,象成⑪者也。总干而山立⑫,武王之事也;发扬蹈厉⑬,大公之志也。《武》乱皆坐,周、召之治也。

　　"且夫《武》,始而北出,再成而灭商。三成而南,四成而南国是疆,五成而分,周公左,召公右,六成复缀⑭,以崇天子。夹振之而驷伐,盛威于中国也;分夹而进,事蚤济也;久立于缀,以待诸侯之至也。

　　"且女独未闻牧野之语⑮乎? 武王克殷反⑯商。未及下车,而封黄帝之后于蓟,封帝尧之后于祝,封帝舜之后于陈。下车而封夏后氏之后于杞,投⑰殷之后于宋。封王子比干之墓,释箕子之囚,使之行商容而复其位。庶民弛政,庶士倍禄。

---

①　病:忧虑。
②　咏叹:拉长声音唱。淫液:指乐声连绵不断。
③　逮:及。
④　蚤:早。
⑤　坐:跪。
⑥　致右宪左:右膝跪地,左膝抬起。
⑦　淫:贪,这里指充满。商:商声,主杀伐。
⑧　免席:离开席位。请:请教。
⑨　居:坐下。
⑩　吾语女:我告诉你。语:告诉。女:通"汝",你。
⑪　成:既成的事实。
⑫　总干:手持盾牌。山立:像山一样站立。
⑬　发扬蹈厉:舞蹈动作。开始舞蹈的时候,手脚猛烈地挥舞。
⑭　复缀:返回原位。
⑮　语:传说。
⑯　反:返还。
⑰　投:迁徙。

"济河①而西,马散之华山之阳②而弗复乘,牛散之桃林之野而弗复服③,车甲衅④而藏之府库而弗复用。倒载干戈,包之以虎皮,将帅之士,使为诸侯,名之曰:'建櫜⑤。'然后知武王之不复用兵也。散军而郊射,左射《狸首》,右射《驺虞》⑥,而贯革之射息也。裨冕搢笏⑦,而虎贲之士说⑧剑也。祀乎明堂,而民知孝。朝觐,然后诸侯知所以臣,耕藉⑨,然后诸侯知所以敬。五者,天下之大教也。食⑩三老五更于大学,天子袒而割牲,执酱而馈,执爵而酳,冕而总干,所以教诸侯之弟也。若此,则周道四达,礼乐交通。则《武》之迟久,不亦宜乎!"

君子曰:礼、乐不可斯须⑪去身。致乐以治心,则易直子谅之心油然生矣。易直子谅之心生则乐,乐则安,安则久,久则天,天则神。天则不言而信,神则不怒而威。致乐以治心者也,致礼以治躬者也。治躬则庄敬,庄敬则严威。心中斯须不和不乐,而鄙诈之心入之矣。外貌斯须不庄不敬,而易慢⑫之心入之矣。故乐也者,动于内者也;礼也者,动于外者也。乐极和,礼极顺,内和而外顺,则民瞻其颜色而弗与争也;望其容貌而民不生易慢焉。故德辉动于内而民莫不承听,理发诸外,而民莫不承顺。故曰:致礼、乐之道,举而错⑬之,天下无难矣。

乐也者,动于内者也;礼也者,动于外者也。故礼主其减,乐主其盈。礼减而进⑭,以进为文⑮;乐盈而反⑯,以反为文。礼减而不进则销⑰,乐盈而不反则放⑱,故礼有报而乐有反。礼得其报则乐,乐得其反则安;礼之报,乐之反,其义一也。

---

① 济:渡,过河。河:特指黄河。

② 阳:山的南面。

③ 服:用,使用。这里指驱使。

④ 衅:血祭,杀死牲口,将牲口的血涂在所祭的器物上。

⑤ 建櫜:把兵器、铠甲收起来。建:通"键",锁闭。櫜:装弓箭或铠甲的口袋。

⑥ 狸首、驺(zōu)虞:上古射礼时的歌名,以歌为发矢节奏。

⑦ 裨(bì)冕:古代诸侯卿大夫觐见天子时,穿裨衣、戴冕,称为"裨冕"。裨:礼服的一种。冕:古代帝王、诸侯、卿大夫戴的礼帽。搢(jìn):插。笏(hù):古代君臣朝见时手中拿的狭长板子。

⑧ 虎贲:勇猛。说:通"脱",解下。

⑨ 耕藉:古时帝王每年春天到籍田中带头耕作,以示重视农业,称为耕籍。藉,通"籍",籍田,古代帝王在京城附近占有的土地。

⑩ 食(sì):给吃,喂养,这里指宴请。

⑪ 斯须:片刻。

⑫ 易慢:轻忽怠慢。

⑬ 错:通"措",施行。

⑭ 进:自我勉励。

⑮ 文:美好,美善。

⑯ 反:自我抑制。

⑰ 销:销衰。

⑱ 放:流放。

夫乐者，乐也，人情之所不能免也。乐必发于声音，形于动静，人之道也。声音动静，性术①之变，尽于此矣。故人不耐②无乐，乐不耐无形，形而不为道，不耐无乱。先王耻其乱，故制《雅》《颂》之声以道之，使其声足乐而不流，使其文足论而不息，使其曲直、繁瘠、廉肉、节奏③足以感动人之善心而已矣，不使放④心邪气得接焉，是先王立乐之方⑤也。是故乐在宗庙之中，君臣上下同听之，则莫不和敬；在族长乡里之中，长幼同听之，则莫不和顺；在闺门之内，父子兄弟同听之，则莫不和亲。

故乐者审一以定和，比物以饰节；节奏合以成文，所以合和父子君臣附亲万民也，是先王立乐之方也。故听其《雅》《颂》之声，志意得广焉；执其干戚，习其俯仰诎伸，容貌得庄焉；行其缀兆，要⑥其节奏，行列得正焉，进退得齐焉。故乐者，天地之命，中和之纪，人情之所不能免也。

夫乐者，先王之所以饰⑦喜也；军旅、铁钺者，先王之所以饰怒也。故先王之喜怒，皆得其侪⑧焉；喜则天下和之，怒则暴乱者畏之。先王之道，礼乐可谓盛矣。

子赣见师乙而问焉，曰："赐闻声歌各有宜也，如赐者，宜何歌也？"师乙曰："乙，贱工也，何足以问所宜。请诵⑨其所闻，而吾子自执焉。宽而静，柔而正者，宜歌《颂》；广大而静、疏达而信者，宜歌《大雅》；恭俭而好礼者，宜歌《小雅》；正直而静、廉而谦者，宜歌《风》；肆直而慈爱者，宜歌《商》；温良而能断者，宜歌《齐》。夫歌者，直己而陈德⑩也。动己而天地应焉，四时和焉，星辰理焉，万物育焉。

"故《商》者，五帝之遗声也，商之遗声也，商人识⑪之，故谓之《商》。《齐》者，三代之遗声也，齐人识之，故谓之《齐》。明⑫乎商之音者，临事而屡断；明乎《齐》之音者，见利而让。临事而屡断，勇也；见利而让，义也。有勇有义，非歌孰能保

---

① 性：人的性情。术：表达方式。
② 耐：通"能"。
③ 瘠：省约。廉：清脆。肉：圆润。节奏：指乐曲的快慢行止。
④ 放：放荡。
⑤ 方：准则。
⑥ 要：会，合。
⑦ 饰：假托，借用。
⑧ 侪(chái)：并列。
⑨ 诵：述说。
⑩ 直己：端正自己的行为。陈德：用歌述说德行。
⑪ 识：懂得。
⑫ 明：道晓，明了。

此。故歌者,上如抗,下如队,曲如折,止如槁木,倨中矩,句中钩,累累①乎端如贯珠。故歌之为言也,长言之也。说②之,故言之;言之不足,故长言之;长言之不足,故嗟叹之;嗟叹之不足,故不知③手之舞之,足之蹈之也。"

评说

《礼记》是一部儒家思想的资料汇编,与《诗经》《尚书》《周易》《春秋》并称为儒家五经。《礼记》内容广博,门类繁多,集中体现了先秦儒家的政治、哲学和伦理思想,是古代学子的必学书籍。

《乐记》是《礼记》中的一章,是中国古代在音乐方面非常重要、自成系统的经典,凝聚了中华民族古圣先贤,特别是儒家关于音乐理论的极高的智慧。礼乐文化是中华文化的重要特征之一。孔子曰:"兴于诗,立于礼,成于乐。"意思是:以诗歌来感发意志,促使个体向善求仁的自觉,以礼实现人的自立,最后在音乐和谐和教育熏陶下实现至善人格的养成。中华乐教是中华传统文化教育的集大成,是培养人格,和谐家庭、宗族乃至社会的智慧之音。

更多讲解,请扫描

---

① 累累:连贯成串貌。

② 说:同"悦",高兴。

③ 不知:不知不觉。

原　道

　　《原道》是唐代文学家韩愈①创作的一篇古文，是韩愈复古崇儒、攘斥佛老的代表作。文中观点鲜明，有破有立，引证今古，从历史发展、社会生活等方面，层层剖析，驳斥佛老之非，论述儒学之是，归结到恢复古道、尊崇儒学的宗旨，是唐代古文的杰作。"原道"，即探求道之本。韩愈认定道的本原是儒家的"仁义道德"，他以继承道统、恢复儒道为己任，排斥"佛老"，抨击藩镇割据，要求加强君主集权，以缓解日益加深的社会矛盾。

　　博爱之谓仁，行而宜②之之谓义，由是而之③焉之谓道，足乎己而无待于外之谓德。仁与义为定名，道与德为虚位。故道有君子小人，而德有凶有吉。老子之小仁义，非毁之也，其见者小也。坐井而观天，曰天小者，非天小也。彼以煦煦④为仁，孑孑⑤为义，其小之也则宜。其所谓道，道其所道，非吾所谓道也。其所谓德，德其所德，非吾所谓德也。凡吾所谓道德云者，合仁与义言之也，天下之公言也。老子之所谓道德云者，去仁与义言之也，一人之私言也。

---

　　①　韩愈(768—824)，字退之，河南河阳(今河南省孟州市)人。自称"郡望昌黎"，世称"韩昌黎""昌黎先生"。唐代杰出的文学家、思想家、哲学家、政治家。贞元八年(792)，韩愈登进士第，两任节度推官，累官监察御史。后因论事而被贬阳山，历任都官员外郎、史馆修撰、中书舍人等职。晚年官至吏部侍郎，人称"韩吏部"。长庆四年(824)，韩愈病逝，年五十七，追赠礼部尚书，谥号"文"，故称"韩文公"。元丰元年(1078)，追封昌黎伯，并从祀孔庙。韩愈是唐代古文运动的倡导者，被后人尊为"唐宋八大家"之首，与柳宗元并称"韩柳"，有"文章巨公"和"百代文宗"之名。后人将其与柳宗元、欧阳修和苏轼合称"千古文章四大家"。他提出的"文道合一""气盛言宜""务去陈言""文从字顺"等散文的写作理论，对后人具有指导意义。著有《韩昌黎集》等。
　　②　宜：合宜。《礼记·中庸》："义者，宜也。"
　　③　之：往。
　　④　煦(xù)煦：和蔼的样子。这里指小恩小惠。
　　⑤　孑孑(jié)：琐屑细小的样子。

周道衰,孔子没,火于秦,黄老①于汉,佛于晋、魏、梁、隋之间。其言道德仁义者,不入于杨,则归于墨②;不入于老,则归于佛。入于彼,必出于此。入者主之,出者奴之;入者附之,出者污③之。噫!后之人其欲闻仁义道德之说,孰从而听之?老者曰:"孔子,吾师之弟子也。"佛者曰:"孔子,吾师之弟子也。"为孔子者,习闻其说,乐其诞而自小④也,亦曰"吾师亦尝师之"云尔⑤。不惟举之于口,而又笔之于其书。噫!后之人虽欲闻仁义道德之说,其孰从而求之?

甚矣,人之好怪也,不求其端,不讯其末,惟怪之欲闻。古之为民者四⑥,今之为民者六⑦。古之教者处其一,今之教者处其三。农之家一,而食粟之家六。工之家一,而用器之家六。贾之家一,而资焉⑧之家六。奈之何民不穷且盗也?

古之时,人之害多矣。有圣人者立,然后教之以相生相养之道。为之君,为之师。驱其虫蛇禽兽,而处之中土。寒然后为之衣,饥然后为之食。木处而颠,土处而病也,然后为之宫室⑨。为之工以赡其器用,为之贾以通其有无,为之医药以济其夭死,为之葬埋祭祀以长其恩爱,为之礼以次其先后,为之乐以宣其湮郁⑩,为之政以率其怠倦,为之刑以锄其强梗⑪。相欺也,为之符、玺、斗斛、权衡⑫以信之;相夺也,为之城郭甲兵以守之。害至而为之备,患生而为之防。今其言曰:"圣人不死,大盗不止。剖斗折衡,而民不争。"⑬呜呼!其亦不思而已矣。如古之无圣人,人之类灭久矣。何也?无羽毛鳞介以居寒热也,无爪牙以争食也。

是故君者,出令者也;臣者,行君之令而致之民者也;民者,出粟米麻丝,作器皿,通货财,以事其上者也。君不出令,则失其所以为君;臣不行君之令而致之

---

① 黄老:汉初道家学派,把传说中的黄帝与老子共同尊为道家始祖。

② 杨:杨朱,战国时哲学家,主张"轻物重生""为我"。墨:墨翟,战国初年的思想家,主张"兼爱""薄葬"。《孟子·滕文公下》:"天下之言不归杨则归墨。"

③ 污(wū):污蔑,诋毁。

④ 诞:荒诞。自小:自己轻视自己。

⑤ 云尔:语助词,相当于"等等"。关于孔子曾向老子请教,《史记·老庄申韩列传》及《孔子家语·观周》都有记载。

⑥ 四:指士、农、工、商四类。

⑦ 六:指士、农、工、商,加上和尚、道士。

⑧ 资:依靠。焉:代词,指做生意。

⑨ 宫室:泛指房屋。

⑩ 宣:宣泄。湮(yān)郁:郁闷。

⑪ 强梗:强暴之徒。

⑫ 符:古代一种凭证,以竹、木、玉、铜等制成,刻有文字,双方各执一半,合以验真伪。玺(xǐ):玉制的印章。斗斛:量器。权衡:秤锤及秤杆。

⑬ "圣人不死"四句:语出《庄子·胠箧》。《老子》也说:"绝圣弃智,民利百倍;绝仁弃义,民复孝慈;绝巧弃利,盗贼无有。"

民，则失其所以为臣；民不出粟米麻丝，作器皿，通货财，以事其上，则诛。今其^①法曰："必弃而君臣，去而^②父子，禁而相生相养之道，以求其所谓清净寂灭^③者。"呜呼！其亦幸而出于三代之后，不见黜^④于禹、汤、文、武、周公、孔子也；其亦不幸而不出于三代之前，不见正于禹、汤、文、武、周公、孔子也。

　　帝之与王，其号虽殊，其所以为圣一也。夏葛而冬裘，渴饮而饥食，其事虽殊，其所以为智一也。今其^⑤言曰："曷不为太古之无事？"是亦责冬之裘者曰："曷不为葛之之易也？"责饥之食者曰："曷不为饮之之易也？"传曰^⑥："古之欲明明德于天下者，先治其国；欲治其国者，先齐其家；欲齐其家者，先修其身；欲修其身者，先正其心；欲正其心者，先诚其意。"然则古之所谓正心而诚意者，将以有为也。今也欲治其心，而外天下国家，灭其天常^⑦。子焉而不父其父，臣焉而不君其君，民焉而不事其事。孔子之作《春秋》也，诸侯用夷礼则夷^⑧之，进^⑨于中国则中国之。经曰："夷狄之有君，不如诸夏之亡。"^⑩《诗》曰："戎狄是膺，荆舒是惩。"^⑪今也举夷狄之法，而加之先王之教之上，几何其不胥^⑫而为夷也？

　　夫所谓先王之教者，何也？博爱之谓仁，行而宜之之谓义。由是而之焉之谓道。足乎己无待于外之谓德。其文《诗》《书》《易》《春秋》；其法礼、乐、刑、政；其民士、农、工、贾；其位君臣、父子、师友、宾主、昆弟、夫妇；其服麻、丝；其居宫、室；其食粟米、果蔬、鱼肉。其为道易明，而其为教易行也。是故以之为己，则顺而祥；以之为人，则爱而公；以之为心，则和而平；以之为天下国家，无所处而不当。是故生则得其情，死则尽其常。郊焉而天神假^⑬，庙^⑭焉而人鬼飨。曰："斯道也，

---

①　其：指佛家。

②　而：尔，你。下同。

③　清净寂灭：佛家以离开一切恶行烦扰为清净。《俱舍论》卷十六："诸身语意三种妙行，名身语意三种清净，暂永远离一切恶行烦恼垢，故名为清净。"寂灭：梵语"涅槃"的意译。指本体寂静，离一切诸相（现实世界）。《无量寿经》："超出世间，深乐寂灭。"

④　三代：指夏、商、周三朝。黜（chù）：贬斥。

⑤　其：指道家。

⑥　传（zhuàn）：解释儒家经典的书称"传"。这里的引文出自《礼记·大学》。

⑦　天常：天性。

⑧　夷：中国古代汉族对其他民族的通称。

⑨　进：同化。

⑩　经：指儒家经典。二句出自《论语·八佾》。

⑪　引文见《诗经·鲁颂·閟宫》。戎狄：古代西北方的少数民族。膺：攻伐。荆舒：古代指东南方的少数民族。

⑫　几何：差不多。胥：沦落。

⑬　郊：郊祀，祭天。假：通"格"，到。

⑭　庙：祭祖。

何道也?"曰:"斯吾所谓道也,非向所谓老与佛之道也。尧以是传之舜,舜以是传之禹,禹以是传之汤,汤以是传之文、武、周公,文、武、周公传之孔子,孔子传之孟轲①,轲之死,不得其传焉。荀与扬也②,择焉而不精,语焉而不详。由周公而上,上而为君,故其事行;由周公而下,下而为臣,故其说长。然则如之何而可也?曰:"不塞不流,不止不行。人其人,火其书,庐其居③。明先王之道以道之,鳏寡孤独④废疾者有养也。其亦庶乎⑤其可也!"

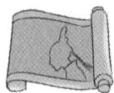

评说

在《原道》中,韩愈开宗明义地提出了他对儒道的理解:"博爱之谓仁,行而宜之之为义,由是而之焉之谓道,足乎己无待于外之谓德。仁与义为定名,道与德为虚位。"以此为据,他批评了道家舍仁义而空谈道德的"道德"观。他回顾了先秦以来杨墨、佛老等异端思想侵害儒道,使仁义道德之说趋于混乱的历史,对儒道衰坏、佛老横行的现实深表忧虑。文章以上古以来社会历史的发展为证,表彰了圣人及其开创的儒道在历史发展中的巨大功绩,论证了儒家社会伦理学说的历史合理性,并以儒家正心诚意、修身齐家、治国平天下的人生理想为对比,批评了佛老二家置天下国家于不顾的心性修养论的自私和悖理,揭示了它们对社会生产生活和纲常伦理的破坏作用,提出了"人其人,火其书,庐其居。明先王之道以道之,鳏寡孤独废疾者有养也"的具体措施。

《原道》最引人注目之处,在于提出了一个"道统"的授受体系。韩愈在重申了儒家的社会伦理学说后,总结道:"斯道也,何道也?曰:斯吾所谓道也,非向所谓老与佛之道也。尧以是传之舜,舜以是传之禹,禹以是传之汤,汤以是传之文武周公,文武周公传之孔子,孔子传之孟轲。轲之死,不得其传焉。"宋儒所乐道的"道统"的形态即由此而来。关于韩愈的"道统"说,《原道》最直接的打击对象是佛老,韩愈所要诛的"民",也是士农工贾四民之外的佛老二民,这已是人所共

---

① 文:周文王姬昌。武:周武王姬发。周公:姬旦。孟轲:战国时邹国(今山东邹城)人。孔子再传弟子,被后来的儒家称为"亚圣"。

② 荀:荀子,名况,又称荀卿、孙卿。战国末年思想家、教育家。扬:扬雄(约前53—18),字子云,西汉末年文学家、思想家。

③ 庐:这里作动词。其居:指佛寺、道观。

④ 鳏(guān):老而无妻。独:老而无子。

⑤ 庶乎:差不多,大概。

知的事实。唐代的僧道不纳赋税，不服徭役，所以逃丁避罪者，并集于寺观，"至武宗会昌灭佛时，官度僧尼已达二十六万多人"。

《原道》强调"君君臣臣"的等级秩序，还隐隐地将矛头指向了另一个强大的对手：藩镇。对于这一点，陈寅恪先生在他的文章中已经揭示。他认为，韩愈在文章中屡申"夷夏之大防"，其中实包含着对安史之乱后藩镇割据局面的深忧，因为安史是"西胡杂种，藩镇又是胡族或胡化的汉人"。此说虽有理，但似乎略显迂回。相比之下，倒是蒋凡先生之说更为显明。《原道》中说："臣者，行君之令而致之民者也。臣不行君之令而致之民，则诛。"藩镇割据之地，朝廷政令不行，租赋不入，这样的乱臣贼子，正在可诛之列。只是由于当时藩镇势力正炽，才不得已以曲笔加以诛伐。《原道》之作，确实有着强烈的干预现实的用心。

更多讲解，请扫描

太极图说

《太极图说》是宋代哲学家周敦颐①的哲学著作。受《周
易·系辞传》的启发，周敦颐在《太极图说》中阐释了其宇宙
观。他认为，无极而太极。太极动而生阳，动极而静，静极
又生阴。静极复动，一动一静，互为其根。分阴分阳，两仪
立焉。而在宇宙观的基础上，又建立起了道德观。该文对
后世影响很大，对宋明理学的发展起到了极其重要的推动
作用。该文版本很多，朱熹《近思录》、刘宗周《人谱》、黄宗
羲等所编《宋元学案》等都有收录。朱熹曾给《太极图》和
《太极图说》进行了注释，引起后世的许多争论。其实，关于
《太极图》和《太极图说》的争论在很大程度上是围绕朱熹的
注解与周敦颐的原意是否一致这个中心论点进行的。后代
学者的讨论也遵循这条线索而展开，于是，又衍生出了朱熹
与周敦颐思想异同的讨论。

太 极 图

阳
动

阴
静

火 水

土

木 金

乾道成男

乾道成女

万物化生

　　无极而太极②。太极动而生阳，动极而静，静而生阴，静
极复动。一动一静，互为其根。分阴分阳，两仪立焉。阳变
阴合，而生水火木金土。五气顺布，四时行焉。五行一阴阳

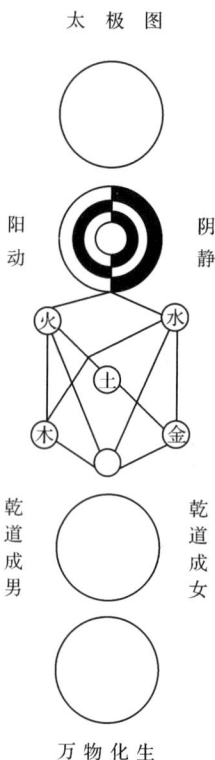

① 周敦颐(1017—1073)，又名周元皓，原名周敦实，字茂叔，谥号元公，北宋道州营道楼田堡(今湖南
省道县)人，世称濂溪先生。周敦颐是北宋五子之一，是宋朝儒家理学思想的开山鼻祖，文学家、哲学家，
著有《爱莲说》《太极图说》《通书》等。所提出的无极、太极、阴阳、五行、动静、主静、至诚、无欲、顺化等理
学基本概念，为后世的理学家反复讨论和发挥，构成理学范畴体系中的重要内容。
② 太极：即无极。太：初始、宗源、无上。极：最端之位、结构之元。太极的字面含义：最高级、最标
准、最完美之义。太极的真实含义：事物存在与运动的机理，以旋转为运动形式，以圆融为运动品质。

也,阴阳一太极也,太极本无极也。五行之生也,各一其性。无极之真,二五①之精,妙合而凝。乾道成男,坤道成女。二气交感,化生万物。万物生生,而变化无穷焉。

惟人也得其秀而最灵。形既生矣,神发知矣。五性②感动,而善恶分,万事出矣。圣人定之以中正仁义而主静,立人极③焉。故圣人与天地合其德,日月合其明,四时合其序,鬼神合其吉凶。君子修之,吉;小人悖之,凶。故曰:"立天之道,曰阴与阳。立地之道,曰柔与刚。立人之道,曰仁与义。"又曰:"原始反终④,故知死生之说。"大哉易也,斯其至矣。

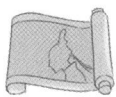

评说

《太极图说》是周敦颐为其《太极图》写的一篇说明。全文二百四十九字。太极图是所有图形中构图最简单、内涵最丰富、造型最完美的图案,古今中外没有哪个图案有如此深刻的内涵,它可以概括宇宙、生命、物质、能量、运动、结构等内容,可以揭示宇宙、生命、物质的起源。

《太极图说》则是一个言简意赅的宇宙发生发展论纲,在后来被奉为"有宋理学之宗祖",因为它是中国思想史上第一次系统、完整地论述宇宙发生、发展的著作。该文认为,"太极"是宇宙的本原,人和万物都是由于阴阳二气和水火木金土五行相互作用构成的。五行统一于阴阳,阴阳统一于太极。而太极就是无极。无极就是太极的特征,说明了太极之大,大到无有此极。所谓大象无形、大美无言,就是这个道理。文中突出了人的价值和作用,该文主张:"惟人也得其秀而最灵。"在人群中,又特别突出圣人的价值和作用,认为"圣人定之以中正仁义而主静,立人极焉"。

更多讲解,请扫描

---

① 二五:"二"指"阴阳","五"指五行。
② 五性:五常之性,即仁、义、礼、智、信。
③ 人极:社会的纲纪、纲常、准则。
④ 原始返终:能原其始,而知所以生,则反其终而知所以死矣。

本朝百年无事劄子^①

    本文是北宋王安石^②所做的奏议。全文以扬为抑，褒中有贬，在探究北宋立国以来百余年间太平无事的原因的同时，剖析了宋仁宗统治时的种种弊病；透过"百年无事"的表象揭露危机四伏的实质，犀利地指出因循守旧、故步自封的危害；并就吏治、教育、科举、农业、财政、军事等诸方面的改革提出了自己的见解与主张。文章条理清晰，措辞委婉，情感恳切坦诚，是历代奏议中的佳作。

    臣前蒙陛下问及本朝所以享国^③百年、天下无事之故。臣以浅陋^④，误承圣^⑤问，迫于日晷^⑥，不敢久留，语不及悉^⑦，遂辞而退。窃惟念^⑧圣问及此，天下之福，

---

    ① 百年：指从宋太祖建隆元年(960)至宋神宗熙宁元年(1068)，凡一百余年。劄子：即札子，当时大臣用以向皇帝进言议事的一种文体；也有用于发指示的，如中书省或尚书省所发指令，凡不用正式诏命的，也称为札子，或称"堂帖"。

    ② 王安石(1021-1086)，字介甫，号半山，临川人，北宋著名思想家、政治家、文学家、改革家。庆历二年(1042)，王安石进士及第。历任扬州签判、鄞县知县、舒州通判等职，政绩显著。熙宁二年(1069)，任参知政事，次年拜相，主持变法。因守旧派反对，熙宁七年(1074)罢相。一年后，受宋神宗再次起用，旋又罢相，退居江宁。元祐元年(1086)，保守派得势，新法皆废，郁然病逝于钟山，追赠太傅。绍圣元年(1094)，获谥"文"，故世称王文公。王安石潜心研究经学，著书立说，被誉为"通儒"，创"荆公新学"，促进了宋代疑经变古学风的形成。在哲学上，他用"五行说"阐述宇宙生成，丰富和发展了中国古代朴素唯物主义思想；其哲学命题"新故相除"，把中国古代辩证法推到一个新的高度。在文学上，王安石具有突出成就。其散文简洁峻切，短小精悍，论点鲜明，逻辑严密，有很强的说服力，充分发挥了古文的实际功用，名列"唐宋八大家"；其诗"学杜得其瘦硬"，擅长说理与修辞，晚年诗风含蓄深沉、深婉不迫，以丰神远韵的风格在北宋诗坛自成一家，世称"王荆公体"；其词写物咏怀吊古，意境空阔苍茫，形象淡远纯朴，营造出一个士大夫文人特有的情致世界。有《王临川集》《临川集拾遗》等存世。

    ③ 享国：享有国家。指帝王在位掌握政权。

    ④ 浅陋：见识浅薄。这里为自谦之词。

    ⑤ 误承：误受的意思。这里为自谦之词。圣：指皇帝。

    ⑥ 日晷(guǐ)：按照日影移动来测定时刻的仪器。这里指时间。

    ⑦ 语不及悉：回禀的话来不及细说。悉：详尽。

    ⑧ 窃惟念：我私下在想。这和下文"伏惟"一样，都是旧时下对上表示敬意的用语。

而臣遂无一言之献，非近臣①所以事君之义，故敢昧冒②而粗有所陈。

伏惟太祖躬上智独见③之明，而周知④人物之情伪，指挥付托⑤必尽其材，变置施设⑥必当其务⑦。故能驾驭⑧将帅，训齐⑨士卒，外以扞夷狄⑩，内以平中国⑪。于是除苛赋，止虐刑，废强横之藩镇⑫，诛贪残之官吏，躬⑬以简俭为天下先⑭。其于出政发令之间，一以安利元元⑮为事。太宗承之以聪武，真宗守之以谦仁，以至仁宗、英宗，无有逸德⑯。此所以享国百年而天下无事也。仁宗在位，历年最久。臣于时实备从官⑰，施为本末⑱，臣所亲见。尝试为陛下陈其一二，而陛下详择其可，亦足以申鉴⑲于方今。

伏惟⑳仁宗之为君也，仰畏天，俯畏人㉑，宽仁恭俭，出于自然㉒。而忠恕诚悫㉓，终始如一，未尝妄兴一役，未尝妄杀一人，断狱务在生㉔之，而特恶吏之残

---

① 近臣：皇帝亲近的大臣。当时王安石任翰林学士，是侍从官。
② 昧冒：即"冒昧"，鲁莽，轻率。这里为自谦之词。
③ 躬：本身具有。上智：极高的智慧。独见：独到的见解。
④ 周知：全面了解。
⑤ 付托：托付、交代。指委任臣下做事。
⑥ 变置施设：设官分职。变置，指改变前朝的制度而重新设立新制。
⑦ 当其务：合于当前形势的需要。
⑧ 驾驭(yù)：统率，指挥。
⑨ 训齐：使人齐心合力。
⑩ 扞(hàn)：同"捍"，抵抗。夷狄：旧时指我国东部和北部的少数民族。这里指北宋时期分别建立在我国北方和西北方的契丹、西夏两个少数民族政权。下文"蛮夷"也是同样的意思。
⑪ 内以平中国：指宋太祖对内平定统一了中原地区。中国，指中原地带。
⑫ 废强横之藩镇：指宋太祖收回节度使的兵权。唐代在边境和内地设置节度使，镇守一方，总揽军政，称为藩镇。唐玄宗以后至五代时，藩镇强大，经常发生叛乱割据之事。宋太祖有鉴于此，使节度使仅为授予勋戚功臣的荣衔。
⑬ 躬：亲自。这里与上文的"躬"字意思稍有区别。
⑭ 为天下先：做天下人的表率。
⑮ 安利元元：使老百姓得到平安和利益。元元，老百姓。
⑯ 逸德：失德。
⑰ 实备从官：王安石在宋仁宗时曾任知制诰，替皇帝起草诏令，是皇帝的侍从官。
⑱ 施为本末：一切措施的经过和原委。
⑲ 申鉴：引以为鉴戒。
⑳ 伏惟：古人奏札、书信中常用的套语，意为"我暗自考虑"。
㉑ 仰畏天，俯畏人：上畏天命，下畏人事。意谓说话行事都须十分谨慎。
㉒ 自然：本性。
㉓ 诚悫(què)：诚恳。
㉔ 断狱：审理和判决罪案。生：指给犯人留有活路。

扰①。宁屈己弃财于夷狄②,而终不忍加兵。刑平而公,赏重而信。纳用谏官御史,公听并观③,而不蔽于偏至之谗④。因任众人耳目⑤,拔举疏远⑥,而随之以相坐之法⑦。盖监司之吏以至州县⑧,无敢暴虐残酷,擅有调发⑨,以伤百姓。自夏人顺服⑩,蛮夷遂无大变,边人父子夫妇,得免于兵死,而中国之人,安逸蕃息⑪,以至今日者,未尝妄兴一役,未尝妄杀一人,断狱务在生之,而特恶吏之残扰,宁屈己弃财于夷狄而不忍加兵之效⑫也。大臣贵戚、左右近习⑬,莫敢强横犯法,其自重慎,或甚于闾巷之人⑭,此刑平而公之效也。募天下骁雄横猾⑮以为兵,几至百万,非有良将以御⑯之,而谋变者辄败⑰;聚天下财物,虽有文籍⑱,委之府史⑲,非有能吏以钩考⑳,而断盗者辄发㉑。凶年饥岁,流者填道㉒,死者相枕㉓,而寇攘者辄得㉔。此赏重而信之效也。大臣贵戚、左右近习,莫能大擅威福,广私货赂,

---

① 恶(wù):厌恨。吏之残扰:指官吏对百姓的残害、扰攘。

② 弃财于夷狄:指北宋政府每年向契丹和西夏两个少数民族政权献币纳绢以求和之事。宋真宗景德元年(1004),北宋政府与契丹讲和,每年需向契丹献币纳绢。宋仁宗庆历二年(1042),宋又向契丹增加银绢以求和。庆历四年(1044),宋又以献币纳绢的方式向西夏妥协。王安石这里是替宋仁宗的屈服妥协辩解的话。

③ 公听并观:多听多看。意即听取了解各方面的意见情况。

④ 偏至之谗:片面的谗言。

⑤ 因任众人耳目:相信众人的见闻。

⑥ 拔举疏远:提拔、起用疏远的人。疏远,这里指与皇帝及高官显贵关系不密切但有真实才干的人。

⑦ 相坐之法:指被推荐的人如果后来失职,推荐人便要受罚的一种法律。

⑧ 监司之吏:监察州郡的官员。宋朝设置诸路转运使、安抚使、提点刑狱、提举常平四司,兼有监察之责,称为监司。州县:指地方官员。

⑨ 调发:指征调劳役赋税。

⑩ 夏人顺服:西夏政权在宋初与宋王朝有摩擦,至仁宗庆历三年(1043),西夏主元昊遣使请和,从此宋、夏间的战事宣告结束。

⑪ 安逸蕃息:休养生息。蕃:繁殖。

⑫ 效:结果。

⑬ 左右近习:指皇帝周围亲近的人。

⑭ 甚于闾巷之人:比平民百姓更加谨慎畏法。

⑮ 骁(xiāo)雄横猾:指勇猛强暴而奸诈的人。

⑯ 御:统率,管理。

⑰ 谋变者辄败:凡有阴谋哗变者,很快就被平定。

⑱ 文籍:账册。

⑲ 府史:衙门中的书吏。

⑳ 钩考:查核。

㉑ 断盗者:一作"欺盗",指贪污中饱的人。发:被揭发。

㉒ 流者填道:流亡的人塞满了道路。

㉓ 死者相枕:尸体枕着尸体。

㉔ 寇攘(rǎng)者:强盗。得:被抓获。

一有奸慝^①，随辄上闻。贪邪横猾，虽间或见用^②，未尝得久。此纳用谏官、御史，公听并观，而不蔽于偏至之谗之效也。自县令京官以至监司台阁，升擢之任，虽不皆得人^③，然一时之所谓才士，亦罕蔽塞而不见收举^④者。此因任众人之耳目、拔举疏远而随之以相坐之法之效也。升遐^⑤之日，天下号恸^⑥，如丧考妣^⑦，此宽仁恭俭出于自然，忠恕诚悫，终始如一之效也。

　　然本朝累世因循末俗^⑧之弊，而无亲友群臣之议。人君朝夕与处，不过宦官女子^⑨，出而视事^⑩，又不过有司之细故^⑪，未尝如古大有为之君，与学士大夫讨论先王之法以措之天下^⑫也。一切因任自然之理势^⑬，而精神之运^⑭有所不加，名实^⑮之间有所不察。君子非不见贵，然小人亦得厕^⑯其间。正论非不见容，然邪说亦有时而用。以诗赋记诵求天下之士^⑰，而无学校养成之法^⑱。以科名资历叙朝廷之位^⑲，而无官司课试^⑳之方。监司无检察之人，守将非选择之吏。转徙之亟^㉑既难于考绩，而游谈之众^㉒因得以乱真^㉓。交私养望者^㉔多得显官，独立营职

---

① 奸慝(tè)：奸诈邪恶之人。
② 间或见用：有时也会被提拔任用。
③ 得人：得到贤才，任人唯贤。
④ 罕：少有。蔽塞：埋没。收举：任用。
⑤ 升遐(xiá)：对皇帝(这里指宋仁宗)死亡的讳称。
⑥ 号恸(tòng)：大声痛哭。
⑦ 考妣(bǐ)：称已死的父母。父为考，母为妣。
⑧ 累世：世世。因循末俗：沿袭着旧习俗。
⑨ 女子：指皇宫中的后妃宫女。
⑩ 出而视事：指临朝料理国政。
⑪ 有司之细故：官府中琐屑细小的事情。
⑫ 措之天下：把它实施于天下。
⑬ 自然之理势：客观形势。
⑭ 精神之运：主观努力。
⑮ 名实：名目和实效。
⑯ 厕：参与。
⑰ 诗赋记诵求天下之士：宋代科举考试以写作诗赋、背诵经义为主要内容。王安石变法，一度取消诗赋考试。
⑱ 学校养成之法：指建立州县学，用儒家经典来教育士子。
⑲ 科名：科举名目，如进士、明经之类。资历：任职年限。叙：排名次序。
⑳ 课试：考察测试官吏政绩。
㉑ 转徙：调动官职。亟(qì)：频繁。
㉒ 游谈之众：夸夸其谈的人。
㉓ 乱真：混作有才干的人。
㉔ 交私养望者：私下勾结、猎取声望的人。

者①或见排沮②。故上下偷惰取容而已。虽有能者在职,亦无以异于庸人。农民坏于繇役,而未尝特见救恤,又不为之设官,以修其水土之利。兵士杂于疲老③,而未尝申敕④训练,又不为之择将,而久其疆场之权⑤。宿卫则聚卒伍⑥无赖之人,而未有以变五代姑息羁縻⑦之俗。宗室则无教训选举之实,而未有以合先王亲疏隆杀之宜⑧。其于理财,大抵无法,故虽俭约而民不富,虽忧勤而国不强。赖非夷狄昌炽之时⑨,又无尧、汤水旱之变,故天下无事,过于百年。虽曰人事,亦天助也。盖累圣⑩相继,仰畏天,俯畏人,宽仁恭俭,忠恕诚悫,此其所以获天助也。伏惟陛下躬上圣之质⑪,承无穷之绪⑫,知天助之不可常恃⑬,知人事之不可怠终⑭,则大有为之时,正在今日。臣不敢辄废"将明"之义⑮,而苟逃讳忌之诛⑯。伏惟陛下幸赦而留神⑰,则天下之福也。取进止⑱。

评说

　　此文作于宋神宗熙宁元年(1068),作者四十八岁,年初任翰林学士,四月,神宗诏王安石进京,王安石越级与神宗直接对答。宋神宗赵顼二十一岁继承皇位,和仁宗、英宗相比,他是个想有所作为的皇帝,因而继位不久,便从江宁将王安石

---

　　① 独立营职者:不靠别人、勤于职守的人。

　　② 排沮(jǔ):排挤、压抑。

　　③ 杂于疲老:混杂着年迈力疲之人。

　　④ 申敕(chì):发布政府的命令。这里引申为告诫、约束的意思。

　　⑤ 久其疆场(yì)之权:让他们(指武将)长期掌握军事指挥权。

　　⑥ 宿卫:禁卫军。卒伍:这里指兵痞。

　　⑦ 五代:指北宋之前的后梁、后唐、后晋、后汉、后周五个朝代(907—960)。姑息羁(jī)縻(mí):纵容笼络、胡乱收编的意思。

　　⑧ 亲疏隆杀(shài)之宜:亲近或疏远、恩宠或冷落的区别原则。

　　⑨ 赖非夷狄猖(chāng)炽(chì)之时:幸好赶上不是外敌猖狂进犯的时日。

　　⑩ 累(lǔ)圣:累代圣君。这里指上文提到的宋太祖、太宗、真宗、仁宗、英宗诸帝。

　　⑪ 躬上圣之质:具备最圣明的资质。

　　⑫ 承无穷之绪:继承永久无穷的帝业。绪,传统。

　　⑬ 恃:依赖,倚仗。

　　⑭ 怠终:轻忽马虎一直拖到最后。意思是最后要酿成大祸。

　　⑮ 辄废:轻易地废止。将明之义:语出《诗经·大雅·烝(zhēng)民》,意谓大臣辅佐赞理的职责。将,实行。明,辨明。义,职责。

　　⑯ 苟逃:侥幸逃避。讳忌之诛:因触怒天子而受到责罚。

　　⑰ 留神:留意,重视。

　　⑱ 取进止:这是写给皇帝奏章的套语,意思是我的意见是否妥当、正确,请予裁决。

诏回。据《宋史·王安石传》:"熙宁元年四月,始造朝,入对。帝问所治为先,对曰:'择术为先。'帝曰:'唐太宗何如?'曰:'陛下当法尧舜,何以太宗为哉!尧舜之道,至简而不烦,至要而不迂,至易而不难,但末世学者不能通知,以为高不可及尔。'帝曰:'卿可谓责难于君。朕自视眇躬,恐无以副卿此意。可悉意辅政,庶同济此道。'"李焘《续资治通鉴长编》亦载宋神宗询问王安石"祖宗守天下,能百年无大变,粗致太平,以何道也"的问题。面对神宗的频频垂询,于是王安石写了这篇文章。神宗激赏此文,熙宁二年二月任命王安石为参知政事(副宰相),变革遂张。此文可视为王安石变法的先声。

更多讲解,请扫描

日 喻 说

　　《日喻说》是宋代诗人苏轼①创作的一篇散文。文章旨在说明求知不可像眇者猜日,脱离实际,自以为是。而应像南方弄潮儿日与水居那样,从学习和实践中求得真知。文章譬喻生动,说理深入浅出。

　　生而眇者不识日,问之有目者。或告之曰:"日之状如铜盘。"扣盘而得其声。他日闻钟,以为日也②。或告之曰:"日之光如烛。"扪烛而得其形。他日揣籥,以为日也③。日之为钟、籥亦远矣,而眇者不知其异,以其未尝见而求之人也。

　　道④之难见也甚于日,而人之未达也无异于眇。达者告之,虽有巧譬善导,亦无以过于盘⑤与烛也。自盘而之钟,自钟而之籥⑥,转而相之,岂有既乎⑦? 故

---

　　① 苏轼(1037—1101),字子瞻,又字和仲,号铁冠道人、东坡居士,世称苏东坡、苏仙,眉州眉山(今属四川省眉山市)人,祖籍河北栾城,北宋著名文学家、书法家、画家。嘉祐二年(1057),苏轼进士及第。宋神宗时曾在凤翔、杭州、密州、徐州、湖州等地任职。元丰三年(1080),因"乌台诗案"被贬为黄州团练副使。宋哲宗即位后,曾任翰林学士、侍读学士、礼部尚书等职,并出知杭州、颍州、扬州、定州等地,晚年因新党执政被贬惠州、儋州。宋徽宗时获大赦北还,途中于常州病逝。宋高宗时追赠太师,谥号"文忠"。苏轼是北宋中期的文坛领袖,在诗、词、散文、书、画等方面取得了很高的成就。其文纵横恣肆;其诗题材广阔,清新豪健,善用夸张比喻,独具风格,与黄庭坚并称"苏黄";其词开豪放一派,与辛弃疾同是豪放派代表,并称"苏辛";其散文著述宏富,豪放自如,与欧阳修并称"欧苏",为"唐宋八大家"之一。苏轼亦善书,为"宋四家"之一;擅长文人画,尤擅墨竹、怪石、枯木等。有《东坡七集》《东坡易传》《东坡乐府》《潇湘竹石图卷》《古木怪石图卷》等传世。
　　② "他日闻钟"二句:谓眇者以耳代目致误。
　　③ "他日揣籥(yuè)"二句:谓眇者以手代目致误。揣籥,摸着一支状如笛子的乐器。籥,有三孔、六孔或七孔。
　　④ 道:道理,真理。此专指儒家的学术思想而言。
　　⑤ 盘:与下句"盘",原本都作"槃"。字通。
　　⑥ 自盘而之钟,自钟而之籥:从把日当作铜盘到把日当作籥。之,动词,到。
　　⑦ 转而相之,岂有既乎:谓辗转牵扯下去,将没个完。既,尽。

世之言道者，或即其所见而名之①，或莫之见意之②，皆求道之过也。

然则道卒不可求欤？苏子曰："道可致而不可求③。"何谓致？孙武曰："善战者致人，不致于人。"④子夏曰："百工居肆，以成其事；君子学，以致其道。"⑤莫之求而自至，斯以为致也欤！

南方多没人⑥，日与水居也。七岁而能涉，十岁而能浮，十五而能没矣。夫没者岂苟然哉？必将有得于水之道⑦者。日与水居，则十五而得其道；生不识水，则虽壮，见舟而畏之。故北方之勇者，问于没人而求其所以没，以其言试之河，未有不溺者也。故凡不学而务求道，皆北方之学没者也。

昔者以声律取士，士杂学而不志于道⑧；今世以经术取士，士知求道而不务学⑨。渤海吴君彦律⑩，有志于学者也，方求举于礼部⑪，作《日喻》以告之。

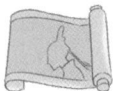

评说

本文一题"日喻"，作于宋神宗元丰元年（1078）。主要阐明"道可致而不可求""学以致其道"的论点，强调认真学习、循序渐进的重要性。文中以眇者（盲人）不识日、南方没人识水性为喻，一反一正，深入浅出地说明了道理。

——朱东润

---

① 即其所见而名之：就自己片面之见来解释它。

② 意之：猜测它。

③ 致：导致，含有循序渐进以获致、使其自至的意思。求：意指不学而强求。

④ "孙武曰"三句：语见《孙子·虚实篇》。《十一家注孙子》引杜牧曰："致令敌来就我，我当蓄力待之，不就敌，恐我劳也。"孙武，春秋时齐国的军事学家，著《孙子兵法》十三篇。

⑤ "子夏曰"五句：语见《论语·子张》。邢昺《正义》曰："肆，谓官府造作之处也。致，至也。言百工处其肆，则能成其事，犹君子勤于学，则能至于道也。"苏轼的意思是说：君子勤学，则道自至。子夏，孔子的学生。一本作"孔子"，误。

⑥ 没人：能潜水的人。

⑦ 水之道：指水性。

⑧ "昔者以声律取士"二句：谓以声律取士的流弊是使学者只注重声律等杂学而无明道的更高要求。北宋前期承袭唐、五代科举法，以诗赋试士。诗赋重声律，故云。

⑨ "今世以经术取士"二句：谓以经术取士的流弊是使学者只求空谈义理，而不注重实学。《东都事略·本纪八》载宋神宗熙宁四年（1071，时王安石当政）："罢贡举词赋科，以经术取士。"又《资治通鉴长编》卷二百二十载："定贡举新制：进士罢诗赋、帖经、墨义，各占治《诗》《书》《易》《周礼》《礼记》一经，兼以《论语》《孟子》。没试四场：初本经，次兼经抑大义十道，务通义理，不须刊用注疏。……"

⑩ 渤海：唐时置棣州渤海郡，治所在今山东省阳信县。吴君彦律：生平事迹不详。

⑪ 求举于礼部：谓应进士考试。中唐以后，进士考试由礼部主管。礼部：尚书省所属六部之一，掌管典章法度、学校、科举、祭祀和接待等事务。

西　　铭

此文原为《正蒙·乾称篇》的一部分。作者张载①曾于学堂双牖各录《乾称篇》的一部分《砭愚》和《订顽》分别悬挂于书房的东、西两牖，作为自己的座右铭。程颐见后，将《砭愚》改称《东铭》，《订顽》改称《西铭》。文中提出"民胞物与"的思想，把宇宙看作一个大家族，说明个人的道德义务，宣扬"存，吾顺事；没，吾宁也"的乐天顺命思想。

乾称父，坤称母；予兹藐焉，乃混然中处。故天地之塞，吾其体；天地之帅，吾其性。民，吾同胞；物，吾与也。

大君者，吾父母宗子；其大臣，宗子之家相也。尊高年，所以长其长；慈孤弱，所以幼其幼；圣，其合德；贤，其秀也。凡天下疲癃、残疾、惸独、鳏寡，皆吾兄弟之颠连而无告者也。

于时保之，子之翼也；乐且不忧，纯乎孝者也。违曰悖德，害仁曰贼，济恶者不才，其践形，惟肖者也。

知化则善述其事，穷神则善继其志。不愧屋漏为无忝，存心养性为匪懈。恶旨酒，崇伯子之顾养；育英才，颖封人之锡类。不弛劳而厎豫，舜其功也；无所逃而待烹，申生其恭也。体其受而归全者，参乎！勇于从而顺令者，伯奇也。

富贵福泽，将厚吾之生也；贫贱忧戚，庸玉汝于成也。存，吾顺事；没，吾宁也。

---

① 张载（1020—1077），字子厚，凤翔郿县（今陕西眉县横渠镇）人。北宋思想家、教育家、理学创始人之一。世称横渠先生，尊称张子，封先贤，奉祀孔庙西庑第三十八位，与周敦颐、邵雍、程颐、程颢合称"北宋五子"。宋真宗天禧四年（1020），生于长安（今陕西西安市）。青年时喜论兵法，上陈《边议九条》。交好范仲淹，研读儒家"六经"。进士及第，拜祁州司法参军，授云岩县令，迁著作佐郎、崇文院校书郎。辞官归家后，讲学于关中，建立学派称为"关学"。其"为天地立心，为生民立命，为往圣继绝学，为万世开太平"的名言，被当代哲学家冯友兰称作"横渠四句"，因其言简意赅，历代传颂不衰。有《正蒙》《横渠易说》等著述留世。

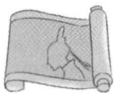

评说

　　作为儒学的经典文献之一，张载的《西铭》在传统社会即备受赞誉而传诵不绝，其根本原因在于，这篇铭文虽然仅有二百五十余字，却为人们安身立命构筑了一个共同的精神家园，而且为社会理想蓝图的构建提供了一个弘阔的境界。张载试图通过提倡孝道来整顿社会道德、稳定社会秩序。围绕这一宗旨，《西铭》将社会秩序视为家庭秩序，整个论证由宇宙秩序到社会秩序，再到家庭秩序，致使宇宙秩序、社会秩序与家庭秩序一脉相承，三位一体。直到今天，这篇铭文所描述的价值理想，所展现的人生追求，仍然有着积极而丰富的意义。

——魏冬

更多讲解，请扫描

东 铭

戏言出于思也,戏动作于谋也。发乎声,见乎四支,谓非己心,不明也。欲人无己疑,不能也。过言非心也,过动非诚也。失于声,缪迷其四体,谓己当然,自诬也。欲他人己从,诬人也。或者以出于心者,归咎为己戏。失于思者,自诬为己诚。不知戒其出汝者,归咎其不出汝者。长傲且遂非,不知孰甚焉!

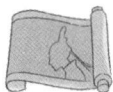

评说

《东铭》亦为北宋张载的作品,指出了人的两种愚昧的表现:其一,对自己的戏言、戏行,说不是自己的本心,而想要别人不怀疑自己;其二,对自己的过错,却说自己就是这样的,想要他人顺从自己。这两种,前者是不明,后者是自诬诬人。对于前者,当戒;对于后者,当自己认错。这就是说,有智慧的人不会不庄不重,也不会对自己的过错视而不见。

戏言、戏行是有心为之,当戒;过言、过动虽是无心为之,但也是一种过失,不要认为理所当然,因为这显然也是不值得肯定的。刘宗周《学言上》曰:"有心,恶也;无心,过也。有心无心之间恰好处如何用功? 此非反求心体,而从事于勿忘、勿助之学者,何足以语此!"

——静雨

更多讲解,请扫描

《近思录》序

　　此文是朱熹①为《近思录》所做的序言。淳熙二年（1175），吕祖谦从浙江到福建与朱熹会晤，两人在寒泉精舍相与读周敦颐、张载、程颢、程颐等著作，感其"广大闳博，若无津涯"，初学者不易把握其要义，于是精选六百二十二条，辑成《近思录》，共分十四卷。"近思"二字取自《论语》："博学而笃志，切问而近思，仁在其中矣。"朱熹取此书名的用意在于，把《近思录》当作学习四子著作的阶梯，四子著作又为学习"六经"的阶梯，以正"厌卑近而骛高远"之失。

　　淳熙乙未之夏，东莱吕伯恭来自东阳，过予寒泉精舍。留止旬日，相与读周子、程子、张子之书，叹其广大闳博，若无津涯，而惧夫初学者不知所入也。因共掇取其关于大体而切于日用者，以为此编。总六百二十二条，分十四卷。盖凡学者所以求端用力、处己治人之要，与夫辨异端、观圣贤之大略，皆粗见其梗概。

　　以为穷乡晚进有志于学，而无明师良友以先后之者，诚得此而玩心焉，亦足以得其门而入矣。如此，然后求诸四君子之全书，沈潜反复，优柔厌饫，以致其博而反诸约焉。则其宗庙之美，百官之富，庶乎其有以尽得之。若惮烦劳，安简便，以为取足于此而可，则非今日所以纂集此书之意也。

五月五日　新安朱熹谨识

---

　　①　朱熹（1130—1200），字元晦，又字仲晦，号晦庵，晚称晦翁，谥文，世称朱文公。祖籍徽州府婺源县（今江西省婺源县），出生于南剑州尤溪（今属福建省尤溪县）。宋朝著名的理学家、思想家、哲学家、教育家、诗人，闽学派的代表人物，儒学集大成者，世尊称为朱子。朱熹是唯一非孔子亲传弟子而享祀孔庙，位列大成殿十二哲者，受儒教祭祀的学者。朱熹是"二程"（程颢、程颐）的三传弟子李侗的学生，与二程合称"程朱学派"。朱熹的理学思想对元、明、清三朝影响很大，成为三朝的官方哲学，是中国教育史上继孔子后的又一重要人物。朱熹十九岁考中进士，曾任福建漳州知府、浙东巡抚，做官清正有为，振举书院建设。官拜焕章阁侍制兼侍讲，为宋宁宗皇帝讲学。朱熹著述甚多，有《四书章句集注》《太极图说解》《通书解说》《周易读本》《楚辞集注》，后人辑有《朱子全书》等。其中《四书章句集注》成为钦定的教科书和科举考试的标准。

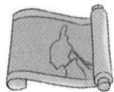

评说

　　《近思录》是依朱熹、吕祖谦二人的理学思想体系编排的，全面阐述了理学思想的主要内容，囊括了北宋五子及朱吕一派学术的主体。对此，我们可以通过《〈近思录〉序》略见其端倪。

　　按照朱熹的理论，要格物穷理，就应当潜心玩味前人学说，通过博取而反之于简约。当然，要真正领悟其宗庙之美，百官之富，也必须不畏艰苦，持之以恒，才能学有所成。否则，半途而废，只能望洋兴叹而已。这不仅是为学之要，也是成就其他事业的根本路径。

——凤凰山居士

更多讲解，请扫描

《诗集传》序

　　《诗集传》二十卷（后人并为八卷），朱熹撰，是宋以后《诗经》的重要注本之一。内容杂采诸家之说，解释各篇题旨，出以己见，不用传统的《诗序》（指小序）。这篇序简括地说明了诗的所以产生，《诗经》的教育意义，风、雅、颂内容体制上的区别及其流变，以及学诗的大旨。还可以看出，作者从维护封建伦理的观点出发，十分强调《诗经》对于修身、治国的政治作用。

一

　　或有问于余曰："诗何谓①而作也？"余应之曰："人生而静，天之性也；感于物而动，性之欲也。② 夫既有欲矣，则不能无思；既有思矣，则不能无言；既有言矣，则言之所不能尽，而发于咨嗟咏叹之余者③，必有自然之音响节奏④，而不能已焉。此诗之所以作也。"

　　曰："然则其所以教者⑤，何也？"曰："诗者，人心之感物而形于言之余⑥也。心之所感有邪正，故言之所形有是非。惟圣人在上，则其所感者无不正，而其言皆足以为教。其或感之之杂而所发不能无可择者，则上之人必思所以自反，而因

---

① 谓：一作"为"。
② "人生而静"四句：语出《礼记·乐记》。孔颖达疏："言人生初未有情欲，是其静禀于自然，是天性也。'感于物而动，性之欲也'者，其心本虽静，感于外物而心遂动，是性之所贪欲也。自然谓之性，贪欲谓之情，是情别矣。"
③ "言之不能尽"句：《毛诗序》："言之不足，故嗟叹之；嗟叹之不足，故永歌之。"此用其意。
④ 节奏：奏，一作"族"（zòu）。义同。《汉书·严安传》："调五声使有节族。"
⑤ 教：教化，教育感化作用。《毛诗序》论《国风·关雎》曰："风，风也，教也；风以动之，教以化之。"
⑥ 形：表现。言之余：谓言语之所不能尽。

有以劝惩之，是亦所以为教也①。昔周盛时，上自郊庙朝廷，而下达于乡党闾巷②，其言粹然无不出于正者。圣人固已协之声律③，而用之乡人，用之邦国④，以化天下。至于列国之诗，则天子巡守，亦必陈而观之，以行黜陟之典⑤。降自昭、穆而后，寖以陵夷⑥，至于东迁⑦，而遂废不讲矣。孔子生于其时，既不得位，无以行帝王劝惩黜陟之政，于是特举其籍⑧而讨论之，去其重复，正其纷乱；而其善之不足以为法，恶之不足以为戒者，则亦刊而去之⑨；以从简约，示久远，使夫学者即是而有以考其得失，善者师之，而恶者改焉。是以其政虽不足行于一时，而其教实被于万世，是则诗之所以为教者然也。"

二

曰："然则国风、雅、颂之体，其不同若是，何也？"曰："吾闻之，凡诗之所谓风者，多出于里巷歌谣之作。所谓男女相与咏歌，各言其情者也。惟《周南》《召南》亲被文王之化以成德⑩，而人皆有以得其性情之正，故其发于言者，乐而不过于

---

① "其或感之之杂"五句：说明"下以风刺上"也是诗教之一。不能无可择者，意即必有可择者。

② 乡党闾巷：古代地方基层组织，泛指民间。乡党：乡里。闾巷：街巷。

③ 圣人固已协之声律：《史记·孔子世家》："三百五篇，孔子皆弦歌之。"

④ "用之乡人"二句：《毛诗序》："风之始也，所以风天下而正夫妇也，故用之乡人焉，用之邦国焉。"

⑤ "至于列国之诗"四句：《礼记·王制》载天子巡守，"命大师陈诗，以观民风。"郑玄注："陈诗，谓采其诗而视之。"孔颖达疏："此谓王巡守，见诸侯毕，乃命其方诸侯。大师是掌乐之官，各陈其国风之诗，以观其政令之善恶。若政善诗辞亦善，政恶则诗辞亦恶。"巡守，即巡狩，巡视诸侯所守之土。黜陟，谓进退人才。黜：贬斥。陟：提升。

⑥ "降自昭、穆而后"二句：谓周朝自昭王、穆王以后，国势逐渐衰微。主要指懿王、夷王、厉王、幽王时期。郑玄《诗谱序》："后王稍更陵迟：懿王始受谮亨（烹）齐哀公。夷身失礼之后，邶不尊贤。自是而下，厉也，幽也，政教尤衰，周室大坏。"陵夷，犹陵迟，衰颓。

⑦ 东迁：指周平王迁都洛邑（洛阳）。此后即为东周。

⑧ 籍：书籍，指《诗经》。

⑨ "去其重复"五句：《史记·孔子世家》："古者诗三千余篇，及至孔子，去其重，取可施于礼义。"按删诗之说，唐、宋以后学者多不置信。刊：删。

⑩ 《周南》《召南》亲被文王之化以成德：《毛诗序》："《关雎》，后妃之德也。"又《毛诗序》："《周南》《召南》，正始之道，王化之基。"孔颖达疏："《周南》《召南》二十五篇之诗，皆是正其初始之大道，王业风化之基本也。……文王正其家而后及其国，是正其始也。化南土以成王业，是王化之基也。"按《毛诗序》、郑玄注、孔颖达疏与朱熹集注对于《诗经》各篇的题旨，时有曲解，未可尽信。

淫，哀而不及于伤①，是以二篇独为风诗之正经②。自《邶》而下③，则其国之治乱不同，人之贤否亦异，其所感而发者有邪正是非之不齐，而所谓先王之风者，于此焉变矣④。若夫雅、颂之篇，则皆成周之世⑤，朝廷郊庙乐歌之词：其语和而庄，其义宽而密；其作者往往圣人之徒，固所以为万世法程而不可易者也。至于雅之变者，亦皆一时贤人君子，闵时病俗之所为，而圣人取之。其忠厚恻怛之心，陈善闭邪之意，犹非后世能言之士所能及之。此《诗》之为经，所以人事浃于下，天道备于上⑥，而无一理之不具也。"

日："然则其学之也，当奈何？"曰："本之二《南》以求其端⑦，参之列国⑧以尽其变，正之于雅以大其规⑨，和之于颂以要其止⑩，此学诗之大旨也。于是乎章句以纲之，训诂以纪之⑪，讽咏以昌⑫之，涵濡以体⑬之。察之情性隐微之间⑭，审之

---

① "乐而不过于淫"二句：《论语·八佾》："子曰：'《关雎》乐而不淫，哀而不伤。'"朱熹集注："淫者，乐之过而失其正者也。伤者：哀之过而害于和者也。"

② 二篇独为风诗之正经：谓《周南》《召南》二篇为国风的正诗。郑玄《诗谱序》："其时诗：风有《周南》《召南》，雅有《鹿鸣》《文王》之属。及成王、周公致太平，制礼作乐，而有颂声与焉，盛之至也。本之由此风、雅而来，故皆录之，谓之诗之正经。"

③ 自《邶》而下：指《邶》《鄘》《卫》《王》《郑》《齐》《魏》《唐》《秦》《陈》《桧》《曹》《豳》十三国的风诗。

④ "而所谓先王之风者"二句：郑玄《诗谱序》："故孔子录懿王、夷王时诗，讫于陈灵公淫乱之事，谓之变风、变雅。"此谓时世由盛而衰，故先王之正风至此转为变风。先王：指周初诸王。

⑤ "若夫雅、颂之篇"二句：郑玄《诗谱序》："雅有《鹿鸣》《文王》之属。及成王、周公致太平，制礼作乐，而有颂声与焉。"孔颖达疏："《文王》《大明》等，检查其文，皆成王时作。"成周之世，指成王时，周公当政的时期。成周：古地名，故城在今河南省洛阳市东北。《尚书·周书·洛诰序》："周公往营成周。"

⑥ "人事浃于下"二句：《毛诗序》："故正得失，动天地，感鬼神，莫近于诗。先王以是经夫妇，成孝敬，厚人伦，美教化，移风俗。"所谓备天道，浃人事，指此。浃：洽。

⑦ 本之二《南》以求其端：作者认为《周南》《召南》"独为风诗之正经"，所以说应以此为本而探索其要领。

⑧ 列国：指《周南》《召南》以外的十三国风。

⑨ 正之于雅以大其规：通过雅诗以正得失，特别重视规谏（"陈善闭邪"）之义。规：作规模讲，亦通。

⑩ 和之于颂以要（读阴平声）其止：谓颂声求其和而有节制。要：求。止：适度，适可而止的意思。

⑪ "章句以纲之"二句：通过章句以总括（纲）其要旨，解释文字以识别（纪）其意义。章句：谓分析古书的章节句读（逗）。郭璞《尔雅序》："通诂训之指归。"邢昺疏："诂，古也，通过古今之言，使人知也。训：道也，道物之貌以告人也。"

⑫ 昌：同"唱""倡"（见《集韵》），欣赏的意思。《礼记·乐记》："壹倡而三叹。"

⑬ 涵濡：浸润，仔细玩味。体：体会，体察。

⑭ 察之情性隐微之间：诗所以"吟咏情性"（见《毛诗序》），故须于比兴隐微之间察见其邪正之意（承前文"心之所感有邪正"而言）。

言行枢机之始①，则修身及家，平均天下之道，其亦不待他求而得之于此矣②。"

问者唯唯而退。余时方辑《诗传》，因悉次是语以冠其篇云。

淳熙四年丁酉冬十月戊子③，新安朱熹④书。

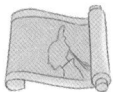

评说

朱熹将《诗经》作为理学的教材，认为读《诗》应该"章句以纲之，训诂以纪之，讽咏以昌之，涵濡以体之，察之情性隐微之间，审之言行枢机之始，则修身及家、平均天下之道，其亦不待他求而得之于此矣"（《〈诗集传〉序》）。他希望读《诗》者通过熟读讽咏、即文求义的文学方法，明白诗中有美丑善恶，从而警诫自己从善弃恶；明白诗中有三纲五常的"天理"，从而抑制自己情胜性动的人欲。

更多讲解，请扫描

---

① 审之言行枢机之始：谓审察其言行的始机（动机）以分辨是非（承前文"言之所形有是非"而言）。《周易·系辞上》："言行，君子之枢机。"孔颖达疏："枢，谓户枢。机，谓弩牙。言户枢之转或明或暗，弩牙之发或中或否，犹言行之动从身而发以及于物，或是或非也。"

② "则修身及家"三句：朱熹《诗集注·国风一》谓《周南》"所以著明先王风俗之盛，而使天下后世之修身、齐家、治国、平天下者，皆得以取法焉。"按《论语》录孔子语："兴于诗，立于礼，成于乐"（《泰伯》），指修身言；"迩之事父"（《阳货》），指齐家言；"授之以政""使于四方"（《卫灵公》），"远之事君"（《阳货》），指治国、平天下的政治作用言。

③ 淳熙四年丁酉：宋孝宗淳熙四年，即公元1177年，岁次丁酉。

④ 新安：唐以前郡名（治所在今安徽省歙县）。朱熹为婺源人，婺源属新安郡，故题名多用新安。

仁义礼智信

　　陈淳①《仁义礼智信》出自其著作《北溪字义》。此书又称《四书字义》或《四书性理字义》，是陈淳晚年讲学的内容，主要阐释朱熹的理学思想，而不是一无依傍地疏解四书原义。其中，作者所阐述的"仁义礼智信"，是我国古代先哲高度概括出的五个道德范畴，代表了儒家思想的核心内涵，体现了中华民族优良的道德传统。

　　五者谓之五常，亦谓之五性。就造化上推原来，只是五行之德。仁在五行为木之神，在人性为仁；义在五行为金之神，在人性为义；礼在五行为火之神，在人性为礼；智在五行为水之神，在人性为智。人性中只有仁义礼智四位，却无信位。如五行木位东，金位西，火位南，水位北，而土无定位，只寄旺于四位之中。木属春，火属夏，金属秋，水属冬，而土无专气，只分旺于四季之间。四行无土便都无所该载，犹仁义礼智无信，便都不实了。只仁义礼智之实理便是信。信却易晓。仁义礼智须逐件看得分明，又要合聚看得脉络都不乱。

　　且分别看仁是爱之理，义是宜之理，礼是敬之理，智是知之理。爱发见于外乃仁之用，而爱之理则在内。事物各得其宜乃义之用，而宜之理则在内。恭敬可见处乃礼之用，而敬之理则在内。知个是、知个非是智之用，而知之理则在内。就四者平看，则是四个相对底道理。专就仁看，则仁又较大，能兼统四者，故仁者乃心之德。如礼义智亦是心之德，而不可以心之德言者，如人一家有兄弟四个，长兄当门户，称其家者只举长兄位号为言，则下三弟皆其家子弟，已包在内矣。若自曰三弟者之家，则拈掇不起，道理只如此。然仁所以长众善，而专一心之全德者，何故？盖人心所具之天理全体都是仁，这道理常恁地活，常生生不息。举

其全体而言则谓之仁，而义礼智皆包在其中。自为仁言，才有一毫人欲之私插其间，这天理便隔绝死了，便不得谓之仁。须是工夫至到，此心纯是天理之公，而绝无一毫人欲之私以间之，则全体便周流不息，无间断，无欠阙，方始是仁。所以仁无些少底仁。

仁义起发是恻隐羞恶，及到那人物上，方见得爱与宜，故曰"爱之理，宜之理"。仁道甚广大精微，何以用处只为爱物，而发见之端为恻隐？曰：仁是此心生理全体，常生生不息。故其端绪方从心中萌动发出来，自是恻然有隐，由恻隐而充及到那物上，遂成爱。故仁乃是爱之根，而恻隐则根之萌芽而爱又萌芽之长茂已成者也。观此，则仁者爱之理，爱者仁之用，自可见得脉络相关处矣。

义就心上论，则是裁制决断处，宜字乃裁断后字。裁断当理，然后得宜。凡事到面前，便须有剖判，是可是否。文公①谓：义之在心，如利创然，物来触之，便成两片。若可否都不能剖判，便是此心顽钝无义了。且如有一人来邀我同出去，便须能剖判当出不当出。若要出又要不出，于中迟疑不能决断，更何义之有？此等处，须是自看得破。如韩文公以行而宜之之谓义，则是就外面说，成"义外"去了。

礼者，心之敬，而天理之节文也。心中有个敬，油然自生便是礼，见于应接便自然有个节文，节则无太过，文则无不及。如做事太质，无文彩，是失之不及；末节繁文太盛，是流于太过。天理之节文乃其恰好处，恰好处便是理。合当如此，更无太过，更无不及，当然而然，便即是中。故濂溪太极图说"仁义中正"，以中字代礼字，尤见亲切。

文公曰：礼者，天理之节文，而人事之仪则。以两句对言之，何也？盖天理只是人事中之理，而具于心者也。天理在中而著见于人事，人事在外而根于中，天理其体而人事其用也。"仪"谓容仪而形见于外者，有粲然可象底意，与"文"字相应。"则"谓法则、准则，是个骨子，所以存于中者，乃确然不易之意，与"节"字相应。文而后仪，节而后则，必有天理之节文，而后有人事之仪则。言须尽此二者，意乃圆备。

智是心中一个知觉处，知得是是非非恁地确定是智。孟子谓"知斯二者弗去"是也。知是知识，弗去便是确定不易之意。

问：智是知得确定，在五行何以属水？曰：水清明可鉴似智，又是造化之根本。凡天地间万物，得水方生。只看地下泉脉滋润，何物不资之以生？亦犹万事非智不可便知,知得确定方能成。此水于万物所以成终而成始,而智亦万事之所以成终而成始者也。

孟子四端之说,是就外面可见底以验其中之所有。如乍见孺子入井,便自然有恻隐之心,便见得里面有这仁。如行道乞人,才蹴尔呼尔而与之,便自羞恶而不肯食,便见得里面有这义。如一接宾客之顷,便自然有恭敬之心,便见得里面有这礼。一件事来,非底便自觉得为非,是底便自觉得为是,便见得里面有这智。惟是里面有是四者之体,故四者端绪自然发见于外,所谓"乃若其情,则可以为善,乃所谓善也"。以见性不是个含糊底物,到发来方有四端,但未发则未可见耳。孟子就此处开发人,证印得本来之善甚分明。所以程子谓"有功于万世者,性善之一言"。

信在性只是四者都实底道理,及发出来便为忠信之信。由内面有此信,故发出来方有忠信之信。忠信只是一物而判作二者,便是信之端绪,是统外面应接事物发原处说。

四者端绪,日用间常常发见,只是人看理不明,故茫然不知得。且如一事到面前,便自有个是,有个非,须是知得此便是智。若是也不知,非也不知,便是心中顽愚无知觉了。既知得是非已明,便须判断,只当如此做,不当如彼做,有可否从违,便是义。若要做此,又不能割舍得彼,只管半间半界,便是心中顽钝而无义。既断定了只如此做,便看此事如何是太过,如何是不及,做得正中恰好,有个节文,无过无不及,此便是礼。做事既得中,更无些子私意夹杂其间,便都纯是天理流行,此便是仁。事做成了,从头至尾皆此心真实所为,便是信。此是从下说上去,若从上说下来,且如与个宾客相接,初才闻之,便自有个恳恻之心,怵然动于中,是仁。此心既怵然动于中,便肃然起敬去接他,是礼。既接见毕,便须商量合作如何待,或吃茶,或饮酒,轻重厚薄,处之得宜,是义。或轻或重,或厚或薄,明白一定,是智。从首至末皆真实,是信。此道理循环无端,若见得熟,则大用小用皆宜,横说竖说皆通。

仁者,心之全德,兼统四者。义、礼、智,无仁不得。盖仁是心中个生理,常行生生不息,彻终始,无间断。苟无这生理,则心便死了,其待人接宾,恭敬何自而发?必无所谓礼。处事之际,必不解裁断,而无所谓义。其于是非,亦必顽然无所知觉,而无所谓智。既无是四者,又乌有所谓实理哉!

人性之有仁义礼智,只是天地元亨利贞之理。仁在天为元,于时为春。乃生物之始,万物于此方萌芽发露,如仁之生生,所以为众善之长也。礼在天为亨,于时为夏,万物到此时一齐盛长,众美所会聚,如经礼三百,曲礼三千,粲然文物之盛，亦众美所会聚也。义在天为利，于时为秋，盖万物到此时皆成遂，各得其所，如义断制万事，亦各得其宜。秋有肃杀气，义亦有严肃底意。智在天为贞，于时为冬，万物到此，皆归根复命，收敛都定了，如智见得万事是非都一定，确然不可易，便是贞固道理。贞后又生元，元又生亨，亨又生利，利又生贞，只管如此去，循环无端。总而言之，又只是一个元，盖元是个生意，亨只是此生意之通，利只是此生意之遂，贞也只是此生意之藏。此元所以兼统四德，故曰"大哉乾元，万物资始，乃统天"，谓统乎天，则终始周流都是一个元。知仁兼统四者，义礼智都是仁。至其为四端，则所谓恻隐一端，亦贯通乎辞逊、羞恶、是非之端，而为之统焉。今只就四端不觉发动之初，真情恳切时，便自见得恻隐贯通处。故《程传》①曰："四德之元，犹五常之仁，偏言则一事，专言则包四者。"可谓示人亲切，万古不易之论矣。

何谓义礼智都是仁？盖仁者，此心浑是天理流行。到那礼仪三百，威仪三千，亦都浑是这天理流行。到那义，裁断千条万绪，各得其宜，亦都浑是这天理流行。到这智，分别万事，是非各定，亦都浑是这天理流行。

仁义礼智四者判作两边，只作仁义两个。如春夏秋冬四时，分来只是阴阳两个。春夏属阳，秋冬属阴。夏之通畅，只是春之发生盛大处。冬之藏敛，只是秋之肃杀归宿处。故礼仪三百，威仪三千，只是天理流行显著处。智之是非确定，只是义之裁断割正处。文公曰：礼者仁之著，智者义之藏。

就事物言，父子有亲便是仁，君臣有义便是义，夫妇有别便是礼，长幼有序便是智，朋友有信便是信，此又是竖观底意思。

若横而观之，以仁言则所谓亲、义、序、别、信，皆莫非此心天理流行，又是仁。以义言，则只那合当亲、合当义、合当别、合当序、合当信底，皆各当乎理之宜，又是义。以礼言，则所以行乎亲义别序信之有节文，又是礼。以智言，则所以知是五者，当然而不昧，又是智。以信言，则所以实是五者，诚然而不妄，又是信。

若又错而言之，亲亲，仁也。所以爱亲之诚，则仁之仁也；所以谏乎亲，则仁之义也；所以温凊定省之节文，则仁之礼也；自良知无不知是爱，则仁之智也；所以为事亲之实，则仁之信也。从兄，义也。所以为爱兄之诚，则义之仁也；所以庸敬在兄，则义之义也；所以徐行后长②之节文，则义之礼也；自良知无不知是敬，则义之智也；所以为从兄之实，则义之信也。敬宾，礼也。所以恳恻于中，则礼之

---

① 《程传》：此指《周易程氏传》，即《伊川易传》。
② 徐行后长：徐行，缓行，表示有礼貌。后长，后于长者。

仁也;所以接待之宜,则礼之义也;所以周旋之节文,则礼之礼也;所以酬酢而不乱,则礼之智也;所以为敬宾之实,则礼之信也。察物,智也。是是非非之恻恻,则智之仁也;是是非非之得宜,则智之义也;是是非非之中节,则智之礼也;是是非非之一定,则智之智也;所以为是非之实,则智之信也。复言,信也。由乎天理之公,则信之仁也;发而皆天理之宜,则信之义也;出而中节,则信之礼也;所以有条而不紊,则信之智也;所以为是言之实,则信之信也。

故有仁义礼智信中之仁,有仁义礼智信中之义,有仁义礼智信中之礼,有仁义礼智信中之智,有仁义礼智信中之信,有仁中之仁义礼智信,有义中之仁义礼智信,有礼中之仁义礼智信,有智中之仁义礼智信,有信中之仁义礼智信。

自其过接处言之,如仁生理流行中,便酝酿个礼之恭逊节文来。礼恭逊节文中,便酝酿个义之裁断得宜来。义裁断得宜中,便酝酿个智之是非一定来。到这智是非一定处,已收藏了,于其中又复酝酿仁之生理流行来。元自有脉络相因,非是界分截然不相及。

五者随感而发,随用而应,或才一触而俱动,或相交错而互见,或秩然有序而不紊,或杂然并出而不可以序言。大处则大有,小处则小有,疏处则疏有,密处则密有,纵横颠倒,无所不通。

见人之灾伤,则为之恻然,而必愤其所以伤之者,是仁中含带义来;见人之不善,则为之憎恶,而必欲其改以从善,是义中含带仁来;见大宾为之致敬,必照顾惟恐其失仪,是礼中含带智来;见物之美恶黑白,为之辨别,必自各有定分,不相乱,是智中含带礼来。

孔门教人,求仁为大。只专言仁,以仁含万善,能仁则万善在其中矣。至孟子,乃兼仁义对言之,犹四时之阴阳也。

自孔门后,人都不识仁。汉人只把做恩惠说,是又太泥于爱。又就上起楼起阁,将仁看得全粗了,故韩子遂以博爱为仁。至程子始分别得明白,谓"仁是性,爱是情"。然自程子此言一出,门人又将爱全掉了,一向求高远去。不知仁是爱之性,爱是仁之情,爱虽不可以正名仁,而仁亦岂能离得爱?上蔡[①]遂专以知觉言仁,又流入佛氏"作用是性"之说去。夫仁者固能知觉,谓知觉为仁则不可。若能转一步看,只知觉纯是理,便是仁也。龟山[②]又以"万物与我为一"为仁体。夫仁者固能与物为一,谓与物为一为仁则不可。此乃是仁之量。若能转一步看,只

---

① 　上蔡:指"上蔡先生"谢良佐,北宋理学家。
② 　龟山:杨龟山,即杨时。

于与物为一之前，彻表里纯是天理，流行无间，便是仁也。吕氏《克己铭》①又欲克去有己，须与物合为一体方为仁，认得仁都旷荡在外了，于我都无统摄。必己与物对时，方下得克己工夫。若平居独处，不与物对时，工夫便无可下手处。可谓疏阔之甚！据其实，己如何得与物合一？洞然八荒，如何得皆在我阔之内？此不过只是想象个仁中大抵气象如此耳，仁实何在焉！殊失向来孔门传授心法本旨。其他门人又浅，皆无有说得亲切者。

程子②论"心譬如穀种，生之性便是仁"，此一语说得极亲切。只按此为准去看，更兼所谓"仁是性、爱是情"及"仁不可训觉与公，而以人体之，故为仁"等数语相参照，体认出来，则主意不差而仁可得矣。

仁有以理言者，有以心言者，有以事言者。以理言，则只是此心全体天理之公，如文公所谓"心之德，爱之理"，此是以理言者也。心之德，乃专言而其体也。爱之理，乃偏言而其用也。程子曰：仁者天下之公，善之本也。亦以理言者也。以心言，则知此心纯是天理之公，而绝无一毫人欲之私以间之也。如夫子称"回也三月不违仁"，程子③谓"只是无纤毫私欲，少有私欲便是不仁"，及"雍也不知其仁"等类，皆以心言者也。以事言，则只是当理而无私心之谓。如夷齐④求仁而得仁，殷有三仁⑤，及子文⑥之忠、文子⑦之清，皆"未知，焉得仁"等类是也。若以用功言，则只是去人欲，复天理，以全其本心之德而已矣。如夫子当时答群子问仁，虽各随其才质病痛之不同，而其旨意所归，大概不越乎此。

评说

陈淳是朱熹的弟子。此文详细论述了仁、义、礼、智、信的内涵、结构，以及彼此的相互关系。"仁、义、礼、智、信"为儒家"五常"，孔子提出"仁、义、礼"，孟子延伸为"仁、义、礼、智"，董仲舒扩充为"仁、义、礼、智、信"，后称"五常"。这"五常"贯穿于中华伦理的发展中，与五行"金、木、水、火、土"、四季"春、夏、秋、冬"相匹配，成为中国价值体系中的最核心因素。《三字经》之中的"曰仁义，礼智信。此

---

① 吕氏《克己铭》：指吕大临的《克己复礼铭》。
②③ 程子：此指小程，即程颐。
④ 夷齐：伯夷、叔齐。
⑤ 殷有三仁：即微子、箕子、比干。《论语·微子》中称他们三人为殷商时代的三个"仁"人。
⑥ 子文：令尹子文。
⑦ 文子：陈文子。

五常,不容紊",就是这种思想的体现。

孔子曾将"智、仁、勇"称为"三达德",又将"仁、义、礼"组成一个系统,曰:"仁者,人(爱人)也,亲亲为大;义者宜也,尊贤为大;亲亲之杀,尊贤之等,礼所生焉。"仁以爱人为核心,义以尊贤为核心,礼就是对仁和义的具体规定。孟子在仁义礼之外加入"智",构成四德或四端,曰:"仁之实事亲(亲亲)是也;义之实从兄(尊长)是也;礼之实节文斯二者是也;智之实,知斯二者弗去(背离)是也。"董仲舒又加入"信",并将仁、义、礼、智、信说成是与天地长久的经常法则("常道"),号"正常"。曰:"仁、义、礼、智、信,五常之道。"(《贤良对策》)董仲舒的"五常"学说的特点是:对仁、义、礼、智、信做了不违背孔孟思想的发挥;将仁、义、礼、智、信与五行相匹配,把纯人伦的东西纳入天道五行的范畴,从而为仁、义、礼、智、信提供了哲学依据,形成"五常之道"。

其中,"仁"是儒家学说核心中的核心,对中华文化和社会的发展产生了重大影响。"仁"字始见于儒家经典《尚书·金縢》:"予仁若考。"仁指好的道德。孔子首先把仁作为儒家最高道德规范,提出以仁为核心的一套学说。仁的内容包涵甚广,核心是爱人。仁字从人从二,也就是人们互存、互助、互爱的意思,故其基本含义是指对他人的尊重和友爱。儒家把仁的学说施之于政治,形成仁政说,这在中国政治思想发展史上产生了重要影响。

孟子在孔子仁说的基础上,提出著名的仁政说,要求把仁的学说落实到具体的政治治理中,实行王道,反对霸道政治,使政治清平,人民安居乐业。孟子提出了一些切于实际的主张,重点在改善民生,加强教化。其首要在于"制民之产","五亩之宅,树之以桑,五十者可以衣帛矣;鸡豚狗彘之畜,无失其时,七十者可以食肉矣;百亩之田,勿夺其时,八口之家可以无饥矣;谨庠序之教,申之以孝悌之义,颁白者不负戴于道路矣。老者衣帛食肉,黎民不饥不寒,然而不王者,未之有也"。孟子主张把仁政说与王道政治联系起来。认为人皆有仁爱之同情心,即不忍人之心,主张"以不忍人之心,行不忍人之政,治天下可运之掌上"。行仁政,天下可得到治理;不行仁政,则天下难以治理。孟子认为,即使是百里小国,只要行仁政,天下百姓也会归之而王。他对梁惠王说:"地方百里而可以王。王如施仁政于民,省刑罚,薄税敛,深耕易耨。壮者以暇日修其孝悌忠信,入以事其父兄,出以事其长上,可使制梃以挞秦楚之坚甲利兵矣。"行仁政须落实到"省刑罚,薄税敛",发展农业生产等要事上来,只有这样,才能巩固国家经济政治生活,在此基础上,修德行教,使仁爱之心推而广之,即使是坚甲利兵也能战而胜之。强调以仁政统一天下,进而治理天下,提倡以德服人的"王道"政治,反对以力服人的

"霸道"政治,批评暴力,反对战争。这是儒家仁政理论的基本出发点。

与仁政学说及重视人权,满足人的基本物质生活需求的理论相联系,从政治治理的实践和人的生存发展的实际需要出发,儒家重视民生,主张满足人们求生存的基本物质欲求,并倡导富民思想,强调先富后教,使民从善,然后政权得以稳固。孟子说:"无恒产而有恒心者,惟士为能。若民,则无恒产,因无恒心。苟无恒心,放辟邪侈,无不为已。乃陷于罪,然后从而刑之,是罔民也。焉有仁人在位,罔民而可为也?是故明君制民之产,必使仰足以事父母,俯足以畜妻子,乐岁终身饱,凶年免于死亡。然后驱而之善,故民之从之也轻。"儒家认为,民生是治国之本,民以食为天,衣食足,有恒产才有恒心,满足了百姓的衣食需求,国家才能稳固而得到治理。

儒家从重视民生出发,倡导富民思想。儒家经典《周礼》提出"保息养民"的六项措施,即"一曰慈幼,二曰养老,三曰振穷,四曰恤贫,五曰宽疾,六曰安富"。富而安之,体现了儒家早期的富民思想。孔子提出富而教之的思想。《论语》记载:"子适卫,冉有仆。子曰:'庶矣哉!'冉有曰:'既庶矣,又何加焉?'子曰:'富之。'冉有曰:'既富矣,又何加焉?'子曰:'教之。'"使众多的人民生活得到满足而富裕,然后施之以教,使人民有道德。把富民作为施教的前提和基础,可见对富民的重视。孔子还把富民与利民、满足人民的物质生活利益联系起来。他说:"因民之所利而利之。"强调利民、富民、保民、爱民,体察和顺应民心的向背,这是儒家富民思想的特征。孟子还设想,物质财富得到很大的丰富和满足,百姓还有不仁的吗?他说:"圣人治天下,使有菽粟如水火。菽粟如水火,而民焉有不仁者乎?"满足了百姓的生活需求,使之富足,就会使民众达到仁的境界而国安。而民穷则争,争则起暴乱,国难以治,可见民富才能国安。使老百姓安居乐业,民富而国富,是儒家政治思想的基本点。

——暖然似春

论前辈言铢视轩冕尘视金玉

　　本文是陈献章①基于周敦颐《通书》中"吾子以道充为贵，身安为福，故常泰无不足。而铢视轩冕，尘视金玉，其重无加焉尔"这一段话进行发挥的。周敦颐所谓"铢视轩冕，尘视金玉"表达了儒家士人以完善道德人格为最重要，而视富贵如浮云的清高思想。陈献章借此发挥，认为所谓"铢视""尘视"，不应局限于具体事物的轻重和是非，而应就"道"来看问题，树立本体的境界。这一段思想就是陈献章清高思想的渊源之一。不过陈献章从理论上加以更深入的发挥，并且把道看成是客观的、根本性的东西，从而建立起他的完整的体系。

上

　　道至大，天地亦至大，天地与道，若可相侔矣。然以天地而视道，则道为天地

① 陈献章(1428—1500)，字公甫，别号石斋，广东新会(今江门市新会区)白沙里人，故又称白沙先生，世称陈白沙。明代哲学家、教育家、书法家、诗人。广东唯一一位从祀孔庙的大儒，是明代心学的奠基者。从陈献章倡导涵养心性、静养"端倪"之说开始，明代儒学实现了由理学向心学的转变，成为儒学发展史上的一个重要转折点。陈献章出生于广东新会都会村，十岁随祖父迁居白沙村。二十岁那年春天在童试中考中秀才，同年秋天参加乡试，考中第九名举人。正统十三年(1448)四月考中副榜进士进国子监读书。景泰二年(1451)会试落第后拜江西吴与弼为师，半年而归，居白沙里，筑阳春台，读书静坐，十年间不出户终于悟道。成化二年(1466)复游太学入京至国子监，以《和杨龟山此日不再得韵》诗而名震京师，祭酒邢让惊为真儒，让陈献章做吏部文选清吏司历事。次年春，辞官回到新会白沙，聚徒讲学，四方学者慕名而至。成化十九年(1483)，明宪宗授以翰林院检讨而放归。陈献章自此便居乡讲学，屡荐不起。万历初，从祀孔庙，追谥文恭。著作后被汇编为《白沙子全集》。陈献章主张"学贵自得、学贵知疑"的教育理论，逐渐形成江门学派。陈献章以"宗自然""贵自得"的思想体系，打破程朱理学沉闷和僵化的模式，开启明朝心学先河，在宋明理学史上是一个承前启后、转变风气的关键人物。陈白沙学说高扬"宇宙在我"的主体自我价值，突出个人在天地万物中的存在意义，对整个明代文人精神的取向产生了深刻影响。

之本。以道视天地，则天地者，太仓之一粟、沧海之一勺耳，曾足与道侔哉！天地之大不得与道侔，故至大者道而已，而君子得之一身之微。其所得者，富贵贫贱、死生祸福曾足以为君子所得乎？君子之所得者有如此，则天地之始，吾之始也，而吾之道无所增；天地之终，吾之终也，而吾之道无所损。天地之大且不我逃，而我不增损，则举天地间物既归于我，而不足增损于我矣。天下之物尽在我而不足以增损我，故卒然遇之而不惊，无故失之而不介，舜禹之有天下而不与，烈风雷雨而弗迷，尚何铢轩冕、尘金玉之足言哉？然非知之真、存之实者，与语此反惑，惑则徒为狂妄耳。

中

天下事物杂然前陈，事之非我所自出，物之非我所素有，卒然举而加诸我，不屑者视之，初若与我不相涉，则厌薄之心生矣。然事必有所不能已，物必有所不能无，来于吾前矣，得谓与我不相涉耶？夫子谓："不义而富且贵，于我如浮云。"谓薄不义也，非薄富贵也。孟子谓："舜视弃天下如敝屣。"亦谓重爱亲也，非谓轻天下也。君子一心，万理完具，事物虽多，莫非在我。此身一到，精神具随，得吾得而得之耳，失吾得而失之耳，厌薄之心胡自而生哉？巢父不能容一瓢，严陵不能礼汉光，此瓢此礼，天下之理所不能无，君子之心所不能已。使二人之心果完具，亦焉得而忽之也？若曰"物吾知其为物耳，事吾知其为事耳，勉焉举吾之身以从之"，初若与我不相涉，比之医家谓之不仁。昔人之言曰："铢视轩冕，尘视金玉。"是心也，君子何自得之哉？然非其人，与语此反惑，惑则累之矣。或应曰："是非所谓君子之心也，君子之辨也。"曰："然。然无君子之心，徒有轻重之辨，非道也。"

下

或曰："道可状乎？"曰："不可。此理之妙，不容言。道至于可言，则已涉乎麤迹矣。""何以知之？"曰："以吾知之。吾或有得焉，心得而存之，口不可得而言之，比试言之,则已非吾所存矣。故凡有得而可言,皆不足以得言。"曰:"道不可以言状,亦可以物乎?"曰:"不可。物囿于形,道通于物,有目者不得见也。""何以言之?"曰:"天得之为天,地得之为地,人得之为人。状之以天则遗地,状之以地则遗人,物不足状也。"曰:"道终不可状欤?"曰:"有其方,则可。举一隅而括其三隅,状道之方也。据一隅而反其三隅,按状之术也。然状道之方非难,按状之术实难。人有不知弹,告之曰弹之形如弓而以竹为弦,使其知弓,则可按也。不知此道之大,告之曰道大也,天小也,轩冕、金玉又小,则能按而不惑者鲜矣。愚故曰:道不可状,为难其人也。"

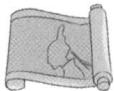

评说

陈献章《论前辈言铢视轩冕尘视金玉》主张道至为广大,无边无际,是天地万物之本。他说:"道至大,天地亦至大,天地与道,若可侔矣。然以天地而视道,则道为天地之本。以道视天地,则天地者,太仓之一粟,沧海之一勺耳,曾足与道侔哉!天地之大不得与道侔,故至大者道而已。"

既然道是至大无边的,所以,君子应当具有万物皆备的胸怀。前人所说的"铢视轩冕,尘视金玉",从完善人格、提高修养方面来看,是非常有道理的。但,如果从"道"的方面来看,执着于具体的荣华富贵的认知,那也是不够的。所以,要想得"道",就应当同体万物,而不必另外再产生一个"铢视轩冕,尘视金玉"的想法。否则,人就与万物有隔膜了。

更多讲解,请扫描

《大学》问

　　《〈大学〉问》是王阳明①教学之中非常重要的典籍,集中体现了王阳明的心学思想。王阳明弟子钱德洪曰:"《〈大学问〉》者,师门之教典也。学者初及门,必先以此意授,使人闻言之下,即得此心之知,无出于民彝物则之中,致知之功,不外乎修齐治平之内。学者果能实地用功,一番听受,一番亲切。……《大学》之教,自孟氏而后,不得其传者几千年矣。赖良知之明,千载一日,复大明于今日。兹未及一传,而纷错若此,又何望于后世耶? 是篇邹子谦之尝附刻于《大学》古本,兹收录《续编》之首。使学者开卷读之,思吾师之教平易切实,而圣智神化之机固已跃然,不必更为别说,匪徒惑人,只以自误,无益也。"

　　问曰:"《大学》者,昔儒以为大人之学矣。敢问大人之学何以在于明明德乎?"

　　阳明子答曰:"大人者,以天地万物为一体者也。其视天下犹一家,中国犹一人焉。若夫间形骸而分尔我者,小人矣。大人之能以天地万物为一体也,非意之也,其心之仁本若是,其与天地万物而为一也,岂惟大人,虽小人之心亦莫不然,彼顾自小之耳。是故见孺子之入井,而必有怵惕恻隐之心焉,是其仁之与孺子而为一体也。孺子犹同类者也,见鸟兽之哀鸣觳觫,而必有不忍之心,是其仁之与

---

　　① 王阳明(1472—1529),幼名云,后改为"守仁",字伯安,别号阳明,浙江绍兴府余姚县(今属宁波余姚)人。因曾筑室于会稽山阳明洞,自号阳明子,学者称之为阳明先生,亦称王阳明。明代著名的思想家、文学家、哲学家和军事家,陆王心学之集大成者,精通儒家、道家、佛家。弘治十二年(1499)进士,历任刑部主事、贵州龙场驿丞、庐陵知县、右金都御史、南赣巡抚、两广总督等职,晚年官至南京兵部尚书、都察院左都御史。因平定宸濠之乱而被封为新建伯,隆庆年间追赠新建侯。谥文成,故后人又称王文成公。王守仁(心学集大成者)与孔子(儒学创始人)、孟子(儒学集大成者)、朱熹(理学集大成者)并称为孔孟朱王。王守仁的学说思想王学(阳明学),是明代影响最大的哲学思想。其学术思想传至日本、朝鲜半岛,以及东南亚,影响深远。王阳明集立德、立功、立言于一身,成就冠绝有明一代。弟子极众,世称姚江学派。其文章博大昌达,行墨间有俊爽之气。著有《王文成公全书》。

鸟兽而为一体也。鸟兽犹有知觉者也,见草木之摧折而必有悯恤之心焉,是其仁之与草木而为一体也。草木犹有生意者也,见瓦石之毁坏而必有顾惜之心焉,是其仁之与瓦石而为一体也。是其一体之仁也,虽小人之心亦必有之。是乃根于天命之性,而自然灵昭不昧者也,是故谓之'明德'。小人之心既已分隔隘陋矣,而其一体之仁犹能不昧若此者,是其未动于欲,而未蔽于私之时也。及其动于欲,蔽于私,而利害相攻,忿怒相激,则将戕物圮类,无所不为其甚,至有骨肉相残者,而一体之仁亡矣。是故苟无私欲之蔽,则虽小人之心,而其一体之仁犹大人也;一有私欲之蔽,则虽大人之心,而其分隔隘陋犹小人矣。故夫为大人之学者,亦惟去其私欲之蔽,以明其明德,复其天地万物一体之本然而已耳。非能于本体之外,而有所增益之也。"

问曰:"然则何以在'亲民'乎?"

答曰:"明明德者,立其天地万物一体之体也;亲民者,达其天地万物一体之用也。故明明德必在于亲民,而亲民乃所以明其明德也。是故亲吾之父,以及人之父,以及天下人之父,而后吾之仁实与吾之父、人之父与天下人之父而为一体矣。实与之为一体,而后孝之明德始明矣!亲吾之兄,以及人之兄,以及天下人之兄,而后吾之仁实与吾之兄、人之兄与天下人之兄而为一体矣。实与之为一体,而后悌之明德始明矣!君臣也,夫妇也,朋友也,以至于山川鬼神鸟兽草木也,莫不实有以亲之,以达吾一体之仁,然后吾之明德始无不明,而真能以天地万物为一体矣。夫是之谓明明德于天下,是之谓家齐国治而天下平,是之谓尽性。"

问曰:"然则又乌在其为'止至善'乎?"

答曰:"至善者,明德、亲民之极则也。天命之性,粹然至善,其灵昭不昧者,此其至善之发见,是乃明德之本体,而即所谓良知也。至善之发见,是而是焉,非而非焉,轻重厚薄,随感随应,变动不居,而亦莫不自有天然之中,是乃民彝物则之极,而不容少有议拟增损于其间也。少有拟议增损于其间,则是私意小智,而非至善之谓矣。自非慎独之至,惟精惟一者,其孰能与于此乎?后之人惟其不知至善之在吾心,而用其私智以揣摸测度于其外,以为事事物物各有定理也,是以昧其是非之则,支离决裂,人欲肆而天理亡,明德亲民之学遂大乱于天下。盖昔之人固有欲明其明德者矣,然惟不知止于至善,而骛其私心于过高,是以失之虚罔空寂,而无有乎家国天下之施,则二氏之流是矣。固有欲亲其民者矣,然惟不知止于至善,而溺其私心于卑琐,是以失之权谋智术,而无有乎仁爱恻怛之诚,则五伯功利之徒是矣。是皆不知止于至善之过也。故止至善之于明德、亲民也,犹之规矩之于方圆也,尺度之于长短也,权衡之于轻重也。故方圆而不止于规矩,爽其则矣;长短而不止于尺度,乖其剂矣;轻重而不止于权衡,失其准矣;明明德、亲民而不止于至善,亡其本矣。故止于至善以亲民,而明其明德,是之谓大人之学。"

问曰:"'知止而后有定,定而后能静,静而后能安,安而后能虑,虑而后能得',其说何也?"

答曰:"人惟不知至善之在吾心,而求之于其外,以为事事物物皆有定理也,而求至善于事事物物之中,是以支离决裂,错杂纷纭,而莫知有一定之向。今焉既知至善之在吾心,而不假于外求,则志有定向,而无支离决裂、错杂纷纭之患矣。无支离决裂、错杂纷纭之患,则心不妄动而能静矣。心不妄动而能静,则其日用之间,从容闲暇而能安矣。能安,则凡一念之发,一事之感,其为至善乎?其非至善乎?吾心之良知自有以详审精察之,而能虑矣。能虑则择之无不精,处之无不当,而至善于是乎可得矣。"

问曰:"物有本末,先儒以明德为本,新民为末,两物而内外相对也。事有终始,先儒以知止为始,能得为终,一事而首尾相因也。如子之说,以新民为亲民,则本末之说亦有所未然欤?"

答曰:"终始之说,大略是矣。即以新民为亲民,而曰明德为本,亲民为末,其说亦未尝不可,但不当分本末为两物耳。夫木之干,谓之本,木之梢,谓之末。惟其一物也,是以谓之本末。若曰两物,则既为两物矣,又何可以言本末乎?新民之意,既与亲民不同,则明德之功,自与新民为二。若知明明德以亲其民,而亲民以明其明德,则明德亲民焉可析而为两乎?先儒之说,是盖不知明德亲民之本为一事,而认以为两事,是以虽知本末之当为一物,而亦不得不分为两物也。"

问曰:"古之欲明明德于天下者,以至于先修其身,以吾子明德亲民之说通之,亦既可得而知矣。敢问欲修其身,以至于致知在格物,其工夫次第又何如其用力欤?"

答曰:"此正详言明德、亲民、止至善之功也。盖身、心、意、知、物者,是其工夫所用之条理,虽亦各有其所,而其实只是一物。格、致、诚、正、修者,是其条理所用之工夫,虽亦皆有其名,而其实只是一事。何谓身心之形体?运用之谓也。何谓心身之灵明?主宰之谓也。何谓修身?为善而去恶之谓也。吾身自能为善而去恶乎?必其灵明主宰者欲为善而去恶,然后其形体运用者始能为善而去恶也。故欲修其身者,必在于先正其心也。然心之本体则性也,性无不善,则心之本体本无不正也。何从而用其正之之功乎?盖心之本体本无不正,自其意念发动,而后有不正。故欲正其心者,必就其意念之所发而正之,凡其发一念而善也,好之真如好好色,发一念而恶也,恶之真如恶恶臭,则意无不诚,而心可正矣。然意之所发,有善有恶,不有以明其善恶之分,亦将真妄错杂,虽欲诚之,不可得而诚矣。故欲诚其意者,必在于致知焉。致者,至也,如云丧致乎哀之致。《易》言'知至至之','知至'者,知也,'至之'者,致也。'致知'云者,非若后儒所谓充扩其知识之谓也,致吾心之良知焉耳。良知者,孟子所谓'是非之心,人皆有之'者也。是非之心,不待虑而知,不待学而能,是故谓之良知。是乃天命之性,吾心之本体,自然灵昭明觉者也。凡意念之发,吾心之良知无有不自知者。其善欤,惟吾心之良知自知之,其不善欤,亦惟吾心之良知自知之。是皆无所与于他人者也。故虽小人之为不善,既已无所不至,然其见君子,则必厌然掩其不善而著其善者,是亦可以见其良知之有不容于自昧者也。今欲别善恶以诚其意,惟在致其良知之所知焉尔。何则?意念之发,吾心之良知既知其为善矣,使其不能诚有以好之,而复背而去之,则是以善为恶,而自昧其知善之良知矣。意念之所发,吾之良知既知其为不善矣,使其不能诚有以恶之,而复蹈而为之,则是以恶为善,而自昧其知恶之良知矣。若是,则虽曰知之,犹不知也,意其可得而诚乎?今于良知之善恶者,无不诚好而诚恶之,则不自欺其良知而意可诚也已。然欲致其良知,亦岂影响恍惚而悬空无实之谓乎?是必实有其事矣。故致知必在于格物。物者,事也,凡意之所发必有其事,意所在之事谓之物。格者,正也,正其不正以归于正之谓也。正其不正者,去恶之谓也。归于正者,为善之谓也。夫是之谓格。书言'格于上下''格于文祖''格其非心',格物之格实兼其义也。良知所知之善,虽诚欲好之矣,苟不即其意之所在之物而实有以为之,则是物有未格,而好之之意犹为未诚也。良知所知之恶,虽诚欲恶之矣,苟不即其意之所在之物而实有以去之,则是物有未格,而恶之之意犹为未诚也。今焉于其良知所知之善者,即其意之所在之物而实为之,无有乎不尽。于其良知所知之恶者,即其意之所在之物而实去之,无有乎不尽。然后物无不格,吾良知之所知者,无有亏缺障蔽,而得以极其至矣。夫然后吾心快然无复余憾而自谦矣,夫然后意之所发者,始无自欺而可以谓之诚矣。故曰:'物格而后知至,知至而后意诚,意诚而后心正,心正而后身修。'盖其功夫条理虽有先后次序之可言,而其体之惟一,实无先后次序之可分。其条理功夫虽无先后次序之可分,而其用之惟精,固有纤毫不可得而缺焉者。此格致诚正之说,所以阐尧舜之正传,而为孔氏之心印也。"

《王阳明》第一讲　　　《王阳明》第二讲　　　《王阳明》第三讲　　　《王阳明》第四讲

（余群讲解）　　　　　（余群讲解）　　　　　（余群讲解）　　　　　（余群讲解）

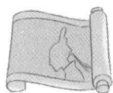 评说

　　《〈大学〉问》乃阳明重要教典也。阳明者，中国明代之大儒王守仁是也。文武周公，孔孟朱熹，阳明承前启后，其地位、作用若斯也。综观中国三教九流之学，阳明乃一颗璀璨明珠，此喻绝不为过也。阳明儒学功底深厚，有能力及胆识出入佛老，不仅辨析名相而且身体力行，最后融三家于一炉，拈出"致良知"之三字以为万能钥匙，谓时时处处按良知行事，则适得其所、百发百中。阳明乃罕见全才，思想家、政治家、军事家、作家、诗人、书法家集于一身，继陆九渊之后集中国心学体系之大成，其成果丰硕，《全集》两大卷，然要言之，其中心思想皆在《〈大学〉问》之中也。

——明德致远

更多讲解，请扫描　　　　精美赏析，请扫描

答陆原静书

《答陆原静书》是嘉靖三年(1524)甲申,王阳明先生在绍兴越城写给弟子陆原静的回信。

一

来书①云:"下手工夫,觉此心无时宁静。妄心固动也,照心亦动也;心既恒动,则无刻暂停也。"

是有意于求宁静,是以愈不宁静耳。夫妄心则动也,照心非动也;恒照则恒动恒静,天地之所以恒久而不已也。照心固照也,妄心亦照也;其为物不贰,则其生物不息,有刻暂停则息矣,非至诚无息之学矣。

来书云:"良知亦有起处。"云云。

此或听之未审。良知者,心之本体,即前所谓恒照者也。心之本体,无起无不起,虽妄念之发,而良知未尝不在,但人不知存,则有时而或放耳;虽昏塞之极,而良知未尝不明,但人不知察,则有时而或蔽耳,虽有时而或放,其体实未尝不在也,存之而已耳;虽有时而或蔽,其体实未尝不明也,察之而已耳。若谓良知亦有起处,则是有时而不在也,非其体之谓矣。

来书云:"前日'精一'之论,即作圣之功否?"

"精一"之"精"以理言,"精神"之"精"以气言。理者气之条理,气者理之运用;无条理则不能运用,无运用则亦无以见其所谓条理者矣。精则精,精则明,精则一,精则神,精则诚;一则精,一则明,一则神,一则诚:原非有二事也。后世儒

---

① 来书:是指陆澄的来信。陆澄,字原静。

者之说与养生之说各滞于一偏,是以不相为用。前日"精一"之论,虽为原静爱养精神而发,然而作圣之功实亦不外是矣。

来书云:"元神、元气、元精,必各有寄藏发生之处,又有真阴之精、真阳之气。"云云。

夫良知一也,以其妙用而言谓之神,以其流行而言谓之气,以其凝聚而言谓之精,安可以形象方所求哉?真阴之精,即真阳之气之母;真阳之气,即真阴之精之父;阴根阳,阳根阴,亦非有二也。苟吾良知之说明,则凡若此类皆可以不言而喻。不然,则如来书所云"三关七返九还"①之属,尚有无穷可疑者也。

二

又来书云:"良知,心之本体,即所谓性善也,未发之中也,寂然不动之体也,廓然大公也。何常人皆不能而必待于学邪?中也,寂也,公也,既以属心之体,则良知是矣。今验之于心,知无不良,而中寂大公实未有也。岂良知复超然于体用之外乎?"

性无不善,故知无不良,良知即是未发之中,即是廓然大公,寂然不动之本体,人人之所同具者也。但不能不昏蔽于物欲,故须学以去其昏蔽,然于良知之本体,初不能有加损于毫末也。知无不良,而中寂大公未能全者,是昏蔽之未尽去,而存之未纯耳。体即良知之体,用即良知之用,宁复有超然于体用之外者乎?

来书云:"周子曰'主静',程子曰'动亦定,静亦定',先生曰:'定者,心之本体,是静定也,决非不睹不闻、无思无为之谓,必常知、常存、常主于理之谓也。'夫常知、常存、常主于理,明是动也,已发也,何以谓之静?何以谓之本体?岂是静定也,又有以贯乎心之动静者邪?"

理无动者也。"常知常存常主于理",即"不睹不闻、无思无为"之谓也。不睹不闻、无思无为非槁木死灰之谓也,睹闻思为一于理,而未尝有所睹闻思为,即是动而未尝动也;所谓"动亦定,静亦定,体用一原"者也。

来书云:"此心未发之体,其在已发之前乎?其在已发之中而为之主乎?其

---

① 三关、七返、九还:佛教禅宗三关指初关、重关、末后关。道家七返指修炼精炁神的七个过程。九还也是道家修炼理论。炁(qì),同"气"。

无前后内外而浑然之体者乎？今谓心之动静者，其主有事无事而言乎？其主寂然感通而言乎？其主循理从欲而言乎？若以循理为静，从欲为动，则于所谓动中有静，静中有动，动极而静，静极而动者，不可通矣。若以有事而感通为动，无事而寂然为静，则于所谓动而无动，静而无静者，不可通矣。若谓未发在已发之先，静而生动，是至诚有息也，圣人有复也，又不可矣。若谓未发在已发之中，则不知未发已发俱当主静乎？抑未发为静，而已发为动乎？抑未发已发俱无动无静乎？俱有动有静乎？幸教。"

"未发之中"即良知也，无前后内外而浑然一体者也。有事无事，可以言动静，而良知无分于有事无事也。寂然感通，可以言动静，而良知无分于寂然感通也。动静者所遇之时，心之本体固无分于动静也。理无动者也，动即为欲，循理则虽酬酢万变而未尝动也；从欲则虽槁心一念而未尝静也。

动中有静，静中有动，又何疑乎？有事而感通，固可以言动，然而寂然者未尝有增也。无事而寂然，固可以言静，然而感通者未尝有减也。动而无动，静而无静，又何疑乎？无前后内外而浑然一体，则至诚有息之疑，不待解矣。未发在已发之中，而已发之中未尝别有未发者在；已发在未发之中，而未发之中未尝别有已发者存；是未尝无动静，而不可以动静分者也。

凡观古人言语，在以意逆志而得其大旨，若必拘滞于文义，则靡有孑遗者，是周果无遗民也。周子"静极而动"之说，苟不善观，亦未免有病。

盖其意从"太极动而生阳，静而生阴"说来。太极生生之理，妙用无息，而常体不易。太极之生生，即阴阳之生生。就其生生之中，指其妙用无息者而谓之动，谓之阳之生，非谓动而后生阳也。就其生生之中，指其常体不易者而谓之静，谓之阴之生，非谓静而后生阴也。若果静而后生阴，动而后生阳，则是阴阳、动静截然各自为一物矣。阴阳一气也，一气屈伸而为阴阳；动静一理也，一理隐显而为动静。春夏可以为阳为动，而未尝无阴与静也；秋冬可以为阴为静，而未尝无阳与动也。

春夏此不息，秋冬此不息，皆可谓之阳、谓之动也；春夏此常体，秋冬此常体，皆可谓之阴、谓之静也。自元会运世[①]、岁月日时，以至刻秒忽微，莫不皆然，所谓动静无端，阴阳无始，在知道者默而识之，非可以言语穷也。若只牵文泥句，比拟仿像，则所谓心从法华转，非是转法华矣。

---

① 元会运世：北宋著名理学家邵雍有"元会运世"之说。1 元＝12 会＝360 运＝4320 世＝129600 年。一元接一元。元、会、运、世、岁、月、日、时、刻、秒、忽、微，均为表示时间长短的单位，岁就是年。

来书云："尝试于心,喜怒忧惧之感发也,虽动气之极,而吾心良知一觉,即罔然消阻,或遏于初,或制于中,或悔于后。然则良知常若居优闲无事之地而为之主,于喜怒忧惧若不与焉者,何欤?"

知此则知未发之中,寂然不动之体,而有发而中节之和,感而遂通之妙矣。然谓良知常若居于优闲无事之地,语尚有病。盖良知虽不滞于喜怒忧惧,而喜怒忧惧亦不外于良知也。

来书云："夫子昨以良知为照心。窃谓:良知,心之本体也;照心,人所用功,乃戒慎恐惧之心也,犹思也。而遂以戒慎恐惧为良知,何欤?"

能戒慎恐惧者,是良知也。

来书云："先生又曰'照心非动也',岂以其循理而谓之静欤?'妄心亦照也',岂以其良知未尝不在于其中,未尝不明于其中,而视听言动之不过则者皆天理欤?且既曰妄心,则在妄心可谓之照,而在照心则谓之妄矣。妄与息何异?今假妄之照以续至诚之无息,窃所未明,幸再启蒙。"

照心非动者,以其发于本体明觉之自然,而未尝有所动也。有所动即妄矣。妄心亦照者,以其本体明觉之自然者,未尝不在于其中,但有所动耳。无所动即照矣。无妄无照,非以妄为照,以照为妄。照心为照,妄心为妄,是犹有妄有照也。有妄有照则犹二也,二则息矣。无妄无照则不二,不二则不息矣。

来书云:"养生以清心寡欲为要。夫清心寡欲,作圣之功毕矣。然欲寡则心自清,清心非舍弃人事而独居求静之谓也。盖欲使此心纯乎天理,而无一毫人欲之私耳。今欲为此之功,而随人欲生而克之,则病根常在,未免灭于东而生于西。若欲刊剥洗荡于众欲未萌之先,则又无所用其力,徒使此心之不清。且欲未萌而搜剔以求去之,是犹引犬上堂而逐之也,愈不可矣。"

必欲此心纯乎天理,而无一毫人欲之私,此作圣之功也。必欲此心纯乎天理,而无一毫人欲之私,非防于未萌之先,而克于方萌之际不能也。防于未萌之先,而克于方萌之际,此正《中庸》"戒慎恐惧"、《大学》"致知格物"之功,舍此之外,无别功矣。

夫谓"灭于东而生于西,引犬上堂而逐之"者,是自私自利,将迎意必①之为累,而非克治洗荡之为患也。今曰"养生以清心寡欲为要",只"养生"二字,便是自私自利,将迎意必之根。有此病根潜伏于中,宜其有"灭于东而生于西,引犬上

---

① 将迎意必:将迎:送往迎来。意必:语出《论语·子罕》:"子绝四:毋意、毋必、毋固、毋我。"毋意,不主观臆测;毋必,不绝对肯定;毋固,不拘泥固执;毋我,不自以为是。

堂而逐之”之患也。

来书云:“佛氏‘于不思善不思恶时认本来面目’,与吾儒‘随物而格’之功不同。吾若于不思善不思恶时,用致知之功,则已涉于思善矣。欲善恶不思,而心之良知清静自在,惟有寐而方醒之时耳。斯正孟子‘夜气’之说。但于斯光景不能久,倏忽之际,思虑已生。不知用功久者,其常寐初醒而思未起之时否乎?今澄欲求宁静,愈不宁静,欲念无生,则念愈生,如之何而能使此心前念易灭,后念不生,良知独显,而与造物者游乎?”

“不思善不思恶时认本来面目”,此佛氏为未识本来面目者设此方便。“本来面目”即吾圣门所谓“良知”。今既认得良知明白,即已不消如此说矣。“随物而格”,是“致知”之功,即佛氏之“常惺惺”亦是常存他本来面目耳。体段工夫,大略相似。但佛氏有个自私自利之心,所以便有不同耳。

今欲善恶不思,而心之良知清静自在,此便有自私自利,将迎意必之心,所以有“不思善、不思恶时用致知之功,则已涉于思善”之患。孟子说“夜气”,亦只是为失其良心之人指出个良心萌动处,使他从此培养将去。

今已知得良知明白,常用致知之功,即已不消说夜气;却是得兔后不知守兔,而仍去守株,兔将复失之矣。欲求宁静欲念无生,此正是自私自利,将迎意必之病,是以念愈生而愈不宁静。

良知只是一个良知,而善恶自辨,更有何善何恶可思?良知之体本自宁静,今却又添一个求宁静;本自生生,今却又添一个欲无生。非独圣门致知之功不如此,虽佛氏之学亦未如此将迎意必也。只是一念良知,彻头彻尾,无始无终,即是前念不灭,后念不生。今却欲前念易灭,而后念不生,是佛氏所谓断灭种性,入于槁木死灰之谓矣。

来书云:“佛氏又有‘常提念头’之说,其犹孟子所谓‘必有事’,夫子所谓‘致良知’之说乎?其即常惺惺,常记得,常知得,常存得者乎?于此念头提在之时,而事至物来,应之必有其道。但恐此念头提起时少,放下时多,则工夫间断耳。且念头放失,多因私欲客气之动而始,忽然惊醒而后提。其放而未提之间,心之昏杂多不自觉。今欲日精日明,常提不放,以何道乎?只此常提不放,即全功乎?抑于常提不放之中,更宜加省克之功乎?虽曰常提不放,而不加戒惧克治之功,恐私欲不去,若加戒惧克治之功焉,又为思善之事,而于本来面目又未达一间也。如之何则可?”

“戒惧克治”,即是“常提不放”之功,即是“必有事焉”,岂有两事邪?此节所问,前一段已自说得分晓;末后却是自生迷惑,说得支离,及有“本来面目,未达一间"之疑，都是自私自利，将迎意必之为病。去此病，自无此疑矣。

来书云："质美者明得尽，渣滓便浑化。如何谓明得尽？如何而能便浑化？"

良知本来自明。气质不美者，渣滓多，障蔽厚，不易开明。质美者，渣滓原少，无多障蔽，略加致知之功，此良知便自莹彻，些少渣滓，如汤中浮雪，如何能作障蔽？此本不甚难晓。原静所以致疑于此，想是因一"明"字不明白，亦是稍有欲速之心。向曾面论"明善"之义，明则诚矣，非若后儒所谓明善之浅也。

来书云："聪明睿知果质乎？仁义礼智果性乎？喜怒哀乐果情乎？私欲客气果一物乎？二物乎？古之英才若子房、仲舒、叔度、孔明、文仲、韩、范诸公，德业表著，皆良知中所发也，而不得谓之闻道者，果何在乎？苟曰此特生质之美耳，则生知安行者，不愈于学知困勉者乎？愚意窃云谓诸公见道偏则可，谓全无闻，则恐后儒崇尚记诵训诂之过也。然乎？否乎？"

性一而已，仁义礼智，性之性也；聪明睿知，性之质也；喜怒哀乐，性之情也；私欲客气，性之蔽也。质有清浊，故情有过不及，而蔽有浅深也。私欲客气，一病两痛，非二物也。张、黄、诸葛及韩、范诸公，皆天质之美，自多暗合道妙。虽未可尽谓之知学，尽谓之闻道，然亦自其有学，违道不远者也。使其闻学知道，即伊、傅、周、召矣。若文中子则又不可谓之不知学者，其书虽多出于其徒，亦多有未是处，然其大略则亦居然可见。但今相去辽远，无有的然凭证，不可悬断其所至矣。

夫良知即是道，良知之在人心，不但圣贤，虽常人亦无不如此。若无有物欲牵蔽，但循着良知发用流行将去，即无不是道。但在常人多为物欲牵蔽，不能循得良知。如数公者，天质既自清明，自少物欲为之牵蔽，则其良知之发用流行处，自然是多，自然违道不远。

学者学循此良知而已，谓之知学，只是知得专在学循良知。数公虽未知专在良知上用功，而或泛滥于多岐，疑迷于影响，是以或离或合而未纯。若知得时，便是圣人矣。后儒尝以数子者尚，皆是气质用事，未免于行不著，习不察，此亦未为过论。但后儒之所谓著察者，亦是狃于闻见之狭，蔽于沿习之非，而依拟仿象于影响形迹之间，尚非圣门之所谓著、察者也；则亦安得以己之昏昏，而求人之昭昭也乎？所谓"生知安行"，"知行"二字亦是就用功上说；若是知行本体，即是良知良能，虽在困勉之人，亦皆可谓之"生知安行"矣。"知行"二字更宜精察。

来书云："昔周茂叔每令伯淳寻仲尼、颜子乐处。敢问是乐也，与七情之乐，同乎？否乎？若同，则常人之一遂所欲，皆能乐矣，何必圣贤？若别有真乐，则圣贤之遇大忧、大怒、大惊、大惧之事，此乐亦在否乎？且君子之心常存戒惧，是盖终身之忧也，恶得乐？澄平生多闷，未尝见真乐之趣，今切愿寻之。"

"乐"是心之本体，虽不同于七情之乐，而亦不外于七情之乐。虽则圣贤别有真乐，而亦常人之所同有。但常人有之而不自知，反自求许多忧苦，自加迷弃。虽在忧苦迷弃之中，而此乐又未尝不存。但一念开明，反身而诚，则即此而在矣。每与原静论，无非此意。而原静尚有何道可得之问，是犹未免于"骑驴觅驴"之蔽也。

来书云："《大学》以心有好乐、忿愤、忧患、恐惧为不得其正，而程子亦谓圣人情顺万事而无情。所谓'有'者，《传习录》中以病疟譬之，极精切矣。若程子之言，则是圣人之情不生于心而生于物也，何谓耶？且事感而情应，则是非非可以就格。事或未感时，谓之有，则未形也；谓之无，则病根在。有无之间，何以致吾知乎？学务无情，累虽轻，而出儒入佛矣，可乎？"

圣人致知之功，至诚无息，其良知之体皎如明镜，略无纤翳。妍媸之来，随物见形，而明镜曾无留染。所谓情顺万事而无情也。无所住而生其心，佛氏曾有是言，未为非也。明镜之应物，妍者妍，媸者媸，一照而皆真，即是生其心处。妍者妍，媸者媸，一过而不留，即是无所住处。

病疟之喻，既已见其精切，则此节所问可以释然。病疟之人，疟虽未发，而病根自在，则亦安可以其疟之未发，而遂忘其服药调理之功乎？若必待疟发而后服药调理，则既晚矣。致知之功无间于有事无事，而岂论于病之已发未发邪？大抵原静所疑，前后虽若不一，然皆起于自私自利，将迎意必之为祟。此根一去，则前后所疑自将冰消雾释，有不待于问辨者矣。

钱德洪跋[①]：《答原静书》出，读者皆喜。澄善问，师善答，得闻所未闻。师曰："原静所问，只是知解上转，不得已与之逐节分疏。若信得良知，只在良知上用工，虽千经万典，无不吻合，异端曲学，一勘尽破矣。何必如此节节分解？佛家有'扑人逐块'[②]之喻：见块扑人，则得人矣，见块逐块，于块奚得哉？"在座诸友闻之，惕然皆有惺悟。此学贵反求，非知解可入也。

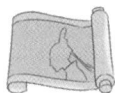

评说

"养生最关键的是清心寡欲"，就养生这两个字，就是自私自利，刻意追求的根源。既然忧虑私欲灭于东而生于西，不如私欲原本就没有出现。如果私欲在

萌生，就及时将它扼制在未萌之先。这只有圣人才能做到啊！

性只有一个。仁义礼智，是人性的本性；聪明睿智，是人性的禀赋；喜怒哀乐，是人性的情感；私欲与外气，是人性的昏蔽。本质有清浊之分，所以感情有过与不及，而昏蔽有深有浅。私欲与外气，是一种病生发的两种痛苦，不是两个事儿。

良知就是圣道。良知自在人心，不单单是圣贤，寻常人也莫不如此。如果没有物欲的牵累蒙蔽，只要遵循着良知并将其发扬光大、流传开来，则没有不是道的。只不过是常人的良知总被物欲牵累蒙蔽，不能自然循着良知行事罢了。像有的人，天生资质清纯明亮，也很少被物欲牵累蒙蔽，所以他们的良知发扬流传的就非常多，自然就离圣道不远。学者学的也就是循着良知行事而已。说知学，只是要明白专门在学习遵循良知上用功。所谓生而知之、安而行之，"知行"二字也是从用功上来说的。至于知行的本体，其实就是良知良能。即使是困知勉行的人，也都可以说是生而知之、安而行之。对"知行"二字更应该精心体察。

王阳明认为良知即是道，是主宰，是根本，良知包含良能在其内。良知作为"知的本体"，一旦贞定，则良知与良能互为一体，同时现起，良能作为"行的本体"，自然贞定。若能从知行本体即良知良能出发，则凡人即圣贤，困勉之人即生知安行之人。

———王大珊

人谱·人极图说

《人谱》是刘宗周①最有代表性的著作。而《人极图说》作为《人谱》的核心思想,是该书的首篇文章。《人极图说》秉承周敦颐《太极图说》的理论而来。周敦颐《太极图说》主要论述宇宙的生成,而刘宗周《人极图说》主要论述人的伦理道德之立身的问题。

无善而至善,心之体也。即周子所谓太极,"太极本无极也"。统三才而言,谓之极。分人极而言,谓之善。其义一也。

继之者善也。动而阳也,"乾知大始"②是也。

成之者性也。静而阴也,"坤作成物"③是也。

繇是而之焉,达于天下者道也。放勋曰:"父子有亲,君臣有义,夫妇有别,长幼有序,朋友有信。"此五者,五性之所以著也。五性既著,万化出焉。万化既行,万性正矣。五性之德,各有专属,以配水火木金土,此人道之所以达也。

万性,一性也。性,一至善也。至善,本无善也。无善之真,分为二五,散为万善。上际为乾,下蟠为坤。乾知大始,吾易知也。坤作成物,吾简能也。其俯仰于乾坤之内者,皆其与吾之知能者也。乾道成男,即上际之天。坤道成女,即下蟠之地。而万物之胞与,不言可知

人极图

即太极

图左畔

即太极

图右畔

① 刘宗周(1578—1645),字起东,别号念台,明朝绍兴府山阴(今浙江绍兴)人,因讲学于山阴蕺山,学者称蕺山先生。他是明代最后一位儒学大师,也是宋明理学(心学)的殿军。他著作甚多,内容复杂而晦涩。他开创的蕺山学派,在中国思想史特别是儒学史上影响巨大。清初大儒黄宗羲、陈确、张履祥等都是这一学派的传人。刘宗周的思想学说还具有承先启后的作用。当代新儒家学者牟宗三甚至认为,刘宗周绝食而死后,中华民族的命脉和中华文化的命脉都发生了危机,这一危机延续至今。

② 乾知大始:出自《周易》。知:孔颖达《周易正义》释为"知道""知见";司马光《温公易说》释为"主",朱熹《周易本义》承其说,也释为"主宰";王念孙释为"为"。大始:即太始,最初(创造万物)的开始。

③ 坤作成物:出自《周易》。坤的作用(作为)形成了具体的万物。

矣。《西铭》以乾坤为父母,至此以天地为男女,乃见人道之大。

大哉人乎!无知而无不知,无能而无不能,其惟心之所为乎!《易》曰:"天下何思何虑!天下同归而殊涂,一致而百虑。"天下何思何虑!无知之知,不虑而知。无能之能,不学而能。是之谓无善之善。

君子存之,善莫积焉。小人去之,过莫加焉。吉凶悔吝,惟所感也。积善积不善,人禽之路也。知其不善以改于善,始于有善,终于无不善。其道至善,其要无咎,所以尽人之学也。君子存之,即存此何思何虑之心。周子所谓"主静立人极"是也。然其要归之善。补过所繇,殆与不思善恶之旨异矣。此圣学也。

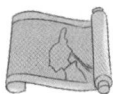

评说

刘宗周在《人谱》中的"人谱正篇"模仿周敦颐的《太极图说》,创作了《人极图说》。与周敦颐有《太极图》及《太极图说》一样,刘宗周则有《人极图》及《人极图说》。可以这样说,《人极图》及《人极图说》是刘宗周《人谱》或整个哲学思想的易学依据。

刘宗周的《人极图说》,自无善而至善之心体,到继善成性之性体,再到五伦之达道,层层开展,渐渐落实。人是一伦理性存在,人一出生,性便与之俱来,性即理,理首先表现为五伦。五伦是修养功夫之最大端。人首先要思"五伦间有多少不尽分处",黾勉从事于斯。而尽五伦之分就是无忝于率性之道。刘宗周的思想集中体现于对阳明弟子特别是泰州、龙溪一派的批评与纠正。他特别重视的是《大学》的"诚意",意欲以"诚意"来纠正阳明弟子的"虚玄而荡"和"情识而肆"。

《人谱》中的"人谱续篇"有《证人要旨》六事,是关于修养功夫的集中说明。后之《人谱杂记》,以此"六事"为纲目,杂引古人关于身心修养的嘉言善行,分类系于其下,作为修养者的效法与警戒。《证人要旨》六事之一曰"凛闲居以体独",合朱子之慎独义与自己的慎独义为一,既讲体证独体,又讲于闲居独知之时严敬肆之分。六事之二曰"卜动念以知几",强调几虽动而仍不失先天之"意根"。知几是看念头是否与意根相应。如有不相应,即时以意根醒觉,不使流为过恶。故知恶之时即惩窒之时,即保任意根流行之时。六事之三曰"谨威仪以定命",主张在容貌辞气上用功。威仪是修养的重要方面,刘宗周重视在本原上用功,认为容貌辞气是精神境界的外在反映,由慎独功夫而意诚,表现于外,自然合于威仪之准则,如"目容端,口容止,足容重,手容恭"之类。而对外在威仪的重视,又有助于诚意慎独之养成。六事之四曰"敦大伦以凝道"。六事之五曰"备百行以考旋"。"考旋"语本《易·履》上九爻辞:"视履考祥,其旋元吉。"意思是考察自己的行为,若圆满无亏则元吉。人须尽自己的一切伦理责任,并一一考察使之无憾。五伦是人伦中之大者,其间又有多少细行百物,人皆应处之当,行之确,以"反身而诚"践行孟子的"万物皆备于我"。六事之六曰"迁善改过以作圣",前五事之功夫最后须落实在迁善改过上。此点对阳明江右弟子之"归寂""主静"宗旨有直接继承,强调并没有什么现成的圣人,都须修养而后得。而修养最切实、最直接的功夫就是见善即迁,见过即改,由此渐进于道。由此六事可见,刘宗周所提倡的修养功夫,由微到著,由形上到形下,由心到身,由五伦之大到百行之细,层层深入,步骤秩然,最后落实为最切近也最易于实行的迁善改过。"人谱"即对人之所以为人的说明,"证人"即用功夫证明自己符合人之所以为人。前者为本体,后者为功夫,是个体觉知自己的使命,完成自己的职责。具体修为中的"知几",善与恶都是在超越性的形显下被个体所知的。善是超越性的具体而微,恶是对超越性的背离,改过迁善是对超越性的回归,定命是超越性在个体上的实现。刘宗周始终把人与天的关系,人在宇宙中的地位作为思考和实践的中心问题来对待,他比其前的理学家有更为自觉地对终极关怀问题的思考,这一点或与他所处的明末突出的三教合一思潮有关。

《人谱》就是针对当时流行的袁了凡的《功过格》而作,《巧过格》宣扬简单的善恶果报,刘宗周并非一概反对果报,《易传》即有"积善之家,必有余庆;积不善之家,必有余殃"(《周易·坤·文言》)的说法,但刘宗周不喜这样直接、功利、缺乏天人性命一整套理论推证的方式。他要把士人从世俗化了的佛道之简单的、功利的说教中唤醒,采用以境界显示人格、以修养证得境界这一途径彰显出来。而刘宗周在明廷覆亡、兴复无望的情况下绝食殉明的壮烈行为,正是他这一严正立场的集中表现。努力纠正王学流弊的刘宗周,在对修养功夫的细致理解中,实质上展现出某种对于全部理学之终极关怀的回应,而此回应也在宋明理学家当中最为清晰地揭示出,理学家的一切哲学思辨的努力,归根结底都可被认为是落实在人自身的生命实践中。无论周敦颐等对贯通天人之诚的确认,还是程颢对仁心的发现和朱熹对进学次第的理解,理学家的不断探索,最终都积淀为刘宗周对人之终极关怀和修养功夫的自觉。

——张瑞涛

更多讲解，请扫描

更多评说，请扫描

原　君

　　《原君》是黄宗羲①所写的一篇理论文章。"原"是推究本原之意,"原君"就是推究怎样做君主的道理。《原君》是《明夷待访录》的首篇。《明夷待访录》成书于康熙二年(1663),当时黄宗羲五十四岁。向远处看,自明代中叶以后,随着城市经济的进一步发展,商人地主、市民阶级日趋壮大,资本主义因素也就渐积渐多。表现在社会政治思想上,也就出现了具有近代解放因素的民主思潮。包括《原君》在内的《明夷待访录》,就是这种社会大思潮的一个产物。向近处看,社会刚刚经历了一场阶级矛盾和民族矛盾相交织的历史大动荡:明王朝的覆灭,农民大起义的失败,以及清政权的建立。作为亡国遗臣的黄宗羲,力图追究这场社会大悲剧的原因,《原君》以及《明夷待访录》中的其他文章,便是这种探求的结果。

　　有生之初,人各自私也,人各自利也。天下有公利而莫或兴之,有公害而莫或除之。有人者出,不以一己之利为利,而使天下受其利;不以一己之害为害,而使天下释其害。此其人之勤劳,必千万于天下之人。夫以千万倍之勤劳,则己又不享其利,必非天下之人情所欲居也。故古人之君,量而不欲入者,许由、务光是也;入而又去之者,尧、舜是也;初不欲入而不得去者,禹是也。岂古之人有所异哉? 好逸恶劳,亦犹夫人之情也。

---

　　① 黄宗羲(1610—1695),浙江绍兴府余姚县人,字太冲,一字德冰,号南雷,别号梨洲老人、梨洲山人、蓝水渔人、鱼澄洞主、双瀑院长、古藏室史臣等,学者称"梨洲先生"。明末清初经学家、史学家、思想家、地理学家、天文历算学家、教育家。"东林七君子"之一黄尊素长子。黄宗羲提出"天下为主,君为客"的民主思想。他说"天下之治乱,不在一姓之兴亡,而在万民之忧乐",主张以"天下之法"取代皇帝的"一家之法",从而限制君权,保证人民的基本权利。黄宗羲的政治主张抨击了封建君主专制制度,有极其重要的意义,对其后反专制斗争起了积极的推动作用。黄宗羲与顾炎武、王夫之并称"明末清初三大思想家",与顾炎武、方以智、王夫之、朱舜水并称为"明末清初五大家",与陕西李颙、直隶容城孙奇逢并称"海内三大鸿儒",亦有"中国思想启蒙之父"之誉。他学问极博,思想深邃,著作宏富,一生著述多至50余种,300多卷,其中最为重要的有《明儒学案》《宋元学案》《明夷待访录》《孟子师说》《葬制或问》《破邪论》《思旧录》《易学象数论》《明文海》《行朝录》《今水经》《大统历推法》《四明山志》等。

后之为人君者不然。以为天下利害之权皆出于我,我以天下之利尽归于己,以天下之害尽归于人,亦无不可。使天下之人不敢自私,不敢自利,以我之大私为天下之公。始而惭焉,久而安焉,视天下为莫大之产业,传之子孙,受享无穷。汉高帝所谓"某业所就,孰与仲多"者,其逐利之情,不觉溢之于辞矣。

此无他,古者以天下为主,君为客,凡君之所毕世而经营者,为天下也。今也以君为主,天下为客,凡天下之无地而得安宁者,为君也。是以其未得之也,屠毒天下之肝脑,离散天下之子女,以博我一人之产业,曾不惨然,曰:"我固为子孙创业也。"其既得之也,敲剥天下之骨髓,离散天下之子女,以奉我一人之淫乐,视为当然,曰:"此我产业之花息也。"然则为天下之大害者,君而已矣!向使无君,人各得自私也,人各得自利也。呜呼!岂设君之道固如是乎?

古者天下之人爱戴其君,比之如父,拟之如天,诚不为过也。今也天下之人,怨恶其君,视之如寇仇,名之为独夫,固其所也。而小儒规规焉以君臣之义无所逃于天地之间,至桀纣之暴,犹谓汤武不当诛之,而妄传伯夷、叔齐无稽之事,乃兆人万姓崩溃之血肉,曾不异夫腐鼠。岂天地之大,于兆人万姓之中,独私其一人一姓乎?是故武王圣人也,孟子之言,圣人之言也。后世之君,欲以如父如天之空名,禁人之窥伺者,皆不便于其言,至废孟子而不立,非导源于小儒乎?

虽然,使后之为君者,果能保此产业,传之无穷,亦无怪乎其私之也。既以产业视之,人之欲得产业,谁不如我?摄缄縢,固扃鐍,一人之智力,不能胜天下欲得之者之众。远者数世,近者及身,其血肉之崩溃,在其子孙矣。昔人愿世世无生帝王家,而毅宗之语公主,亦曰:"若何为生我家!"痛哉斯言!回思创业时,其欲得天下之心,有不废然摧沮者乎?是故明乎为君之职分,则唐、虞之世,人人能让,许由、务光非绝尘也;不明乎为君之职分,则市井之间,人人可欲,许由、务光所以旷后世而不闻也。然君之职分难明,以俄顷淫乐,不易无穷之悲,虽愚者亦明之矣。

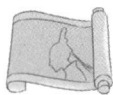

评说

文章继承《孟子》"民为贵,社稷次之,君为轻"的思想,对封建社会君主专制进行了猛烈的批判。黄宗羲发展了儒家思想,对后世有重要的启蒙意义。

《明儒学案》原序

　　本文是《明儒学案》的原初序言。后来黄宗羲又重新写了一篇序言，与此略有不同。原序更能反映黄宗羲最初的思想观念。《明儒学案》是一部系统总结和记述明代传统学术思想发展演变及其流派的学术史著作。全书一共六十二卷。《明儒学案》以王阳明心学发端发展为主线，首篇《师说》提纲挈领。全书一共记载了有明一代二百一十位学者。《师说》总纲之后，分别列出了十七个学案，每个学案都有较为固定的结构，包括案序、传和语录。其中案序为概说该学派之基本情况，诸如该派的主要学术观点，主要代表人物、与其他学派的关系等，传即是学者传记，语录即是收录的该派名言至理并附有评论。

　　盈天地皆心也，变化不测，不能不万殊。心无本体，工夫所至，即其本体，故穷理者，穷此心之万殊，非穷万物之万殊也。是以古之君子，宁凿五丁之间道，不假邯郸之野马，故其途亦不得不殊！奈何今之君子，必欲出于一途，使美厥灵根者，化为焦芽绝港。夫先儒之语录，人人不同，只是印我之心体，变动不居，若执定成局，终是受用不得。此无他，修德而后可讲学。今讲学而不修德，又何怪其举一而废百乎？时风愈下，兔园称儒，实老生之变相；坊人诡计，借名母以行书。谁立庙庭之中正？九品参差，大类释氏之源流；五宗水火，遂使杏坛块土为一哄之市，可哀也夫！

　　羲幼遭家难，先师蕺山先生视羲如子，扶危定倾，日闻绪言，小子矍矍，梦奠之后，始从遗书得其宗旨，而同门之友多归忠节。岁己酉，毗陵郓仲升来越，著《刘子节要》。仲升，先师之高第弟子也。书成，羲送之江干，仲升执手丁宁曰："今日知先师之学者，惟吾与子两人，议论不容不归一，惟于先师言意所在，宜稍为通融。"羲曰："先师所以异于诸儒者，正在于意，宁可不为发明！"仲升欲羲叙其《节要》，羲终不敢。是则仲升于殊途百虑之学，尚有成局之未化也。

　　羲为《明儒学案》，上下诸先生，深浅各得，醇疵互见，要皆功力所至，竭其心之万殊者，而后成家，未尝以懵懂精神冒人糟粕。于是为之分源别派，使其宗旨历然，由是而之焉，固圣人之耳目也。间有发明，一本之先师，非敢有所增损其间。此犹中衢之罇，后人但持瓦瓯瓨杓，随意取之，无有不满腹者矣。

　　书成于丙辰之后，中州许酉山暨万贞一各刻数卷，而未竣其事，然钞本流传，颇为好学者所识。往时汤公潜庵有云："《学案》宗旨杂越，苟善读之，未始非一贯。"此陈介眉所传述语也。壬申七月，一病几革，文字因缘，一切屏除。仇沧柱都下寓书，言北地隐士贾若水者，手录是书而叹曰："此明室数百年学脉也，可听之埋没乎！"亡何，贾君逝，其子醇庵承遗命刻之。嗟乎！温公《通鉴》成，叹世人首尾毕读者少。此书何幸，而累为君子所不弃乎！暂彻呻吟，口授儿子百家书之。

康熙三十二年癸酉岁，紫筠斋谨梓

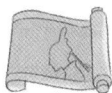

评说

　　盈天地之间，都是一个心字。换言之，心外无物，心外无理。所以，格物致知、穷理尽性，就是穷此心之万殊，而不是穷万物之万殊。心本来没有什么本体，而工夫所至，就是本体。这样，黄宗羲就把工夫与本体紧密地结合在一起了。这其实就是其恩师刘宗周思想的延续。刘宗周主张本体即工夫，黄宗羲则认为，工夫就是本体。显然，他们师徒两人都更重视工夫。这也是对王阳明后学以本体代替工夫的一种反驳。

　　在此序言中，黄宗羲对恩师表达了由衷的敬仰和爱戴。因此，《明儒学案》的思想，是本于其师刘宗周的理论和学术精神的。

更多讲解，请扫描

顺性命之理论

《顺性命之理论》选自《曾文正公全集·文集》卷一。在本文中,作为湘乡学派的重要代表,曾国藩①提出性命为天地万物的主宰,而性命的具体内容,即是封建道德规范和维护君臣、父子、兄弟、朋友伦常关系的原则。

尝谓性不虚悬,丽乎吾身而有宰;命非外铄,原乎太极以成名。是故皇降之衷,有物斯以有则;圣贤之学,惟危惕以惟微。盖自乾坤奠定以来,立天之道曰阴与阳,静专动直之妙,皆性命所弥纶;立地之道曰柔与刚,静翕动辟之机,悉性命所默运。是故其在人也,氤氲化醇,必无以解乎造物之吹嘘。真与精相凝,而性即寓于肢体之中。含生负气,必有以得乎乾道之变化。理与气相丽,而命实宰乎赋畀之始。以身之所具言,则有视、听、言、动,即有肃、义、哲、谋。其必以肃、义、哲、谋为范者,性也;其所以主宰乎五事者,命也。以身之所接言,则有君臣父子,即有仁、敬、孝、慈。其必以仁、敬、孝、慈为则者,性也;其所以纲维乎五伦者,命也。此其中有理焉,亦期于顺焉而已矣。

请申论之:性,浑沦而难名,按之曰理,则仁、义、礼、智,德之赖乎扩充者,在吾心已有条不紊也。命于穆而不已,求之于理,则元、亨、利、贞,诚之贯乎通复者,在吾心且时出不穷也。有条不紊,则践形无亏,可以尽己性,即可以尽人物之性。此顺乎理者之率其自然也。时出不穷,则泛应曲当,有以立吾命,即有以立万物之命。此顺乎理者之还其本然也。彼乎持矫揉之说者,譬杞柳以为杯棬,不知性命,必致戕贼仁义,是理以逆施而不顺矣。高虚无之见者,若浮萍遇于江湖,空谈性命,不复求诸形色,是理以惝恍而不顺矣。惟察之以精,私意不自蔽,私欲不自挠,惺惺常存,斯随时见其顺焉。守之以一,以不贰自惕,以不已自循,栗栗

① 曾国藩(1811—1872),初名子城,字伯涵,号涤生,宗圣曾子七十世孙。中国近代政治家、战略家、理学家、文学家,湘军的创立者和统帅。与胡林翼并称曾胡,与李鸿章、左宗棠、张之洞并称"晚清四大名臣"。官至两江总督、直隶总督、武英殿大学士,封一等毅勇侯,谥曰文正。

惟惧,斯终身无不顺焉。此圣人尽性立命之极,亦即中人复性知命之功也夫!

评说

性命从其规范和原则说,也就是"理"。曾国藩说:"仁敬孝慈为则,此性也;其所以纲维乎五伦者,命也。此其中有理焉,亦期于顺焉而已矣。"又说:"性浑沦而难名,按之曰理,则仁义礼智德之赖乎扩充者,在吾心已有条不紊也。命于穆而不已,求之于理,则元亨利贞诚之贯乎通复者,在吾心且时出不穷也。""仁义礼智"之性赖以扩充和"元亨利贞"之命借以贯通者为"理"。因此,"性命"主宰天地万物,也可说是"理"最终主宰天地万物及社会伦理道德。在理与气的关系上,曾氏虽说过"理与气相丽"的话,但却给"气"赋予了"仁"的道德属性,提出所谓"仁义不明则无所谓道者",把"仁"提高到主宰天下的高度。他还由其性命说而赞同天命论,认为"其所以纲维乎五伦者,命也",宣扬"富贵功名,悉有命定"(《致谙弟》《曾文正公全集·家书》)的命定思想。

就任北京大学校长之演说

　　《就任北京大学校长之演说》是 1917 年蔡元培[①]的演说作品。这篇演说是蔡元培在 1917 年就任北大校长时发表的。

　　蔡元培就任北大校长期间,提出"兼容并包",延请梁漱溟、胡适、刘半农、鲁迅、周作人、徐悲鸿、刘师培等杰出人士进入北大,并裁减了不称职的教员,清除了一大批腐朽守旧的人物。经过这番整顿,教师队伍的素质大大提高。与此同时,他还在学生中大力提倡思想自由,培养学术研究风气,树立新道德新风尚。本文就是他这一思想的集中体现。

　　五年前,严几道[②]先生为本校校长时,余方服务教育部,开学日曾有所贡献于同校。诸君多自预科[③]毕业而来,想必闻知。士别三日,刮目相见,况时阅数

---

　　① 蔡元培(1868—1940),浙江绍兴人,原籍浙江诸暨,民主主义革命家和教育家。蔡元培数度赴德国和法国留学、考察,研究哲学、文学、美学、心理学和文化史,为他致力于改革封建教育奠定了思想理论基础。曾任教育总长、北京大学校长、中央研究院院长等职。他为发展中国新文化教育事业,建立中国资产阶级民主制度做出了重大贡献,堪称"学界泰斗、人世楷模"。1917—1928 年在北大任职期间,锐意改革,使北大面貌焕然一新。他提出了"五育"(军国民教育、实利主义教育、公民道德教育、世界观教育、美感教育)并举的教育方针和"尚自然""展个性"的儿童教育主张。他试图通过贫儿院的试验和推广,逐步以学前儿童公共教育替代当时的家庭教育,最终实现学前儿童公育的理想。他是我国近现代美育的倡导者,主张从家庭教育、学校教育、社会教育三个方面实施美育,设想通过胎教院、育婴院、幼稚园三级机构实施学前儿童美育;把胎教作为美育的起点;让婴儿及其母亲生活在由自然美和艺术美构成的环境之中;认为幼稚园的美育一方面可通过舞蹈、唱歌、手工等"美育的专题"进行,另一方面则要充分利用其他课内含的美育因素,如"计算、说话,也要从排列上、音调上迎合它们的美感"。著有《蔡元培教育文选》《蔡元培教育论著选》等。
　　② 严几道:即严复(1853—1921),几道是他的字,近代启蒙思想家、翻译家,京师大学堂改名为北京大学后的第一任校长。
　　③ 预科:当时北大设文、法、理、工科和预科。预科相当于北大的附属高中,学制为三年(后改两年),毕业后可免试升入本科。

载①，诸君较昔当必为长足②之进步矣。予今长斯校，请更以三事为诸君告。

一曰抱定宗旨③。诸君来此求学，必有一定宗旨，欲知宗旨之正大与否，必先知大学之性质。今人肄业④专门学校，学成任事，此固势所必然。而在大学则不然，大学者，研究高深学问者也。外人每指摘本校之腐败，以求学于此者，皆有做官发财思想，故毕业预科者，多入法科，入文科者甚少，入理科者尤少，盖以法科为干禄之终南捷径也。因做官心热，对于教员，则不问其学问之浅深，惟问其官阶之大小。官阶大者，特别欢迎，盖为将来毕业有人提携也。现在我国精于政法者，多入政界，专任教授者甚少，故聘请教员，不得不聘请兼职之人，亦属不得已之举。究之外人指摘之当否，姑不具论，然弭谤莫如自修，人讥我腐败，（而我不腐败），问心无愧，于我何惧（损）？果欲达其做官发财之目的，则北京不少专门学校，入法科者尽可肄业于法律学堂，入商科者亦可投考商业学校，又何必来此大学？所以诸君须抱定宗旨，为求学而来。入法科者，非为做官；入商科者，非为致富。宗旨既定，自趋正轨，诸君肄业于此，或三年，或四年，时间不为不多，苟能爱惜光阴，孜孜求学，则其造诣，容有底止⑤。若徒志在做官发财，宗旨既乖，趋向自异。平时则放荡冶游⑥，考试则熟读讲义，不问学问之有无，惟争分数之多寡；试验既终，书籍束之高阁，毫不过问，敷衍三四年，潦草塞（sè）责，文凭到手，即可借此活动于社会，岂非与求学初衷大相背驰乎？光阴虚度，学问毫无，是自误也。且辛亥之役，吾人之所以革命，因清廷官吏之腐败。即在今日，吾人对于当轴多不满意，亦以其道德沦丧⑦。今诸君苟不于此时植其基，勤其学，则将来万一因生计所迫，出而仕（任）事，担任讲席，则必贻误学生；置身政界，则必贻误国家。是误人也。误己误人，又岂本心所愿乎？故宗旨不可以不正大。此余所希望于诸君者一也。

二曰砥砺德行。方今风俗日偷⑧，道德沦丧，北京社会，尤为恶劣，败德毁行之事，触目皆是，非根基深固，鲜不为流俗所染。诸君肄业大学，当能束身自爱。

---

① 况时阅数载：况且时间经过几年。阅：经过。

② 长（cháng）足：形容进展迅速。

③ 抱定宗旨：抱定研究学问的宗旨。

④ 肄业：在这里是就学的意思。肄：学习。

⑤ 则其造诣，容有底止：学业达到某种程度。容有底止：前途可望。容有：或许能相当深。底止：深的意思。

⑥ 冶游：同"游冶"。四处游玩。

⑦ 吾人对于当轴多不满意，亦以其道德沦丧：语出《宋史·苏轼传》："积以论事，为当轴者恨。"当轴：旧指当政大臣，比喻居于政要地位。以：因为。沦丧：沉没，丧失。

⑧ 日偷：越来越苟且敷衍，只顾眼前。偷：苟且。

然国家之兴替,视风俗之厚薄。流俗如此,前途何堪设想。故必有卓绝之士,以身作则,力矫颓俗。诸君为大学学生,地位甚高,肩此重任,责无旁贷,故诸君不惟思所以感己,更必有以励人。苟德之不修,学之不讲,同乎流俗,合乎污世,己且为人轻侮,更何足以感人。然诸君终日伏首案前,芸芸(营营)攻苦,毫无娱乐之事,必感身体上之苦痛。为诸君计,莫如以正当之娱乐,易不正当之娱乐,庶于道德无亏,而于身体有益。诸君入分科时,曾填写愿书,遵守本校规则,苟中道而违之,岂非与原始之意相反乎?故品行不可以不谨严。此余所希望于诸君者二也。

三曰敬爱师友。教员之教授,职员之任务,皆以图诸君求学便利,诸君能无动于衷乎?自应以诚相待,敬礼有加。至于同学共处一室,尤应互相亲爱,庶可收切磋之效。不惟开诚布公,更宜道义相劝,盖同处此校,毁誉共之。同学中苟道德有亏,行有不正,为社会所訾詈,己虽规行矩步,亦莫能辨,此所以必互相劝勉也。余在德国,每至店肆购买物品,店主殷勤款待,付价接物,互相称谢,此虽小节,然亦交际所必需,常人如此,况堂堂大学生乎?对于师友之敬爱,此余所希望于诸君者三也。

余到校视事仅数日,校事多未详悉,兹所计划者二事:一曰改良讲义。诸君既研究高深学问,自与中学、高等不同,不惟恃教员讲授,尤赖一己潜修。以后所印讲义,只列纲要,细微末节,以及精旨奥义,或讲师口授,或自行参考,以期学有心得,能裨实用;二曰添购书籍。本校图书馆书籍虽多,新出者甚少,苟不广为购办,必不足供学生之参考。刻拟筹集款项,多购新书,将来典籍满架,自可旁稽博采,无虞缺乏矣。今日所与诸君陈说者只此,以后会晤日长,随时再为商榷可也。

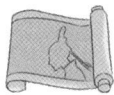

评说

北京大学创办于 1898 年,初名京师大学堂,是中国第一所现代意义上的大学。

京师大学堂的诞生,是戊戌变法的产物。戊戌变法运动失败以后,所有新政措施几乎全部被废除,只有京师大学堂得以保留。1911 年,辛亥革命推翻了清王朝的统治。1912 年 5 月,京师大学堂改名为北京大学。但 1917 年蔡元培接任之前的北大,总的来说还是一所封建思想、官僚习气十分浓厚的学府。因初办时所收学生都是京官或八旗贵族子弟,来上学时,有不少还带着听差,上学只是为了升官发财,对研究学问没什么兴趣,而是想方设法混资历,找靠山。蔡元培的贡献就在于,他把陈腐的北大,变成了学术至上的真正大学。他以坚决的气魄,按照自己的教育理想,采取一系列对症下药的措施,一步步地改造北大,使北大逐步显示出全新的风貌。不到两三年时间,北大便从一个培养官僚的腐朽机构一跃而成为全国进步青年仰慕的学府。

在办学方针上,蔡元培提出"兼容并包",培养学术研究风气,树立新道德新风尚。在演讲中,他开门见山,在简单地回顾了自己与北大的渊源之后,就以校长的身份直截了当地对青年学子提出了三点要求:抱定宗旨、砥砺德行、敬爱师友。这几点要求绝非泛泛而谈,而是直接针对当时的社会风气和北大的沉疴提出的,可以说每一点都具有针对性,都事关北大的前途和命运。

何故爱国

　　《何故爱国》是梁启超[①]《国民浅训》中的第一章,也是该书的核心内容。《国民浅训》是梁启超在颠沛流离之际,于"病起后即捉笔著成",全书"约二万言",乃以"三日夜成之"。在与女儿的书信中,梁启超径称"此书真我生绝好纪念也"(一九一六年三月二十五日信)。可见梁启超对此的重视。邹韬奋在《学术界失了一位导师》的悼念文章中,曾特别提到此书,推赞:"一人的价值视其为群服务的精神,梁先生这样的不避艰苦为国尽力的精神,我们觉得很有给人想念的价值。"这也是《国民浅训》经过了一个世纪仍值得纪念的理由,何况其中所说的如爱国之道理,时至今日,也仍然没有过时。

　　爱国两字,近来当作时兴口号,到处有人说起,但细按下去,真能够爱国者,究有几人?比起别国人爱国至情,我等真要愧死。固由前此国家组织,未能妥善,所行政事,无利于民,人民总不觉得有此国家,于我何益,故此爱情,无由发动,此原不能十分怪责吾民。虽然,亦由吾民未能深知国家之与我身家,其关系若何切要,将他当作身外闲是闲非,不愿多管,故此任凭一群小人,将国家盘据起来,偷得一分权,便作一分恶,无法无天,愈弄愈坏,换了一群还是一群,照此混闹下去,中国岂复能成为国?须知我等说要爱国,并非因爱国是当今一种美名,说

---

　　① 梁启超(1873—1929),字卓如,一字任甫,号任公,又号饮冰室主人、饮冰子、哀时客、中国之新民、自由斋主人。清朝光绪年间举人,中国近代思想家、政治家、教育家、史学家、文学家。戊戌变法(百日维新)领袖之一,中国近代维新派、新法家代表人物。幼年时从师学习,八岁学为文,九岁能缀千言,十七岁中举。后从师于康有为,成为资产阶级改良派的宣传家。维新变法前,与康有为一起联合各省举人发动"公车上书"运动,此后先后领导北京和上海的强学会,又与黄遵宪一起办《时务报》,任长沙时务学堂的主讲,并著《变法通议》为变法做宣传。戊戌变法失败后,与康有为一起流亡日本,政治思想上逐渐走向保守,但是他是近代文学革命运动的理论倡导者。逃亡日本后,梁启超在《饮冰室合集》《夏威夷游记》中继续推广"诗界革命",批判了以往那种诗中运用新名词以表新意的做法。在海外推动君主立宪。辛亥革命之后一度入袁世凯政府,担任司法总长;之后对袁世凯称帝、张勋复辟等严词抨击,并加入段祺瑞政府。他倡导新文化运动,支持五四运动。其著作合编为《饮冰室合集》。

来凑热，实觉得非将国家整理起来，身家更无安全发达之望。须知有许多事，为我等身家所托命，但除却国家之力，我等便有三头六臂，自己却是于办不来。即如现在到处盗贼纵横，良民不能安枕，除此国家将警察办了，我等何法可施？又如有事兴讼，若非国家派有好官，且定有公平法律，我等何处可伸冤屈？又如每遇水旱一次，我等便有许多人饿死，近来水旱，无年不有，动辄损失数千万，实则但得国家有良政治，办大工程，振兴水利，我等岂惟免此损失，每年增加数千万，亦意中事。又如道路梗塞，货物转动不灵，出产虽丰，无从得利，苟非借国家之力，岂能开辟巉岩，广通驿路铁路？凡此之类，不过随举数端，若要我详细说明，恐著书十卷，亦不能尽。实则我等从早至晚，一举一动，何处不仰国家之保护者？尤当知今日为生计竞争之世，各国人民，虎视眈眈，恨不得纷别国人之臂而夺其食，我等唇边之饭，早已被人夺去而不自知。我等但觉得生计艰难，一日不如一日，当思我从前有几多手工可以养人，有几多商业可以致富，近来洋货滔滔流入，物美价廉，我国土货不能与之竞争，大而衣服所有之布及织布之棉纱，食物所需之糖面，晚间所点之油，小而至于一针一线一钉，无不购之于外。前次恃此等种种工业为生者何止数千万人，今安得不失业饿死或流为盗贼？虽有农业一项，外人未能夺去，而官吏土豪，则又敲脂剥髓以填其沟壑之欲，天下可怜人，孰有过于我国之农民者？至于商业，则皆外人饱载之后，我乃拾其唾余，而所千辛万苦以拾得者，一转眼又被恶官吏择肥而噬，一网打尽。若照此迁流下去，更过数年，四万万人，恐有三万万定成饿鬼，诸君今读吾书者，或者家中暂时尚有一碗安乐茶饭，要知此乐不可恃，汝此饭碗，不知明日或后日，或遂被人夺去，汝有何法以自保障？即其不然，汝子汝孙，终久亦为人鱼肉。非谓汝子孙之不才也，生当今日，而无完全之国家为我保护，决不能以自存。今日各国国民之相接，如临战场，不进则退，不生则死。在人则到处有国家以为之后盾，调度得宜，精力弥满，人人皆有学问，事事皆有计画；在我则如无母之儿，少既失教，临事又无援助，则往而不败？尤当知我国民本非明见万蒙，有何种学问不可以学成，有何种机器不可以仿造，有何种公司不可以组织；我国又矿苗满山，物产满地，民勤而俭，俗厚而淳，地利人和，何事落人后者？然何以兵战商战，着着皆败，渐至全国生计路绝，将为人奴？盖我国民事事都不让人，独有视国家事当作闲是闲非不愿多管之一念，实为莫大病根，此病根不除，国家终无振兴之日。国家不振，而欲身家安全发达，此必不可得之数也。我国民当知爱国之理，与爱我同，与爱人异。人者本可以爱可以不爱，不过行吾慈悲以爱之而已。若我之爱我，则一毫不待勉强，一刻不能放松。夫我身固我也，我家亦我也，我乡亦我也，我国亦我也。我一身不能独活，有许多事非合一家之力不能办到。故既爱我身即不得不爱我家。又有许多事非合一乡之力不能办到,故爱我身不得不爱我乡。更有许多事非合一国之力不能办到,故既爱我身即不得不爱我国。譬如有人将家事当作等闲,抛弃不管,试问其人他日,当得何结果。不管国事,则眼前吃亏,将来受罪,亦犹是耳。愿我国民将我所说之话,仔细思量,参透此番道理,实实在在知道国家即我命根,我若不爱他不管他,无异不爱自己不管自己。先明此理,先立此心,然后可以讲到爱之之法矣。

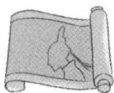

评说

爱国不仅仅是口号,爱国要发自内心,真情实感。因为没有国家,不仅吃眼前亏,将来也要受罪。我们每个人都生活在国家的保护和关怀之中。否则,我们随时都有可能受到其他国家的欺压。而且,在生活之中,我们必须通过协作来完成任务。有些事情,要合一族之人,才能完成;有些事情,要合一乡之人才能完成;有些事情,要合一国人之力,才能实现。而爱国,则意味着国人都团结一致,拧成一股绳,这样,就可以攻无不克,战无不胜。在日常生活之中,也能够享受和平和安宁,体会幸福和快乐。

敬业与乐业

《敬业与乐业》选自近代思想家梁启超的《饮冰室合集》，是一篇宣讲人生与事业关系的演讲词。文章开宗明义提出了"敬业乐业"的主旨，接着分别谈论了"有业""敬业"和"乐业"三个问题，最后用"责任心"和"趣味"总结精神旨意。敬业，即责任心，是对学业或工作专心致志；乐业，即趣味，不仅乐意去做某件事，而且从中领略出趣味来。题目表明本文将围绕"敬业"与"乐业"及其相互关系来展开论述，阐述自己的观点与看法。业，不是指狭隘的职业，而是指生活中任何一件有价值的事情。

我这题目，是把《礼记》①里头"敬业乐群"和《老子》里头"安其居，乐其业"那两句话，断章取义造出来的。我所说的是否与《礼记》《老子》原意相合，不必深求；但我确信"敬业乐业"四个字，是人类生活的不二法门。

本题主眼，自然是在"敬"字、"乐"字。但必先有业，才有可敬、可乐的主体，理至易明。所以在讲演正文以前，先要说说有业之必要。

孔子说："饱食终日，无所用心，难矣哉！"又说："群居终日，言不及义，好行小慧，难矣哉！"孔子是一位教育大家，他心目中没有什么人不可教诲，独独对于这两种人便摇头叹气说道："难！难！"可见人生一切毛病都有药可医，惟有无业游民，虽大圣人碰着他，也没有办法。

唐朝有一位名僧百丈禅师，他常常用两句格言教训弟子，说道："一日不做事，一日不吃饭。"他每日除上堂说法之外，还要自己扫地、擦桌子、洗衣服，直到八十岁，日日如此。有一回，他的门生想替他服务，把他这天应做的工悄悄地都做了，这位言行相顾的老禅师，老实不客气，那一天便绝对的不肯吃饭。

我征引儒门、佛门这两段话，不外证明人人都要有正当职业，人人都要不断

---

① 《礼记》：儒家经典之一，秦、汉以前各种礼仪论著的选集。

的劳作。倘若有人问我："百行什么为先？万恶什么为首？"我便一点不迟疑答道："百行业为先，万恶懒为首。"没有职业的懒人，简直是社会上的蛀米虫，简直是"掠夺别人勤劳结果"的盗贼。我们对于这种人，是要彻底讨伐，万不能容赦的。今日所讲，专为在职业及正在做职业上预备的人——学生——说法，告诉他们对于自己现有的职业应采何种态度。

第一要敬业。敬字为古圣贤教人做人最简易、直捷的法门，可惜被后来有些人说得太精微，倒变了不适实用了。惟有朱子解得最好，他说："主一无适便是敬。"用现代的话讲，凡做一件事，便忠于一件事，将全副精力集中到这事上头，一点不旁骛，便是敬。业有什么可敬呢？为什么该敬呢？人类一面为生活而劳动，一面也是为劳动而生活。人类既不是上帝特地制来充当消化面包的机器，自然该各人因自己的地位和才力，认定一件事去做。凡可以名为一件事的，其性质都是可敬。当大总统是一件事，拉黄包车也是一件事。事的名称，从俗人眼里看来，有高下；事的性质，从学理上解剖起来，并没有高下。只要当大总统的人，信得过我可以当大总统才去当，实实在在把总统当作一件正经事来做；拉黄包车的人，信得过我可以拉黄包车才去拉，实实在在把拉车当作一件正经事来做，便是人生合理的生活。这叫作职业的神圣。凡职业没有不是神圣的，所以凡职业没有不是可敬的。惟其如此，所以我们对于各种职业，没有什么分别拣择。总之，人生在世，是要天天劳作的。劳作便是功德，不劳作便是罪恶。至于我该做哪一种劳作呢？全看我的才能何如、境地何如。因自己的才能、境地，做一种劳作做到圆满，便是天地间第一等人。

怎样才能把一种劳作做到圆满呢？唯一的秘诀就是忠实，忠实从心理上发出来的便是敬。《庄子》记佝偻丈人承蜩的故事，说道："虽天地之大，万物之多，而惟吾蜩翼之知。"凡做一件事，便把这件事看作我的生命，无论别的什么好处，到底不肯牺牲我现做的事来和他交换。我信得过我当木匠的做成一张好桌子，和你们当政治家的建设成一个共和国家同一价值；我信得过我当挑粪的把马桶收拾得干净，和你们当军人的打胜一支压境的敌军同一价值。大家同是替社会做事，你不必羡慕我，我不必羡慕你。怕的是我这件事做得不妥当，便对不起这一天里头所吃的饭。所以我做这事的时候，丝毫不肯分心到事外。曾文正[①]说："坐这山，望那山，一事无成。"我从前看见一位法国学者著的书，比较英法两国国民性质，他说："到英国人公事房里头，只看见他们埋头执笔做他们的事；到法国

人公事房里头，只看见他们衔着烟卷像在那里出神。英国人走路，眼注地上，像用全副精神注在走路上；法国人走路，总是东张西望，像不把走路当一回事。"这些话比较得是否确切，姑且不论；但很可以为敬业两个字下注脚。若果如他所说，英国人便是敬，法国人便是不敬。一个人对于自己的职业不敬，从学理方面说，便亵渎职业之神圣；从事实方面说，一定把事情做糟了，结果自己害自己。所以敬业主义，于人生最为必要，又于人生最为有利。庄子说："用志不分，乃凝于神。"孔子说："素其位而行，不愿乎其外。"所说的敬业，不外这些道理。

第二要乐业。"做工好苦呀！"这种叹气的声音，无论何人都会常在口边流露出来。但我要问他："做工苦，难道不做工就不苦吗？"今日大热天气，我在这里喊破喉咙来讲，诸君扯直耳朵来听，有些人看着我们好苦；反过来，倘若我们去赌钱去吃酒，还不是一样在淘神、费力？难道又不苦？须知苦乐全在主观的心，不在客观的事。人生从出胎的那一秒钟起到绝气的那一秒钟止，除了睡觉以外，总不能把四肢、五官都搁起不用。只要一用，不是淘神，便是费力，劳苦总是免不掉的。会打算盘的人，只有从劳苦中找出快乐来。我想天下第一等苦人，莫过于无业游民，终日闲游浪荡，不知把自己的身子和心子摆在哪里才好，他们的日子真难过。第二等苦人，便是厌恶自己本业的人，这件事分明不能不做，却满肚子里不愿意做。不愿意做逃得了吗？到底不能。结果还是皱着眉头，哭丧着脸去做。这不是专门自己替自己开玩笑吗？我老实告诉你一句话："凡职业都是有趣味的，只要你肯继续做下去，趣味自然会发生。"为什么呢？第一，因为凡一件职业，总有许多层累、曲折，倘能身入其中，看它变化、进展的状态，最为亲切有味。第二，因为每一职业之成就，离不了奋斗；一步一步地奋斗前去，从刻苦中将快乐的分量加增。第三，职业性质，常常要和同业的人比较骈进，好像赛球一般，因竞胜而得快感。第四，专心做一职业时，把许多游思、妄想杜绝了，省却无限闲烦闷。孔子说："知之者不如好之者，好之者不如乐之者。"人生能从自己职业中领略出趣味，生活才有价值。孔子自述生平，说道："其为人也，发愤忘食，乐以忘忧，不知老之将至云尔。"这种生活，真算得人类理想的生活了。

我生平最受用的有两句话：一是"责任心"，二是"趣味"。我自己常常力求这两句话之实现与调和，又常常把这两句话向我的朋友强聒不舍。今天所讲，敬业即是责任心，乐业即是趣味。我深信人类合理的生活应该如此，我望诸君和我一同受用！

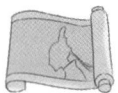

评说

这篇文章是梁启超为上海中华职业学校学生做的一次演讲。上海中华职业学校是中国近代史上以试验、总结、推广职业教育而著称的一所中等专业学校。该校以黄炎培提出的"敬业乐群"为校训，提倡"手脑并用""双手万能"，注重理论联系实际，重视生产劳动实践和职业道德培训，强调教育与社会联系。

此演讲阐释了人生与事业之关系。全文主旨鲜明，层次清晰，语言通俗，文短意长。

——刘群鸣

更多讲解，请扫描

中国人失掉自信力了吗

《中国人失掉自信力了吗》是鲁迅①在民国时期所著的一篇杂文，最早于1934年刊发，后编入《且介亭杂文》。作于"九一八"事变三周年之际，反驳了当时社会对抗日前途的悲观论调及指责中国人失掉了自信力的言论，鼓舞了民族自信心和抗日斗志。

从公开的文字上看起来：两年以前，我们总自夸着"地大物博"，是事实；不久就不再自夸了，只希望着国联，也是事实；现在是既不夸自己，也不信国联，改为一味求神拜佛，怀古伤今了——却也是事实。

于是有人慨叹曰：中国人失掉自信力了。

如果单据这一点现象而论，自信其实是早就失掉了的。先前信"地"，信"物"，后来信"国联"，都没有相信过"自己"。假使这也算一种"信"，那也只能说中国人曾经有过"他信力"，自从对国联失望之后，便把这他信力都失掉了。

失掉了他信力，就会疑，一个转身，也许能够只相信了自己，倒是一条新生路，但不幸的是逐渐玄虚起来了。信"地"和"物"，还是切实的东西，国联就渺茫，不过这还可以令人不久就省悟到依赖它的不可靠。一到求神拜佛，可就玄虚之至了，有益或是有害，一时就找不出分明的结果来，它可以令人更长久的麻醉着自己。

中国人现在是在发展着"自欺力"。

---

① 鲁迅（1881—1936），原名周樟寿，后改名周树人，字豫山，后改豫才，"鲁迅"是他1918年发表《狂人日记》时所用的笔名，也是他影响最为广泛的笔名，浙江绍兴人。著名文学家、思想家，五四新文化运动的重要参与者，中国现代文学的奠基人。毛泽东曾评价："鲁迅的方向，就是中华民族新文化的方向。"鲁迅一生在文学创作、文学批评、思想研究、文学史研究、翻译、美术理论引进、基础科学介绍和古籍校勘与研究等多个领域具有重大贡献。他对于五四运动以后的中国社会思想文化发展具有重大影响，蜚声世界文坛，尤其在韩国、日本思想文化领域有极其重要的地位和影响，被誉为"20世纪东亚文化地图上占最大领土的作家"。

"自欺"也并非现在的新东西,现在只不过日见其明显,笼罩了一切罢了。然而,在这笼罩之下,我们有并不失掉自信力的中国人在。

我们从古以来,就有埋头苦干的人,有拼命硬干的人,有为民请命的人,有舍身求法的人,……虽是等于为帝王将相作家谱的所谓"正史",也往往掩不住他们的光耀,这就是中国的脊梁。

这一类的人们,就是现在也何尝少呢?他们有确信,不自欺;他们在前仆后继的战斗,不过一面总在被摧残,被抹杀,消灭于黑暗中,不能为大家所知道罢了。说中国人失掉了自信力,用以指一部分人则可,倘若加于全体,那简直是诬蔑。

要论中国人,必须不被搽在表面的自欺欺人的脂粉所诓骗,却看看他的筋骨和脊梁。自信力的有无,状元宰相的文章是不足为据的,要自己去看地底下。

九月二十五日。

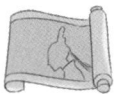 评说

文章的题目是一个诘问句,是诘问对方,也是以自答的方式回答论敌。从全文看,鲁迅的答复是明显的,即中国人并没有失掉自信力。鲁迅为什么在此时提出这样的问题?从这文章发表于 1934 年 10 月 20 日看,显然是反驳当时《大公报》上所散布的这种悲观论调。1934 年 8 月 27 日《大公报》的社评《孔子诞辰纪念》中写道:"民族之自尊心与自信力,既又荡焉无存,不待外侮之来,国家固已濒于精神幻灭之域。"在 30 日的社评《如何挽救华北》中,虽然肯定了东北义勇军前仆后继的强盛斗志,但同时又同意驻北平政务整理委员会负责人黄郛的谬说:"今日华北之最大危机,系在心理方面。一般人在心理上先将华北放弃,认为已无可救药。"鲁迅完全不同意上述看法,他敏锐地抓住了中国人并没有失掉自信力这个问题,展开深入的议论。

究竟中国人有没有失掉自信力,鲁迅首先采取了退一步的说法,他承认,在当时的中国人中确有那么一些人失掉了自信,而且有事实为依据:"从公开的文字上看起来:两年以前,我们总自夸着'地大物博',是事实;不久就不再自夸了,只希望着国联,也是事实;现在是既不夸自己,也不信国联,改为一味求神拜佛,怀古伤今了——却也是事实。"其实这些人的自信早已失掉,信"地"、信"物"、信"国联"都是"他信力"。待悟国联的不可靠,便把"他信力"也失掉了。鲁迅认为,

如果这些人在铁的事实面前失掉了"他信力"何尝不是好事,他们就会"一个转身,也许能够只相信了自己,倒是一条新生路"。不幸的是,这些人又走到求神拜佛上去,"可就玄虚之至了"。他们在发展着"自欺力",陶醉在自己构筑的幻象之中。不过这些人是中国人中的少数,他们并不能代表全体中国人。鲁迅明确地指出,在中国人中,不论是古代还是现代,是有相当多的人从没有失掉自信力的。以古代说:"我们从古以来,就有埋头苦干的人,有拼命硬干的人,有为民请命的人,有舍身求法的人,……"这些人才是真正中国人的代表,"是中国的脊梁"。再从现代看,"这一类的人们……何尝少呢?他们有确信,不自欺;他们在前仆后继的战斗,不过一面总在被摧残,被抹杀,消灭于黑暗中,不能为大家所知道罢了"。由于当时的时势,鲁迅不便明言,但读者完全可以意会到,鲁迅所指的是中国共产党领导下的工农红军和义勇军。《大公报》上的舆论将部分失掉自信力的人,说成全体中国人民失掉自信力就犯了一个逻辑上的错误:他们将断定某一部分具有某些性质的单称肯定判断篡改成断定一类事物都具有某性质的全称肯定判断了。至此,本文似乎终篇了,但鲁迅意犹未尽,他在最后一小段中以"搽在表面"的"脂粉"比喻国民党反动派和御用文人种种骗人伎俩,以"筋骨和脊梁"比喻中国共产党和人民群众,说明必须善于透过现象看本质,从"地底下"的中国人民身上去认识中国人的力量和本质,文章的立意得到了升华,闪烁着马克思主义观察问题的光辉。

在写作上,本文是驳论,而且是一种间接反驳;证明与论敌相对立的观点是正确的,并根据排中律:任何思想或者是真实的,或者是虚假的。所以《大公报》所散布的"中国人失掉了自信力"论调也就因虚假而不能成立了。由于鲁迅在核字省句上下了功夫,因而收到穷形极相,揭示本质的效果。如本文第二部分,着意审察一个"信"字,在信的对象、类属、影响上做文章,从"自信力"衍化出"他信力""自欺力"。一环套一环,层层逼近,揭示出事物的真面目,抓住了问题的核心。

——江风

青　春

李大钊①《青春》发表于 1916 年 9 月 1 日《新青年》第 2 卷第 1 号。此文勉励青年，以青春之我，创建青春之国家。李大钊对国家，对革命事业充满了信心，对共产主义饱含着坚定的信念。他曾满怀豪情地说道："共产主义在中国必将得到光辉的胜利。""试看将来的环球，必是赤旗的世界！"

春日载阳，东风解冻，远从瀛岛，反顾祖邦，肃杀郁塞之象，一变而为清和明媚之象矣；冰雪冱寒之天，一幻而为百卉昭苏之天矣。每更节序，辄动怀思，人事万端，那堪回首，或则幽闺善怨，或则骚客工愁。当兹春雨梨花，重门深掩，诗人憔悴，独倚栏杆之际，登楼四瞩，则见千条垂柳，未半才黄，十里铺青，遥看有色。彼幽闲贞静之青春，携来无限之希望，无限之兴趣，飘然贡其柔丽之姿于吾前途辽远之青年之前，而默许以独享之权利。嗟吾青年可爱之学子乎，彼美之青春，念子之任重而道远也，子之内美而修能也，怜子之劳，爱子之才也，故而经年一度，展其怡和之颜，饯子于长征迈往之途，冀有以慰子之心也。纵子为尽瘁于子之高尚之理想，圣神之使命，远大之事业，艰巨之责任，而夙兴夜寐，不遑启处，亦当于千忙万迫之中，偷隙一盼，霁颜相向，领彼恋子之殷情，赠子之韶华，俾以青年纯洁之躬，饫尝青春之甘美，浃浴青春之恩泽，永续青春之生涯，致我为青春之我，我之家庭为青春之家庭，我之国家为青春之国家，我之民族为青春之民族。斯青春之我，乃不枉于遥遥百千万劫中，为此一人因缘，与此多情多爱之青春，相邂逅于无尽青春中之一部分空间与时间也。

---

① 李大钊(1889—1927)，河北乐亭人，字守常，毕业于东京早稻田大学，中国共产党主要创立人之一，中国最早的马克思主义者和共产主义者之一，同时为共产国际的成员及其在中国的代理人。李大钊同志是中国共产主义的先驱、伟大的马克思主义者、杰出的无产阶级革命家。他不仅是我党早期卓越的领导人，而且是学识渊博、勇于开拓的著名学者，在中国共产主义运动和民族解放事业中，占有崇高的历史地位。

......

中华之义，果何居乎？中者，宅中位正之谓也。吾辈青年之大任，不仅以于空间能致中华为天下之中而遂足，并当于时间而谛时中之旨也。旷观世界之历史，古往今来，变迁何极！吾人当于今岁之青春，画为中点，中以前之历史，不过如进化论仪于考究太阳地球动植各物乃至人类之如何发生、如何进化者，以纪人类民族国家之如何发生、如何进化也。中以后之历史，则以是为古代史之职，而别以纪人类民族国家之更生回春为其中心之的也。中以前之历史，封闭之历史，焚毁之历史，葬诸坟墓之历史也。中以后之历史，洁白之历史，新装之历史，待施绚绘之历史也。中以前之历史，白首之历史，陈死人之历史也。中以后之历史，青春之历史，活青年之历史也。青年乎！其以中立不倚之精神，肩兹砥柱中流之责任，即由今年今春之今日今刹那为时中之起点，取世界一切白首之历史，一火而摧焚之，而专以发挥青春中华之中，缀其一生之美于中以后历史之首页，为其职志，而勿逡巡不前。华者，文明开敷之谓也，华与实相为轮回，即开敷与废落相为嬗代。白首中华者，青春中华本以胚孕之实也。青春中华者，白首中华托以再生之华也。白首中华者，渐即废落之中华也。青春中华者，方复开敷之中华也。有渐即废落之中华，所以有方复开敷之中华。有前之废落以供今之开敷，斯有后之开敷以续今之废落，即废落，即开敷，即开敷，即废落，终竟如是废落，终竟如是开敷。宇宙有无尽之青春，斯宇宙有不落之华，而栽之、培之、灌之、溉之、赏玩之、享爱之者，舍青春中华之青年，更谁与归矣？青年乎，勿徒发愿，愿春常在华常好也，愿华常得青春，青春常在于华也。宜有即华不得青春，青春不在于华，亦必奋其回春再造之努力，使废落者复为开敷，开敷者终不废落，使华不能不得青春，青春不能不在于华之决心也。抑吾闻之化学家焉，土质虽腴，肥料虽多，耕种数载，地力必耗，砂土硬化，无能免也，将欲柔融之，俾再反于丰穰，惟有一种草木为能敛之，为其能由空中吸收窒素肥料，注入土中而沃润之也。神州赤县，古称天府，胡以至今徒有万木秋声、萧萧落叶之悲，昔时繁华之盛，荒凉废落至于此极也！毋亦无此种草木为之交柔和润之耳。青年之于社会，殆犹此种草木之于田庙也。从此广植根蒂，深固不可复拔，不数年间，将见青春中华之参天蓊郁，错节盘根，树于世界，而神州之域，还其丰穰，复其膏腴矣。则谓此菁菁茁茁之青年，即此方复开敷之青春中华可也。

顾人之生也，苟不能窥见宇宙有无尽之青春，则自呱呱堕地，迄于老死，觉其间之春光，迅于电波石火，不可淹留，浮生若梦，直菌鹤马蜩之过乎前耳。是以川上尼父，有逝者如斯之嗟，湘水灵均，兴春秋代序之感。其他风骚雅士，或秉烛夜游;勤事劳人,或重惜分寸。而一代帝王,一时豪富,当其垂暮之年,绝诀之际,贪恋幸福,不忍离舍,每为咨嗟太息,尽其权力黄金之用,无能永一瞬之天年,而重留遗憾于长生之无术焉。秦政并吞八荒,统制四海,固一世之雄也,晚年畏死,遍遣羽客,搜觅神仙,求不老之药,卒未能获,一旦魂断,宫车晚出。汉武穷兵,蛮荒慑伏,汉代之英主也,暮年永叹,空有"欢乐极矣哀情多,少壮几时老奈何"之慨。最近美国富豪某,以毕生之奋斗,博得一世之王冠,衰病相催,濒于老死,则抚枕而叹曰:"苟能延一月之命,报以千万金弗惜也。"然是又安可得哉? 夫人之生也有限,其欲也无穷,以无穷之欲,逐有限之生,坐令似水年华,滔滔东去,红颜难再,白发空悲,其殆入之无奈无何者欤! 涉念及此,灰肠断气,厌世之思,油然而生。贤者仁智俱穷,不肖者流连忘返,而人生之蕲向荒矣,是又岂青年之所宜出哉? 人生兹世,更无一刹那不在青春,为甚居无尽青春之一部,为无尽青春之过程也。顾青年之人,或不得常享青春之乐者,以其有黄金权力一切烦忧苦恼机械生活,为青春之累耳。谚云:"百金买骏马,千金买美人,万金买爵禄,何处买青春?"岂惟无处购买,邓氏铜山,郭家金穴,愈有以障繄青春之路俾无由达于其境也。罗马亚布达尔曼帝,位在皇极,富有四海,不可谓不尊矣,临终语其近侍,谓四十年间,真感愉快者,仅有三日。权力之不足福人,以视黄金,又无差等。而以四十年之青春,娱心不过三日,悼心悔憾,宁有穷耶? 夫青年安心立命之所,乃在循今日主义以进,以吾人之生,洵如卡莱尔所云,特为时间所执之无限而已。无限现而为我,乃为现在,非为过去与将来也。苟了现在,即了无限矣。昔者圣叹作诗,有"何处谁人玉笛声"之句。释弓年小,窃以玉字为未安,而质之圣叹。圣叹则曰:"彼若说'我所吹本是铁笛,汝何得用作玉笛'。我便云:'我已用作玉笛,汝何得更吹铁笛?'天生我才,岂为汝铁笛作奴儿婢子来耶?"夫铁字与玉字,有何不可通融更易之处。圣叹顾与之争一字之短长而不惮烦者,亦欲与之争我之现在耳。诗人拜轮,放浪不羁,时人诋之,谓于来世必当酷受地狱之苦。拜轮答曰:"基督教徒自苦于现世,而欲祈福于来世。非基督教徒,则于现世旷逸自遗,来世之苦,非所辞也。"二者相校,但有先后之别,安有分量之差。拜轮此言,固甚矫激,且寓风刺之旨。以余观之,现世有现世之乐,来世有来世之乐。现世有现世之青春,来世有来世之青春。为贪来世之乐与青春,而迟吾现世之乐与青春,固所不许。而为贪现世之乐与青春,遽弃吾来世之乐与青春,亦所弗应也。人生求乐,何所不可,亦何必妄分先后,区异今来也? 耶曼孙曰:"尔若爱千古,当利用现在。昨日不能呼还,明日尚未确实。尔能确有把握者,惟有今日。今日之一日,适当明晨之二日。"斯言足发吾人之深省矣。盖现在者吾人青春中之青春也。青春作伴以还于大漠之乡，无如而不自得，更何烦忧之有焉。烦忧既解，恐怖奚为？耶比古达士曰："贫不足恐，流窜不足恐，囹圄不足恐，最可恐者，恐怖其物也。"美之政雄罗斯福氏，解政之后，游猎荒山，奋其铁腕，以与虎豹熊罴相搏战。一日猎白熊，险遭吞噬，自传其事，谓为不以恐怖误其稍纵即逝之机之效，始获免焉。于以知恐怖为物，决不能拯人于危。苟其明日将有大祸临于吾躬，无论如何恐怖，明日之祸万不能因是而减其毫末。而今日之我，则因是而大损其气力，俾不足以御明日之祸而与之抗也。艰虞万难之境，横于吾前，吾惟有我、有我之现在而足恃。堂堂七尺之躯，徘徊回顾，前不见古人，后不见来者，惟有昂头阔步，独往独来，何待他人之援手，始以遂其生者，更胡为乎念天地之悠悠，独怆然而涕下哉？惟足为累于我之现在及现在之我者，机械生活之重荷，与过去历史之积尘，殆有同一之力焉。今人之赴利禄之途也，如蚁之就膻，蛾之投火，究其所企，克致志得意满之果，而营营扰扰，已逾半生，以孑然之身，强负黄金与权势之重荷以趋，几何不为所重压而僵毙耶？盖其优于权富即其短于青春者也。耶经有云："富人之欲入天国，犹之骆驼欲潜身于针孔。"此以喻重荷之与青春不并存也。总之，青年之自觉，一在冲决过去历史之网罗，破坏陈腐学说之囹圄，勿令僵尸枯骨，束缚现在活泼泼地之我，进而纵现在青春之我，扑杀过去青春之我，促今日青春之我，禅让明日青春之我。一在脱绝浮世虚伪之机械生活，以特立独行之我，立于行健不息之大机轴。袒裼裸裎，去来无挂，全其优美高尚之天，不仅以今日青春之我，追杀今日白首之我，并宜以今日青春之我，豫杀来日白首之我，此固人生唯一之蕲向，青年唯一之责任也矣。拉凯尔曰："长保青春，为人生无上之幸福，尔欲享兹幸福，当死于少年之中。"吾愿吾亲爱之青年，生于青春死于青春，生于少年死于少年也。德国史家孟孙氏，评骘锡札曰："彼由青春之杯，饮人生之水，并泡沫而干之。"吾愿吾亲爱之青年，擎此夜光之杯，举人生之醍醐浆液，一饮而干也。人能如是，方为不役于物，物莫之伤。大浸稽天而不溺，大旱金石流土山焦而不热，是其尘垢秕糠，将犹陶铸尧、舜。自我之青春，何能以外界之变动而改易，历史上残骸枯骨之灰，又何能塞蔽青年之聪明也哉？市南宜僚见鲁侯，鲁侯有忧色，市南子乃示以去累除忧之道，有曰："吾愿君去国捐俗，与道相辅而行。"君曰："彼其道远而险，又有江山，我无舟车，奈何？"市南子曰："君无形倨，无留居，以为君车。"君曰："彼其幽远而无人，吾谁与为邻？吾无粮，我无食，安得而至焉？"市南子曰："少君之费，寡君之欲，虽无粮而乃足，君其涉于江而浮于海，望之而不见其崖，愈往而不知其所穷，送君者将自崖而反，君自此远矣。"此其谓道，殆即达于青春之大道。青年循蹈乎此，本其理性，加以努力，进前面勿顾后，背黑暗而向光明，为世界进文明，为人类造幸福，以青春之我，创建青春之家庭，青春之国家，青春之民族，青春之人类，青春之地球，青春之宇宙，资以乐其无涯之生。乘风破浪，迢迢乎远矣，复何无计留春望尘莫及之忧哉？吾文至此，已嫌冗赘，请诵漆园之语，以终斯篇。

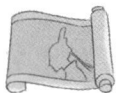

评说

重读李大钊之《青春》，为我国早期共产主义志士追求之弘远，感情之炽烈，境界之崇高，学问、思想，直到词汇之丰富而拍案叫绝，热泪盈眶。今天仍然崇拜这样的人啊！一百零一年前，先知先觉的中国知识分子，高举青春的大旗，颂少年之中国，歌青春之伟力，办《新青年》之杂志，为古老中国的重生，吹响了理想的冲锋号。一百多年过去了，中国已经不是那个风雨如晦、摇摇欲坠的中国了，同样我们也期待着当初少年精神、青春精神的回归、重现与发展、完美。

李大钊说："嗟吾青年可爱之学子……念子之任重而道远也，子之内美而修能也……为尽瘁于子之高尚之理想，圣神之使命，远大之事业，艰巨之责任……乃不枉于遥遥百千万劫中……与此多情多爱之青春，相邂逅于无尽青春中……"

李大钊此文从自然界的春天讲到了人的生命的青春，并且把青春阐发为理想、使命、事业、责任；这也是天人合一观念之时代化、革命化、神圣化。难道它不让今天的老中青年为之精神一振吗？

"……日新、日日新、又日新之谓也……故能以宇宙之生涯为自我之生涯，以宇宙之青春为自我之青春……此之精神，即生死肉骨、回天再造之精神也。此之气魄，即慷慨悲壮、拔山盖世之气魄也……吾人于此，宜如宗教信士之信仰上帝者信人类有无尽之青春……虽在耄耋之年，而吾人苟奋自我之欲能，又何不可返于无尽青春之域，而奏起死回生之功也。"

再向前迈一步，联系《尚书》上讲的"苟日新、又日新、日日新"；英雄志士、智者勇者讲的生死骨肉、回天再造，慷慨悲壮、拔山盖世，振聋发聩。这是人生观，这是如同宗教般的终极信仰，这是生命的意义与分量。而且，这种精神与气魄的青春性不再受生理年龄局限，耄耋之年可以返于青春，起死回生！个人如此，几千年的国家民族何尝不是这样！老而弥少，长而弥坚，成熟而弥更新，淡定而弥开拓！

这里，有中华自古以来的青春精神、少年意气、志士热血、仁人衷心，有"天将降大任于斯人也"的自诩,也有梁启超引用的西谚"世有三岁之翁,亦有百岁之童"之哲理。李大钊那样的革命者,从一开始就是既弘扬传统文化,又汲取世界先进思想,进行着传统的创造性转化与创新性发展的一代精英。

"……白首中华者,青春中华本以胚孕之实也。青春中华者,白首中华托以再生之华也……宇宙有无尽之青春,斯宇宙有不落之华……青年乎,勿徒发愿,愿春常在华常好也,愿华常得青春,青春常在于华也。宜有即华不得青春,青春不在于华,亦必奋其回春再造之努力,使废落者复为开敷,开敷者终不废落,使华不能不得青春,青春不能不在于华之决心也……"

李大钊讲了青春与白首的辩证关系。此文原载于 1916 年 9 月 1 日《新青年》2 卷 1 号。当时一些悲观主义者与觊觎我中华民族的域外虎狼,鼓吹中华"老大帝国"说,暗示此帝国已濒于垂暮衰年、百病缠身。而李大钊告诉人们,所谓"老大",也是从当年的青春风华发展变化而成,而且"老大"了仍然有返老还童、恢复青春的光明前景,关键在于国人的精神状态、世界观人生观、信仰追求、实践奉献。文中说,耄耋可逆生长为青春,华彩春花,不但可以在自然界之青春即春季开放(文中曰"开敷"),也可以在兹后重放、续放、新放,还可以变"废落"为长放不衰。他既承认开放与废落都是宇宙、人类、国族、自我的题中之意,又强调责任担当,青春常在。诚哉大钊,伟哉大钊!

"……艰虞万难之境,横于吾前……堂堂七尺之躯……前不见古人,后不见来者,惟有昂头阔步,独往独来……更胡为乎念天地之悠悠,独怆然而涕下哉……今人之赴利禄之途也,如蚁之就膻,蛾之投火……耶经有云:'富人之欲入天国,犹之骆驼欲潜身于针孔'……青年之自觉……勿令僵尸枯骨,束缚现在活泼泼地之我……一在脱绝浮世虚伪之机械生活,以特立独行之我,立于行健不息之大机轴。袒裼裸裎,去来无挂,全其优美高尚之天……此固人生唯一之蕲向,青年唯一之责任也矣。拉凯尔曰:'长保青春,为人生无上之幸福。'吾愿吾亲爱之青年,生于青春死于青春,生于少年死于少年也。德国史家孟孙氏,吾愿吾亲爱之青年,擎此夜光之杯,举人生之醍醐浆液,一饮而干也。人能如是,方为不役于物,物莫之伤。……青年循蹈乎此,本其理性,加以努力,进前而勿顾后,背黑暗而向光明,为世界进文明,为人类造幸福,以青春之我,创建青春之家庭,青春之国家,青春之民族,青春之人类,青春之地球,青春之宇宙,资以乐其无涯之生。乘风破浪,迢迢乎远矣,复何无计留春望尘莫及之忧哉……"

李大钊就是这样的学贯中西,文通今古。他的理念打通了哲学、史学、科学;他的主张整合了人生观、价值观、自然观、文化观;他的人格完美了革命家、思想家、义士、学人;他的文章古色古香、经典纯朴、至诚至善。他是先锋猛士,代表了汹涌澎湃的时代潮流。国家危难,召唤出一大批诗家学者成为英雄豪杰仁人志士,而和平小康的幸福,对利禄之徒也会成为低俗丧志的温床。李大钊等革命先烈的在天之灵,当然会为后来的革命胜利与国家建设发展而欣慰,为万里长征的第一步第二步第三步而庆幸,同时,也会为种种新挑战、新考验尤其是精神面貌的不如人意而充满期待与忧思。面对李大钊的青春论、青春义、青春血、青春旗帜,在这个给了中国更多机会的时代,面对新的使命,我们应该怎样选择,怎样行动呢?

——王蒙

中国文化的美丽精神往哪里去?

在这篇关于中国文化的美丽精神一文中,宗白华①先生引用了印度诗人泰戈尔如下的话:"世界上还有什么事情比中国文化的美丽精神更值得宝贵呢? 中国文化使人民喜欢现实世界,爱护备至,却又不至陷于现实得不近情理! 他们已本能地找到了事物的旋律的秘密。不是科学权力的秘密,而是表现方法的秘密。这是极其伟大的一种天赋。"这段话值得注意的有两点:一是宗白华抑或泰戈尔,他们所认为的中华美学精神,是指中国文化的美丽精神,或者说是中国传统文化中最富审美特性的方面。二是他们认为,中国文化使其人民喜欢近情近理的现实世界,并从中找到了事物的旋律的秘密。所谓中国文化的美丽精神,就是指中国人对"宇宙旋律和生命节奏"的发现。关于这种神异的"宇宙旋律和生命节奏",宗白华认为,它其实就是中国人空间和时间观念的相互配置,即由"时间的节奏率领着空间方位"所形成的一种深富乐感的宇宙经验。就此而言,所谓中华美学精神,从根本意义上就来源于中国人对自然空间和时间的审美体认,并借此实现对自然、人文、社会、艺术等诸多问题的整体贯通。

印度诗哲泰戈尔在国际大学中国学院的小册里曾说过这几句话:"世界上还有什么事情比中国文化的美丽精神更值得宝贵的? 中国文化使人民喜爱现实世界,爱护备至,却又不致陷于现实得不近情理! 他们已本能地找到了事物的旋律的秘密。不是科学权力的秘密,而是表现方法的秘密。这是极其伟大的一种天赋。因为只有上帝知道这种秘密。我实妒忌他们有此天赋,并愿我们的同胞亦能共享此秘密。"

泰戈尔这几句话里包含着极精深的观察与意见,值得我们细加考察。

---

① 宗白华(1897—1986),本名之櫆,字白华、伯华,江苏常熟人。中国现代新道家代表人物、哲学家、诗人。宗白华还是我国现代美学的先行者和开拓者,被誉为"融贯中西艺术理论的一代美学大师"。著有《宗白华全集》。

先谈"中国人本能地找到了事物的旋律的秘密"。东西古代哲人都曾仰观俯察探求宇宙的秘密。但希腊及西洋近代哲人倾向于拿逻辑的推理、数学的演绎、物理学的考察去把握宇宙质力推移的规律，一方面满足我们理知了解的需要，一方面导引西洋人，去控制物力，发明机械，利用厚生。西洋思想最后所获着的是科学权力的秘密。

中国古代哲人却是拿"默而识之"的观照态度去体验宇宙间生生不已的节奏，泰戈尔所谓旋律的秘密。《论语》上载：

> 子曰："予欲无言！"子贡曰："子如不言，则小子何述焉？"子曰："天何言哉？四时行焉，百物生焉，天何言哉？"

四时的运行，生育万物，对我们展示着天地创造性的旋律的秘密。一切在此中生长流动，具有节奏与和谐。古人拿音乐里的五声配合四时五行，拿十二律分配于十二月（《汉书·律历志》），使我们一岁中的生活融化在音乐的节奏中，从容不迫而感到内部有意义有价值，充实而美。不像现在大都市的居民灵魂里，孤独空虚。英国诗人艾利略有"荒原"的慨叹。

不但孔子，老子也从他高超严冷的眼里观照着世界的旋律。他说："致虚极，守静笃，万物并作，吾以观其复！"

活泼的庄子也说他"静而与阴同德，动而与阳同波"，他把他的精神生命体合于自然的旋律。

孟子说他能"上下与天地同流"。荀子歌颂着天地的节奏：

> 列星随旋，日月递照，四时代御，阴阳大化，风雨博施，万物各得其和以生，各得其养以成。

我们不必多引了，我们已见到了中国古代哲人是"本能地找到了宇宙旋律的秘密"。而把这获得的至宝，渗透进我们的现实生活，使我们生活表现礼与乐里，创造社会的秩序与和谐。我们又把这旋律装饰到我们的日用器皿上，使形下之器启示着形上之道（即生命的旋律）。中国古代艺术特色表现在他所创造的各种图案花纹里，而中国最光荣的绘画艺术也还是从商周铜器图案、汉代砖瓦花纹里脱胎出来的呢！

"中国人喜爱现实世界，爱护备至，却又不致现实得不近情理。"我们在新石器时代从我们的日用器皿制出玉器,作为我们政治上、社会上及精神人格上美丽的象征物。我们在铜器时代也把我们的日用器皿,如烹饪的鼎、饮酒的爵等,制造精美,竭尽当时的艺术技能,它们成了天地境界的象征。我们对最现实的器具,赋予崇高的意义,优美的形式,使它们不仅仅是我们役使的工具,而是可以同我们对语、同我们情思往还的艺术境界。后来我们发展了瓷器(西人称我们是瓷国)。瓷器就是玉的精神的承续与光大,使我们在日常现实生活中能充满着玉的美。

但我们也曾得到过科学权力的秘密。我们有两大发明:火药同指南针。这两项发明到了西洋人手里,成就了他们控制世界的权力,陆上霸权与海上霸权,中国自己倒成了这霸权的牺牲品。我们发明着火药,用来创造奇巧美丽的烟火和鞭炮,使我一般民众在一年劳苦休息的时候,新年及春节里,享受平民式的欢乐。我们发明指南针,并不曾向海上取霸权,却让风水先生勘定我们庙堂、居宅及坟墓的地位和方向,使我们生活中顶重要的"住",能够选择优美适当的自然环境,"居之安而资之深"。我们到郊外,看那山环水抱的亭台楼阁,如入图画。中国建筑能与自然背景取得最完美的调协,而且用高耸天际的层楼飞檐及环拱柱廊、栏杆台阶的虚实节奏,昭示出这一片山水里潜流的旋律。

漆器也是我们极早的发明,使我们的日用器皿生光辉,有情韵。最近,沈福文君引用古代各时期图案花纹到他设计的漆器理,使我们再能有美丽的器皿点缀我们的生活,这是值得兴奋的事。但是要能有大量的价廉的生产,使一般人民都能在日常生活中时时接触趣味高超、形制优美的物质环境,这才是一个民族的文化水平的尺度。

中国民族很早发现了宇宙旋律及生命节奏的秘密,以和平的音乐的心境爱护现实,美化现实,因而轻视了科学工艺征服自然的权力。这使我们不能解救贫弱的地位,在生存竞争剧烈的时代,受人侵略,受人欺侮,文化的美丽精神也不能长保了,灵魂里粗野了,卑鄙了,怯懦了,我们也现实得不近情理了。我们丧尽了生活里旋律的美(盲动而无秩序)、音乐的境界(人与人之间充满了猜忌、斗争)。一个最尊重乐教、最了解音乐价值的民族没有了音乐。这就是说没有了国魂,没有了构成生命意义、文化意义的高等价值。中国精神应该往哪里去?

近代西洋人把握科学权力的秘密,征服了自然,征服了科学落后的民族,但不肯体会人类全体共同生活的旋律美,不肯"参天地,赞化育",提携全世界的生命,演奏壮丽的交响乐,感谢造化宣示给我们的创化机密,而以厮杀之声暴露人性的丑恶,西洋精神又要往哪里去?哪里去?这都是引起我们惆怅、深思的问题。

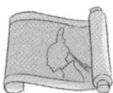

评说

　　"中国人本能地找到了事物的旋律的秘密"，音乐如此、礼仪如此、工艺如此、建筑如此……饮茶更是如此。以一片绿叶与天地通灵，融汇于宇宙万物之中，岂是主体对客体的反复辨识求证可以领略的秘密？对此，1946年，宗白华先生《中国文化的美丽精神往哪里去？》有其独到的见解，充分体现了文化自信，引人沉思，令人振奋。

　　如今，随着我国各项事业的迅猛发展，我们应当更加重视和强调文化自信。文化自信说到底是民族的自强自信。而要文化自信，就应当传承和弘扬中华美学精神，展现中华审美风范。习近平《在文艺座谈会上的讲话》中指出："中华民族在长期实践中培育和形成了独特的思想理念和道德规范，有崇仁爱、重民本、守诚信、讲辩证、尚和合、求大同等思想，有自强不息、敬业乐群、扶正扬善、扶危济困、见义勇为、孝老爱亲等传统美德。中华优秀传统文化中很多思想理念和道德规范，不论过去还是现在，都有其永不褪色的价值。我们要结合新的时代条件传承和弘扬中华优秀传统文化，传承和弘扬中华美学精神。中华美学讲求托物言志、寓理于情，讲求言简意赅、凝练节制，讲求形神兼备、意境深远，强调知、情、意、行相统一。我们要坚守中华文化立场、传承中华文化基因，展现中华审美风范。"

中国历史文化所以长久之理由

　　《中国历史文化所以长久之理由》选自《为中国文化敬告世界人士宣言》。1958年元旦，牟宗三、徐复观、张君劢、唐君毅①四人联名发表《为中国文化敬告世界人士宣言》（以下简称《宣言》）。该宣言标志着海外新儒学的真正崛起，同时意味着中国儒学的现代转化进入新的阶段。这篇洋洋洒洒4万字的长文，是港台新儒家思想的总纲，是现代新儒家第二阶段发展历程中最重大的事件。《宣言》的发表标志着第二代新儒家经过历史的巨大转折，重新甄定了自己的哲学和立场，再度活跃在中国现代思想舞台上。经过他们的努力，儒学的中心开始由大陆转向港台地区。

---

　　① 牟宗三（1909—1995），字离中，山东省栖霞人，祖籍湖北省公安县，被誉为近现代中国最具"原创性"的"智者型"哲学家，现代新儒家的重要代表人物之一。牟宗三的思想受熊十力的影响很大，他不仅继承而且发展了熊十力的哲学思想。牟宗三较多地着力于哲学理论方面的专研，谋求儒家哲学与康德哲学的融通，并力图重建儒家的"道德的形上学"。代表作有《心体与性体》《才性与玄理》《中国哲学十九讲》《中西哲学之汇通》《现象与物自身》《佛性与般若》等。
　　徐复观（1903—1982），湖北浠水人，新儒家学派的大家之一，亦是台、港最具社会影响力的政论家，20世纪中国知识分子的典范。原名秉常，字佛观，后由熊十力更名为复观，取义《老子》"万物并作，吾以观复"。1944年谒熊十力先生于重庆北碚勉仁书院，并拜入其门下。在熊先生的开导下，重启对中国传统文化的信心，并从自身的实际经验中，体会出结合中国儒家思想及民主政治以救中国的理念。主要著作有：《中国人性论史》《两汉思想史》《中国思想史论集》《公孙龙子讲疏》《儒家政治思想与民主自由人权》《周官成立之时代及其思想性格》《中国经学史基础》《中国艺术精神》《石涛研究》《中国文学论集》等。
　　张君劢（1887—1969），原名嘉森，字士林，号立斋，别署"世界室主人"，笔名君房，江苏宝山（今属上海市宝山区）人，中国政治家、哲学家，中国民主社会党领袖，近现代学者，早期新儒家的代表之一。
　　唐君毅（1909—1978），四川宜宾人。中国现代著名思想家、哲学家、教育家，当代新儒家的主要代表。唐君毅先生一生致力人文精神的重建与发展，其学问体大思精，长于辨析又善于综摄，驰骋于东西方哲学之中，而归于中国圣贤义理之学。唐先生的《人生之体验》《人生之体验续编》及《道德自我之建立》对人生有精纯深微的体验；《中国哲学原论》系列著作六大卷，对中国传统哲学做出系统疏解并不时提出新诠释，已见各家异说无可相通无碍。1976年出版最后巨著《生命存在与心灵境界》，乃其平生学思之综化，其思想体系之完成。

我们如果能知中国心性之学的重要，我们便可以再进而讨论中国民族之历史文化何以能历数千年而不断之问题。以文化历史之不断而论，只有印度可与中国相比。但印度人以前一直冥心于宗教中之永恒世界，而缺历史之意识。故其文化历史虽长久，而不能真自觉其长久。中国则为文化历史长久，而又一向能自觉其长久之唯一的现存国家。然则中国文化、历史何以能如此长久？这不能如斯宾格勒之以中国文化自汉以后即停滞不进来作解说。因汉以后，中国文化并非停滞不进，若其真系停滞不进，即未有不归于死亡消灭者。有的人说，中国文化历史之所以长久，乃以中国文化，注重现实生活的维持，不似西方文化之喜从事超现实生活之理想或神境之追求，故民族现实生命能长久保存下去。又有人说此乃以中国文化重保守，一切生活皆习故蹈常，不须多耗力气。故民族生命力得以因节约而长久不弊。又有人说，此因中国人重多子多孙，故历代虽迭遭天灾人祸，但以生殖繁多，人口旋即恢复，民族遂不致绝灭。此外还有各种不同之说法。这些说法我们不能一概抹杀其全无理由。但皆未能从中国学术之本身以求此问题之解答。照我们的了解，则一民族之文化，为其精神生命之表现，而以学术思想为其核心。所以此问题之解答，仍应求之于中国学术思想。

如从中国之学术思想去看此一问题，则我们与其说中国文化因重视现实生活之维持，遂不作超现实生活的追求，不如说中国之思想，自来即要求人以一超现实的心情，来调护其现实生活。与其说因中国文化偏重保守，致其生活皆习故蹈常，不须多耗气力，不如说中国之思想，自来即要求人不只把力气向外表现，而耗竭净尽，更要求人把气力向内收敛，以识取并培养生命力气的生生之原。与其说中国民族，因重多子多孙而民族不易灭绝，不如说在中国之极早思想中，即重视生之价值，因而重视子孙，重视生命之传承不绝。总而言之，我们与其说中国民族文化历史之所以能长久，是其他外在原因的自然结果，不如说这是因中国学术思想中原有种种自觉的人生观念，以使此民族文化之生命能绵延于长久而不坠。

我们之所以要说中国思想中原有种种人生观念，以使此民族之文化生命长久，其客观的证据，是此求"久"之思想在中国极早的时代中已经提出。中国古代之宗教思想中有一种天命靡常的思想。此思想是说上帝或天，对于地上之各民族各君王，并无偏袒。天之降命于谁，使之为天下宗主，要视其德而定。周代的周公，即是深切认识天之降命于夏于殷于周之无常，由是而对周之民族，特别谆谆告诫，求如何延续其宗祀的。此即是求民族文化之"久"的思想，而周代亦竟为中国朝代中之最久者。此中不能说没有周公之反省诰诫之功。至于久之哲学观念的正式提出，则在儒家之《易传》《中庸》中有所谓"可大可久"及"悠久成物"之观念，老子中有要人法"天地长久"及"深根固蒂，长生久视"之观念。……而中国整个民族文化之所以能久，则由于中国人之各种求久的思想。这些思想，由古代的史官之记载与训诫，后来历史家所叙述的历代成败兴亡之故，及哲学家指出久与不久之原理，而散布至中国之全民族，其内容是非常复杂丰富的。

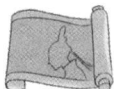

评说

中国历史文化绵延长久，而中国人也能够自觉其长久。中国历史文化之所以长久，并非停滞不前，如果真是停滞不前，则早已烟消云散了。中国历史文化之所以长久，并非只注重现实生活的维持。中国文化不仅注重现实生活的维持，而且还从事超现实主义之理想或神境之追求。中国历史文化之所以长久，并非注重保守，一切生活皆习故蹈常。中国文化不重视把力气向外表现，以至于耗竭精力，而是把气力向内收敛，以识取并培养生命力的生生之原。中国历史文化之所以长久，并非只注重多子多孙，繁衍生殖。中国文化重视子孙，其实是重视生命之传承不绝、连绵不断。古人曰："但留方寸地，传与子孙耕。"这种思想，就是重视生命之传承和延续。因为，中国人并不注重自己个人之享受，而是追求把幸福留给后世的子子孙孙。这一点，表现在日常生活之中，就是处处留心节约、注重环保。朱柏庐《朱子治家格言》曰："一粥一饭，当思来处不易；半丝半缕，恒念物力维艰。"显然，这种物尽其用的情怀，能够保有文明长盛不衰、代代相传。

中国文化在世界上已经有五千年的悠久历史，创造了无穷无尽的辉煌灿烂的文化，然而，古人并没有造成任何的污染，留给子孙后代的仍然是干干净净、山清水秀的自然。今天，我们要由衷地感谢我们的祖先，是因为他们"存天理，灭人欲"，处处把对社会的需要与索取降至最低点，而把美好的世界留给了后来之人。所以，每当我们仰观俯察，我们就能深刻地领悟和体验天地之美、神明之容。而在这宁静、甜蜜的岁月中，清新的空气，蓝蓝的天空，又一直向后人传递着先辈的智慧、人间的美好。仅从这一点来说，中国文化就有其不可比拟的价值，值得后人由衷的敬畏和赞叹！而我国古人也值得后世子孙深深的敬仰和怀念！

中国的文化不仅在以前是辉煌灿烂的，而且在以后也会一如既往地展示出其无穷的魅力和光彩，以及蓬勃的生机和活力！

后　　记

　　本书的编写,纯粹是出于教学之所需。原来并没有打算编写教材的念头,只是想效仿一些老先生的做法,即采用讲义来进行授课。之所以如此,是因为感觉这样的教学方式颇为实用,一来比较灵活、方便,二来可以节约购买书本的费用。但是,近年来,由于规范教学程序、申报教改课题等原因,也不得不考虑编写教材。而且,现在国学越来越受到学生的喜欢,选修这门课的同学也越来越多。在这种情况下,一个教师就难以完成这门课程的教学任务,而必须要有几个或者多个教师的团结协作。因此,编写一本教材,使大家都有一个统一的标准,也就是大势所趋了。本书从着手编写到如今,已经有三个年头。由于我们教学工作的繁重,编辑工作也难以一气呵成,只能抽时间点滴地积累,缓慢地完成。再者由于水平有限、人手不足,我们颇有仓促疏忽之感。

　　作为一线教师,平常往往要花费许多时间备课、审阅学生的论文等。而编写教材是一件非常繁杂的工作,必然要耗费大量的精力。好在如今网络发达,我们可以查阅各类很有价值的文章和文档,这也就节省了不少宝贵的时间。本书相关的注释、评说,也因此得到了补充和完善,在此我们深表感谢。另外,我们书中的引用也参考了诸多已出版的书籍,如陈鼓应的《庄子今注今译》、朱东润主编的《中国历代文学作品选》,等等。正是诸位学者同仁的先期研究和努力,我们的教材编写工作才得以顺利进行。需要说明的是,如果本书引用部分涉及争议,敬请诸位作者与我们编者联系,我们可协商解决,或者及时修改或删除其中的内容。我们编写本书没有任何商业或私利的目的,只是用来传承国学,方便教学,促进传统文化的复兴。对于那些未曾谋面的学者同仁,我们再次表示衷心的感谢。感谢你们优美的文章,深刻的思想,它们对于传播国学具有极其重要的价值。在引用这些深刻而优美的文章的时候,我们一直怀着崇高的敬意和无限的谨慎,努力做到尽善尽美,尽管如此,我们的不足不当之处,仍然在所难免,所以,敬请慷慨有识之士不吝指正,我们及时补救或更改,以期做得更加完善,更加令人满意。

2020 年 5 月 25 日

余群